ily **VISÕES DO PASSADO PREVISÕES DO FUTURO**

UNIVERSIDADE FEDERAL DE GOIÁS

REITOR
   Ary Monteiro do Espírito Santo

VICE-REITOR
   Nelson Cardoso Amaral

DIRETORA GERAL DA EDITORA DA UFG
   Ione Maria de Oliveira Valadares

CONSELHO EDITORIAL DA EDITORA DA UFG

Ciências Biológicas: Maria Letícia Freitas Silva Chavarria, Maria Alves Barbosa. *Ciências Exatas e Tecnologia:* Antônio Henrique Garcia, Lázaro José Chaves. *Ciências Humanas e Letras:* José Gonçalo Armijos Palácios, Manoel de Souza e Silva, Marília Gouvêa de Miranda. *Artes:* Emílio Vieira das Neves.

Editora da UFG
Campus Samambaia, Caixa Postal 131
Fone: (062) 205-1616 – Fax: (062) 205-1015
Telex: (062) 2206 – CEP 74001-970
Goiânia – Goiás – Brasil

EDIÇÕES TEMPO BRASILEIRO LTDA.
Rua Gago Coutinho, 61 – Laranjeiras
Fone: (021) 205-5949 – Fax: (021) 225-9382
Caixa Postal 16099 – CEP 22221-070
Rio de Janeiro – RJ – Brasil

VISÕES DO PASSADO PREVISÕES DO FUTURO

ERCÍLIA NOGUEIRA COBRA
Virgindade inútil
Virgindade anti-higiênica

e

ADALZIRA BITTENCOURT
*A sua Excia.: A Presidente
da República no ano 2500*

Introdução e notas de
SUSAN C. QUINLAN E PEGGY SHARPE

 1996

CAPA: Diana Zion
REVISÃO: Daniel Camarinha da Silva

Direitos desta edição reservados:
EDITORA DA UNIVERSIDADE FEDERAL DE GOIÁS
EDIÇÕES TEMPO BRASILEIRO LTDA

CIP - Brasil. Catalogação-na-fonte
Sindicato Nacional dos Editores de Livros, RJ

V817 Visões do passado, previsões do futuro / introdução e notas de Susan C. Quinlan e Peggy Sharpe. – Rio de Janeiro: Tempo Brasileiro; Goiânia: Ed. da UFG, 1996.

Conteúdo: Virgindade inútil. Virgindade anti-higiênica / Ercília Nogueira Cobra – A sua Excia.: A Presidente da República no ano 2500 / Adalzira Bittencourt

ISBN 85-282-0078-7

1. Romance brasileiro. 2. Literatura Brasileira – História e crítica. 3. Mulheres e literatura – Brasil. 4. Mulheres na literatura – Brasil. I. Cobra, Ercília Nogueira. II. Bittencourt, Adalzira, 1904-1976. III. Quinlan, Susan L. IV. Sharpe, Peggy. V. Cobra, Ercília Nogueira. Virgindade inútil. VI. Cobra, Ercília Nogueira. Virgindade Anti-higiênica. VII. Bittencourt, Adalzira, 1904-1976. A sua Excia.: A Presidente da República no ano 2500. VIII. Título: Virgindade inútil. IX. Título: Virgindade anti-higiênica. X. Título: A sua Excia.: A Presidente da República no ano 2500.

96-07404   CDD 869.93
              CDU 869.0(81)-3

Printed in Brasil / Impresso no Brasil – 1996

AGRADECIMENTOS

Uma edição comentada como esta é fruto de um trabalho intercontinental de amor e dedicação que se desenvolveu graças à colaboração de diversas pessoas. Gostaríamos de agradecer as seguintes instituições e agências pelo apoio generoso. Da University of Georgia somos gratas ao Humanities Center e ao Office of the Vice President for Research pelo apoio fornecido à pesquisa de Susan C. Quinlan, e ao Department of Romance Languages pela sua assistência técnica. Da University of Illinois, agradecemos a William and Flora Hewlett Foundation, o setor de International Programs and Studies, o Research Board e o Center for Latin American and Caribbean Studies por terem apoiado as diversas fases da pesquisa realizada por Peggy Sharpe. Outrossim, expressamos os nossos agradecimentos a Diana Zion e Stephen C. Baer do Educational Technologies Assistance Group pela assistência técnica e artística na reprodução e configuração da capa deste livro.

Igualmente agradecemos de coração as muitas outras pessoas que nos forneceram consultoria especializada neste projeto: os funcionários da Biblioteca Nacional; a Luiz Augusto da Silveira, José Ribeiro Neto, Regina Felix, Johnny Presbítero e Débora R. S. Ferreira--alunos da pós-graduação em nossas respectivas universidades; e os nossos colegas e amigos Lucia Helena, Luiz Fernando Valente, Lauro Belchior Mendes, Roberto Reis e Anoar Aiex.

Finalmente, nossos agradecimentos a Lourdes e Alberto Nieto Pescetto por fornecer as fotografias de Emilia e Rosa Pescetto, contemporâneas de Ercília Nogueira Cobra e Adalzira Bittencourt, e a Walter Helena, Bill Fitt e às mulheres de Dançarte Estudio no Rio de Janeiro pelo seu apoio espiritual aos nossos esforços em contribuir para o atual projeto de reavaliação crítica da contribuição feminina à literatura brasileira.

Oferecemos esta edição crítica de duas brasileiras modernas para duas brasileiras com visões pós-modernas: Salete em Recife e Estella no Rio de Janeiro.

SUMÁRIO

DUAS MODERNISTAS ESQUECIDAS (Adalzira Bittencourt e Ercília Nogueira Cobra) 13

VIRGINDADE INÚTIL (Ercília Nogueira Cobra) 41

VIRGINDADE ANTI-HIGIÊNICA (Ercília Nogueira Cobra) 103

A SUA EXCIA. A PRESIDENTE DA REPÚBLICA NO ANO 2500 (Adalzira Bittencourt) 153

DUAS MODERNISTAS ESQUECIDAS: ADALZIRA BITTENCOURT E ERCÍLIA NOGUEIRA COBRA

> *Sempre que trabalhamos com a literatura na sua forma hegemônica, há que se desconstruir os seus espaços totalmente preenchidos e tentar encontrar outros para que possamos descobrir sendeiros que nos levem de volta a um terreno onde as margens do recalque não sejam tão fortes nem tão repressoras: esta tarefa fácil na sua explicação teórica torna-se extenuante se empreendemos um esforço de caráter prático e efetivo.*
> Francisco Caetano Lopes, Jr.
> ("Uma subjetividade outra", 67)

Falar em escritoras e feminismo no contexto da literatura modernista brasileira significa atribuir significados específicos às palavras mulheres, feminismo e Brasil e aos argumentos relativos às diferenças entre os indicadores de gênero, sexualidade, cultura, literatura e alfabetização, geradores de novos debates no pensamento crítico.[1]

A crítica feminista brasileira se encontra num processo de auto-revelação marcado pela necessidade de mover-se dos estudos temáticos aos estudos teóricos. Podemos ainda destacar uma outra preocupação correlata e característica do movimento em seu estágio atual: o levantamento dos variados procedimentos teóricos e participativos das mulheres nos movimentos de vanguarda que estabelecem os limites entre tradição e ruptura. Em um dos primeiros estudos teóricos da literatura escrita por mulheres no Brasil, Heloísa Buarque de Hollanda nota que o feminismo, como teoria, é focalizado do ponto de vista político como:

> ...uma das alternativas mais viáveis e concretas no cenário pós-moderno de descrédito das ideologias. O risco que se corre neste caso é o de avaliar uma certa tendência do discurso pós-moderno que reincide na identificação do "feminino" como discurso do "outro".... No entanto, entre os dois discursos parece haver importantes distinções. Enquanto o pós-moderno apregoa o fim da história, do social e do político, a crítica feminista insiste na articulação de suas questões com as determinações históricas e políticas. Se o primeiro fala de uma crise de representação, o segundo fala exatamente da necessidade de uma luta pela significação. (*Uma questão de gênero*, 56)

Há um *corpus* desconhecido cuja pesquisa e levantamento nos ajudaria a examinar o lugar da mulher na sociedade, na história e na literatura, e nos propiciaria discutir e codificar as visões divergentes dos feminismos culturais[2] para "traçar aqueles momentos em que sujeitos dissidentes aparecem no texto social e em que explode a luta pelo poder interpretativo" (Franco, xii).[3]

Na esperança de tornar acessível ao público em geral o trabalho de certas escritoras brasileiras, é necessário considerar todos os argumentos relativos ao uso da língua na sua função subversiva, sejam eles ou não classificados como essencialistas ou culturais. Isto porque, ao nosso ver, as práticas teórico-metodológicas devem levar em conta, tanto quanto possível, a totalidade da história literária brasileira, especialmente em relação a reavaliações de textos pouco conhecidos ou completamente ignorados pelo cânone. É necessário ter cautela ao se usar os adjetivos *feminista* e *modernista* assim como ao descrever e definir os termos *feminismo* e *modernismo*. Em outras palavras, não podemos esperar encontrar construções feministas típicas do final do século XX em textos literários do início do século, como por exemplo, *A sua Excia.: A Presidente da República no ano 2500* (1929), de Adalzira Bittencourt, ou *Virgindade inútil: Novela de uma revoltada* (1927),[4] e *Virgindade anti-higiênica: Preconceitos e convenções hipócritas* (1924?), ambas de Ercília Nogueira Cobra,[5] assim como não podemos, ao reavaliar a posição histórica dessas escritoras, depender apenas de definições tradicionais da história do modernismo.[6]

O movimento modernista, primeira expressão brasileira da interferência das vanguardas européias do início do século, continua a ter repercussão nas artes, na política e na história sócio-cultural brasileiras, ainda que reavaliado pelos estudos promovidos à luz do pós-moderno. Em grande parte, isso se dá pela própria complexidade do movimento, que tinha como um dos seus objetivos, afirmar uma identidade intelectual e nacional independente da tradição colonial européia, enquanto, ao mesmo tempo, e contraditoriamente, incorporava ideais político-sociais e artísticos europeus. Manifestando uma revolta contra as elites culturais reinantes e, ao mesmo tempo, uma ruptura com duas tradições literárias dominantes (por um lado, a temática e os valores estilísticos parnasianos; por outro, as convenções do naturalismo e do nacionalismo desenvolvidas no romance regional brasileiro), o modernismo brasileiro conta hoje com o interesse de diversos intelectuais, que vêm procedendo à sua necessária revisão crítica. Atualmente, encontramos inclusive artigos revisionistas sobre obras de Plínio Salgado, escritor e ensaísta de inspiração fascista, ou do então comunista Oswald de Andrade, como exemplos do pensamento modernista mais radical, na medida em que demonstraram uma preocupação central com a questão da identidade nacional. Estes dois autores atacaram idéias pré-concebidas e preconceitos arraigados da sensibilidade nacional, embora chegando a resultados radicalmente diferentes entre si.

Os críticos literários também assumem posturas diversas frente ao modernismo. Afrânio Coutinho, por exemplo, considera as primeiras fases do movimento como revolucionárias, tanto na política como nas artes. Para Coutinho, o movimento modernista:

> Não se trata de procurar precedência de um fator sobre os outros, o intelectual e artístico, o político, o econômico. Mas de reconhecer que era a estrutura da civilizção brasileira, era o todo do organismo nacional, que mobilizava as forças para quebrar as amarras de sujeição ao colonialismo mental, político e econômico, entrando firme na era da maturidade e posse de si mesmo. (265-66)

Outros críticos, entre os quais se destacam Roberto Reis e Silviano Santiago, nos advertem do perigo de se ver o movimento exclusivamente como ruptura. Reis observa que "A idéia, segundo o crítico, precisaria ser matizada entre outros motivos porque o modernismo mantém uma indisfarsável linha de continuidade (por exemplo, em sua preocupação com a identidade nacional com os momentos anteriores do discurso cultural brasileiro)".[7] Além disso, insistindo na necessidade de que sejam feitas ressalvas quando se fala de modernismo, Reis chama atenção para o detalhe de que pelo modernismo transita o discurso que vai, de algum modo, desembocar no Estado Novo. Reconhecendo a diversidade e riqueza desta veia da literatura brasileira, e a persistência das forças que a modelaram, alguns estudos recentes tentaram definir e delinear os efeitos do modernismo em escritores pós-modernistas. Por exemplo, alguns paralelos já foram traçados entre figuras literárias mais destacadas da Semana de Arte Moderna, os poetas formalistas da Geração de 45, e o movimento concretista. Com as possíveis exceções de Pagu,[8] Maria Lacerda de Moura, Gilka Machado e Cecília Meireles, as escritoras se encontram, em grande parte, ausentes das considerações críticas recentes a respeito do modernismo e de suas repercussões na literatura contemporânea.

Os primeiros exemplos na literatura brasileira de personagens femininas que ocuparam posições de poder revelam interpretações interessantes a respeito do paradigma tradicional homem/mulher. Leituras revisionistas recentes de textos do final do século XIX e começo do século XX revelam protagonistas socialmente autônomas: mulheres que trabalham, que são responsáveis por suas finanças; viúvas; mães sem companheiros. No entanto, há uma ambigüidade fundamental: essas mesmas personagens ainda operam sob regras sociais de comportamento que restringem sua liberdade de ação às relações de poder tradicionais. Os personagens masculinos agem, as femininas reagem. Muitas vezes as protagonistas desempenham papéis patriarcais em relação a outras personagens femininas secundárias. Através da situação ambígua em que se mistura uma atitude de crítica do patriarcado com a internalização e transmissão de suas posturas ideológicas, algumas escritoras acabam assumindo em sua subjetividade uma atitude condescendente em que a visão crítica e a repetição dos papéis tradicionais se integram e se alternam.

Mesmo na ficção contemporânea encontramos exemplos de escritoras que, como as suas precursoras, perpetuam convenções sócio-culturais já firmemente estabelecidas ao invés de criar tradições literárias novas. Inegavelmente, a história da mulher é diferente da de seus parceiros masculinos e da imagem da realidade feminina criada pelo homem:

> Ao contrário, o estudo da 'literatura feita por mulheres', mesmo que não tenha conseguido formular uma teoria crítica própria no Brasil, traz como conseqüência inevitáveis questionamentos de base sobre a construção da historiografia literária, sobre a noção canônica de gênero literário, incluindo a importantíssima questão da oralidade na constituição da literatura, e dos paradigmas estabelecidos para o mercado de valor literário. (*Uma questão de gênero*, Buarque de Hollanda, 64)

Se não levarmos em consideração, como observa Lúcia Helena, que a oposição masculino/feminino é mais que uma consideração de comportamento sexual--e que esta oposição inclui várias categorias em fluxo permanente (poder, linguagem, subjetividade, etc.),--estaremos meramente invertendo a representação histórica da subjetividade da mulher brasileira e perderemos de vista a insistência da escritora em recriar seu próprio mundo (Helena 43-57). Tal subjetividade, formada a partir dos vários padrões de mulher criados por escritores masculinos do passado, pode ser reconstituida através de obras como, por exemplo, *Senhora* de Alencar, ou *A mão e a luva* de Machado de Assis.

As obras desconhecidas de Adalzira Bittencourt e Ercília Nogueira Cobra são de suma importância para a crítica feminista interessada na linguagem que as mulheres usaram historicamente para representar a si próprias e os papéis sociais que desempenham perante a estrutura de poder e as práticas ideológicas dominantes. No tocante à linguagem, utilizaremos a definição pós-estruturalista de Joan Scott:

> ...não simplesmente palavras, vocabulário, ou ainda um conjunto de normas gramaticais, e sim um sistema constituído por significado: ou seja, qualquer sistema--verbal ou outro--através do qual o significado é construído e as práticas culturais são organizadas, e pelo qual, deste modo, as

pessoas representam e entendem seu mundo, incluindo quem são e como se relacionam com os outros. (135)[9]

Adalzira Bittencourt e Ercília Nogueira Cobra representam diferentes vertentes ideológicas do modernismo brasileiro, ainda que abordem a luta pelos direitos das mulheres e fundamentem suas investigações no modelo das narrativas utópicas que influenciaram o modernismo. Não é surpreendente, portanto, que os trabalhos de Bittencourt e Nogueira Cobra revelem muitos aspectos de pluralismo cultural. Fortemente engajadas em sua defesa dos direitos das mulheres, cada uma das duas escritoras articula uma das instâncias ideológicas que refletem a divisão interna do movimento modernista brasileiro. Bittencourt e Nogueira Cobra criticam sua própria sociedade através de imagens positivas de uma sociedade melhor ao mesmo tempo que desenvolvem exemplos precursores da ficção científica utópica brasileira. Essas imagens positivas se baseiam em versões distintas da utopia que buscam comunidades ideais nas quais não há distinção de valor entre os seres humanos.[10]

A moderna ficção utópica brasileira reflete a agitação, a instabilidade política, a expansão econômica, e a crescente urbanização do período da década de 1920. A busca pela identidade feminina nos moldes da ficção especulativa é um tanto raro na literatura latino-americana contemporânea. No entanto, quando essa busca se estabelece, tem o efeito de realçar os elos entre a mulher e a comunidade (a tradição, o presente, as hipóteses futuras), e promover sua maior participação na utopia criada. Assim como *Virgindade inútil*, *A sua Excia*. examina o relacionamento entre o eu e o outro, entre a sociedade e o universo. Se aceitarmos a noção de Lundhall, que as mulheres que escrevem ficção científica indicam "nem tanto um gênero literário, mas um ponto-de-vista",[11] também podemos esclarecer a tarefa da ficção científica não com uma descrição do que a ciência vai encontrar e sim um estudo da reação da humanidade frente a essas mudanças (25). Em síntese, a ficção utópica feminista brasileira combina um discurso sociológico a um posicionamento ideológico. Através dessa fusão, amplia-se a importância da busca da representação de uma identidade individual ou coletiva que registra as experiências e a participação da mulher no movimento modernista e funciona como elo subjacente que liga as duas tarefas.

A ficção científica escrita por mulheres se preocupa com um modelo de sociedade idealizado e examina os estereótipos de sexo e gênero,[12] o que permite à escritora comunicar o seu interesse pela ideologia feminista e examinar os grandes preconceitos sociais. Como observa Natalie Rosinski, estas escritoras:

...examinam as ramificações que formam a base da estrutura cultural e social tanto da sociedade ficcionalizada quanto da real que tal sexismo deve promover... Que essas narrativas também incorporem ideologias feministas múltiplas, e por vezes até aparentemente conflituosas, demonstra, não só a complexidade do questionamento feminista atual, como também da abilidade da ficção feminista em ser mais do que um libelo ideológico. (33)[13]

Em resumo, a ficção utópica feminista se propõe a responder a algumas questões relativas à concepção, como absolutos, do bem e do mal, e a revelar uma linguagem que, sustentando a relação entre "comunidade, comunicação e ecologia" (Shinn, 194), procura criar uma visão dinâmica de um mundo melhor. Com relação a essa proposta, Ruby Rohrlich faz a seguinte consideração:

> Ao contrário das utopias planejadas, rigidamente controladas e estáticas, reais ou ficcionais, geralmente imaginadas pelos homens, as sociedades [utópicas das mulheres] estão sujeitas à transformação, à medida que seu mundo interior e ao seu redor se transforma. (3)[14]

Os valores encontrados na ficção utópica escrita por mulheres não são ambíguos. Nestas ficções o indivíduo é responsável por seus atos, assim como pelos da sociedade da qual participa. E a comunicação é o instrumento que assegura a representação dessa responsabilidade entre o eu e o outro. Da mesma forma como o indivíduo é responsável por garantir o equilíbrio entre a natureza e o seu uso social, a ciência e a tecnologia devem funcionar para o bem comum da sociedade e não contra a natureza. Em outras palavras, os mitos recriados pelas ficções utópicas nascem do equilíbrio proporcionado por aqueles que nutrem a sociedade, pelas relações socias subseqüentes e pelo mundo à sua volta. A escrita feminina transmite bem esse processo de criação de mito, uma vez que as mulheres são consideradas "alienígenas" dentro da sociedade patriarcal.[15] Desse modo, a escritora de ficção utópica oferece novas maneiras de se pensar o eu e o outro, o poder e a fragilidade, como veremos nos textos de Bittencourt e Nogueira Cobra que consideramos *ficções utópicas*.

ADALZIRA BITTENCOURT

Nascida em Bragança Paulista, São Paulo, em 1904, Adalzira Bittencourt formou-se em Direito em 1927. Esta professora, conferencista, escritora, e ativista social criou a primeira organização pacifista brasileira, a "Liga Infantil Pró-Paz" e participou nas atividades da Organização Panamericana no Brasil.[16] Estudou Sociologia na Itália e Direito Internacional na Holanda e passou quatro anos em Buenos Aires. No entanto, foi reconhecida pelos nacionalistas de sua época mais pelo trabalho no campo pedagógico e por seu esforço em fundar o "Lar da Criança".[17] Como membro de várias comissões governamentais durante a ditadura de Getúlio Vargas, Bittencourt participou das decisões políticas referentes a exames médicos pré-nupciais, eutanásia, esterilização involuntária e aborto. Os estudos feministas brasileiros recentes citam-na também como membro do Tribuna do Júri e como incansável defensora dos direitos legais das crianças (*Bibliografia anotada* II, 225). De fato, durante uma visita aos Estados Unidos, em 1939, Bittencourt visitou orfanatos, escolas públicas e juizados.[18]

Como escritora, publicou contos, teatro, romances, novelas e colaborou em jornais e revistas brasileiros da época.[19] Entre suas obras figuram *Mulheres e Livros* (1948), uma bio-bibliografia incompleta; *A mulher paulista na história* (1954), um catálogo de literatura de mulheres; *Dicionário bio-bibliográfico de mulheres ilustres, notáveis e intelectuais do Brasil* (Vol. I, 1969 e Vol. II, 1970); vários ensaios e livros de poesia. O esforço de Bittencourt em organizar a Biblioteca Feminina de Letras no Rio de Janeiro resultou na I Exposição do Livro Feminino Brasileiro no Hotel Pálace, no Rio de Janeiro, em 1946 e a II Exposição em São Paulo em 1947.[20] Para algumas escritoras dos anos 30 e 40, como Lygia Fagundes Telles, Diná Silveira de Queirós e Henriqueta Lisboa, estes encontros serviram como oportunidades de difusão literária visto que as instituições culturais como a Academia Brasileira de Letras não aceitavam candidatas femininas.

O feminismo de Bittencourt segue a mesma linha de posicionamento do Partido Republicano Feminino dos anos 20 e 30. Influenciado pelo Positivismo de Auguste Comte, o Partido Republicano Feminino argumentava que tanto os homens como as mulheres devem contribuir para a sociedade, de modo a expressar as especificidades próprias dos dois gêneros. Bittencourt opta por um feminismo distinto das idéias de Comte, que considerava as mulheres, em seu papel como esposas e educadoras dos futuros cidadões do mundo, moralmente superiores aos homens, embora isso levasse a uma reclusão da mulher ao espaço doméstico. Bittencourt define o seu conceito de feminismo em *A sua Excia.*:

> Feminismo brasileiro. Não feminismo importado. Feminismo latino. É colocar a mulher no seu lugar. Ela deve saber ensinar aos filhos o caminho reto do dever, a aplicação de patrimônios, a honestidade e a justiça . . .(*SE* 176)

As idéias que Bittencourt expressa em relação a raça e classe, bem como o seu respeito pelos valores tradicionais, fazem com que ela desempenhe o papel de porta-voz dessa primeira onda de feminismo. Tal postura se alinha intelectualmente a esse lado do modernismo que contribuiu para a ascenção ao poder do regime autoritário do Estado Novo. Essa primeira onda do feminismo era supernacionalista, fascista, fanática tanto no tocante ao papel do Brasil na comunidade mundial, quanto ao papel das mães como esculturas de futuras gerações dessa nova comunidade. Esta visão conservadora da maternidade não apenas liga a ficção utópica de Bittencourt aos ideais do positivismo, como também contém algo da retórica do discurso político getulista do final da década de 1930. As organizadoras da *Mulher brasileira: bibilografia anotada* descrevem essa primeira onda do feminismo brasileiro da seguinte forma:

> O aspecto principal da bibliografia sobre feminismo nesta primeira etapa do movimento consiste em seu caráter ideologizante. Transparece de forma explícita a interferência de estereótipos mesmo ao se lidar com aspectos muito específicos, quais sejam os problemas jurídicos em que se definem as reivindicações feministas. Apesar de se tratar de uma questão aparentemente técnica, limitada ao foro da legislação, os argumentos que informam o debate referem-se quase sempre ao papel da mulher na sociedade, à sua função de mãe, de "guardiã do lar", de elemento estabilizador dentro da família.
>
> Os autores que defendem a igualdade de direitos da mulher e do homem nesta primeira etapa do movimento feminista seguem principalmente duas linhas de argumentação: a análise da questão enfocada sob o ponto de vista jurídico (Constituição, Código Civil, Leis Trabalhistas) e a defesa da manutenção do papel tradicional da mulher *apesar* da ampliação de sua participação no mundo extradoméstico. (*Mulher brasileira* I, 212-13)

As idéias de Bittencourt apresentam indícios do papel instrumental das mulheres, principalmente das mães, no seu apoio tanto às tendências fascistas no Brasil do início da Segunda Guerra Mundial como no sucesso do golpe militar de 1964.

Além da contribuição prestada por Bittencourt à história social e literária, a autora produziu alguns volumes de poesia romântica na qual enaltece o amor tradicional e a maternidade. Bem mais importante, entretanto, foi seu único romance, a narrativa especulativa *A sua Excia.: A Presidente da República no ano 2500*. E interessante notar que o romance utópico de Bittencourt não recebeu o mesmo respaldo crítico que *O presidente negro ou O choque das raças (romance americano do ano 2228)* de Monteiro Lobato da mesma época, sendo que ambas narrativas abordam preconceitos típicos das doutrinas do final do século XIX sobre a política eugênica referente à raça e à sexualidade.[21]

Em *A sua Excia.: A Presidente da República*, a grande urbanista newyorkina, Miss MacDower, é a única estrangeira convidada para visitar o Brasil. Em sua passagem pelo Brasil, MacDower narra suas observações da presidência de Mariângela de Albuquerque, que aos vinte e oito anos de idade governa o país no ano de 2500. Albuquerque é a imagem da perfeição: "Paulista. Diplomada em Medicina e em Direito. Esbelta. Olhos de veludo. Boca pequena e lindos dentes. Pele de setim. Talento de escol. Cultura polimorfa. Boa. Sensata. Meiga. Tipo de beleza. Mulher perfeita" (*SE* 161-162*)*; seu governo é idealizado: "foi um governo inteligente, honrado, probo, laborioso e estava a contento geral do povo"(*SE* 205). Os cidadãos são alfabetizados, têm moradia e meio de transporte a seu dispor; não há dívida externa, desemprego ou crise. As forças armadas têm o papel de, única e exclusivamente, manter o pacifismo natural dos cidadãos brasileiros. O Brasil é o país mais rico do mundo, econômica, moral, intelectual e fisicamente (*SE* 160). O governo de Albuquerque não surge do nada; ao contrário, é o resultado de uma série de mudanças que podem ser agrupadas em três categorias: a física, a sócio-política e a fantástica. As vezes essas categorias se sobrepõem na obra de Bittencourt, mas todas se juntam para expressar uma visão utópica peculiar de um Brasil perfeito. *A sua excia.* é uma obra que ofende as sensibilidades progressistas, provoca reações contundentes e cria um mundo que sugere a realidade da época. No prefácio do romance, o crítico e escritor brasileiro Aarão Rebello nota que: "Há exagero...mas no exagero existe uma lição. Há estímulos. Há caminhos e rumos. Há um tema social. Há idéias a seguir....É um romance passado num outro clima cultural".[22] Talvez o outro clima cultural a que se refere Rebello, seja um reflexo e uma projeção da realidade de Bittencourt.

Um Brasil perfeito. Ao descrever os efeitos da superioridade eugênica brasileira, Bittencourt comenta que graças a um aparato inventado por um "descendente de Santos Dumont" (*SE* 160), as pessoas crescem e ganham peso à vontade. Os homens têm normalmente 2.40 metros de altura e pesam 150 quilos aos vinte anos de idade; as mulheres, as menores, 1.80 metros e pesam 100 quilos. Juntos eles formam uma raça como a amazônica da mitologia antiga, que vive de 130 a 180 anos. Mas "[n]ão foi só no físico que o brasileiro se agigantou" (*SE* **160**): no Brasil vivem os grandes cientistas, inventores financistas e artistas. O governo brasileiro "limpou" e fortaleceu a raça a ponto de embranquecê-la totalmente: em primeiro lugar, depois de tornar obrigatória a educação a todos os setores da população, aqueles que tivessem 1/20% de sangue africano e todos os imigrantes portugueses seriam deportados para a África; segundo, esteriliza todos os caboclos e indígenas puros; e finalmente pratica o ato de "compaixão" da eutanásia em casos de deformidade mental e física. O uso do álcool e do tabaco passam a ser memórias de séculos passados, ao passo que o processamento de alimentos é controlado de perto: todos os produtos agrícolas são cultivados no próprio país. Esse vigor físico e auto-suficiência gera uma raça superior--os brasileiros se tornam "os fornecedores da Europa, do Oriente, dos Estados Unidos e todos os outros recantos do planeta" (*SE* 161).

O estado trabalha em prol do povo que governa e controla o bem-estar físico, a educação e a elegibilidade de todos os seus cidadãos para o casamento. Sob pena severa, inclusive a pena de morte, o estado legisla a vida de seus cidadãos, desde sua concepção até sua morte, quando decide como dispor dos cadáveres. Há exames pré-nupciais obrigatórios para provar boa condição de mater/paternidade; leis que governam o tempo que a criança permanecerá com os pais (dos três aos quinze anos de idade as crianças vivem em escolas do governo); leis que governam a educação, a alimentação e a saúde. Além disso, o estado estabelece instituições que atendem às necessidades de casais sem filhos, sendo um exemplo disso a prestigiosa "Escola das Princesas".[23] Há também instituições que se dedicam à educação de futuras esposas e mulheres grávidas. Essa idealização da maternidade, centrada no aspecto biológico, reforça valores tradicionais e carrega o peso moral de uma nova religião. O processo educacional inicia nos primeiros anos de vida da criança, período em que começa a praticar a educação física. Outros costumes que são regulados são os sexuais; os bordéis, administrados pelo estado, servem às diferenças genético-sexuais que distinguem o homem da mulher. Esses bordéis são compostos única e exclusivamente por mulheres estrangeiras que são esterilizadas. Embora a sociedade mantenha a distinção de classe, todo cidadão tem emprego garantido. O governo federal também legisla a paz, e as mães a promovem em sua recitação diária da compulsória reza nacional às crianças:

> O Brasil é grande. O Brasil é nosso! É preciso que cada brasileiro plante durante a vida mil árvores, sendo uma diferente da outra, ou que fabrique um objeto, aperfeiçoando-o dia-a-dia afim de conseguir a suprema felicidade nesta e na outra vida. (*SE* 171)

Já mencionamos vários dos elementos fantásticos dessa história: a máquina inventada pelo descendente de Santos Dumont, a superioridade física, moral e intelectual dos cidadãos, as pílulas para nutrição. Outras invenções do século XXVI incluem veículos voadores individuais, teleolfações, telegustações, teleaudições, radiotelefonia, radiofotografia e outros. A cidade de São Paulo passa a ter oceano, e se torna mais bonita que o Rio de Janeiro. No que diz respeito as mudanças no resto do Brasil, Bittencourt nos oferece uma nova visão do sertão:

> No fundo do sertão de Goiás ou da Amazônia que 560 anos era mata virgem, cheia de bugres antropófagos, se erguem agora as cidades e as vilas dos agricultores do interior. Nessas cidades há prédios de 80 andares: há teatros, bibliotecas, *magazines* de luxo, restaurantes em carros aéreos, etc. Civilização. Durante a colheita do café, da borracha, do trigo, do babaçú, colheitas feitas mecanicamente, os rudes trabalhadores cantam trechos da última ópera lírica que assistiram, ou recitam, de cor, poemas, os mais lindos, dos últimos livros brasileiros, ou dos livros baratos que acabam de aparecer em Paris. De volta da roça, em casas higiênicas e confortáveis, dentro de jardins, ou em seus apartamentos num 38º ou 75º andar, ouvem pelo rádio o que se canta no Rio, em Buenos Aires ou em Tóquio. (*SE* 161)

Há casas que voam do interior ao mar, ou flutuam sobre a água perto da praia pois a energia elétrica não custa nada graças a um tubo especial que canaliza a eletricidade estática, servindo todas as casas. Como fonte de energia, o gás natural já não é utilizado e todos os fios, esgotos e buracos se encontram escondidos no subsolo para que o povo veja apenas aquilo que tem valor estético e o que seja moralmente edificante.

Bittencourt enfatiza o preconceito contra o feio intercalando em sua narrativa a trágica história do amor casto entre Mariângela (através de três anos de troca de cartas de amor) e Jorge, o pintor mais famoso do mundo, que, curiosamente, nunca foi visto por sua presidente. Quando o amor apaixonante das cartas de Jorge não pode mais substituir sua presença, Mariângela confia à polícia a tarefa de localizar o pintor misterioso; porém Mariângela fica chocada quando ele é encontrado pois: "Jorge era lindo, muito lindo de rosto, porém não tinha mais que 90 centímetros de altura e trazia nas costas uma enorme corcunda" (*SE* 155). De acordo com a lei, o artista não deveria estar vivo pois a corcunda não se adequa aos moldes de excelência impostos pelo governo. A responsabilidade da existência de Jorge cai sobre sua mãe, que escondera a deformidade do filho durante trinta anos. No entanto Mariângela é forçada a assinar duas sentenças de morte, uma para a mãe e outra para o filho, pois como presidente deve, acima de tudo, obedecer à lei.

O final traumático e melodramático simboliza a rigidez de muitos dos eventos do livro e acrescenta coerência ao ato de assinatura da sentença de morte. Entretanto, o leitor não pode deixar de notar a ironia inerente, pois trata-se da execução do artista mais talentoso do mundo. A deformidade de Jorge representa uma ameaça em potencial à desconstrução do significado da utopia por ser um contra-exemplo de uma sociedade perfeita.[24] A história intercalada de Mariângela e Jorge só passa a ter importância quando da assinatura da sentença de morte no final, momento em que uma nova dimensão lhe é atribuída. Outra nota de ironia ocorre com a sentença de morte aplicada à mãe anônima de Jorge--qual maior amor de mãe seria esse que, a exemplo da mãe de Moisés, o coloca entre arbustros para proteger e abrigar seu filho? Ainda que seja difícil aceitar a participação de Mariângela na execução dessas duas penas de morte e ainda que questionemos as soluções de Bittencourt para a purificação da raça, não se pode negar sua preocupação em querer o melhor para o Brasil de forma tão resoluta. Elaine Baruch afirma que "o que as utopias literárias propõem como possibilidades futuras são os problemas já contidos nas sociedades que as concebem" (xiii).[25] Daí, Bittencourt, que se posiciona a favor de uma das teorias intolerantes prevalecente na sociedade dos anos 20, nos oferece não só uma resolução feminina alternativa a essas teorias, mas uma resolução que constitui o maior desafio do espaço da ficção utópica. Se *A sua Excia.* é uma narrativa utópica ou distópica é uma questão a ser discutida. Porém, para Mariângela, o caso amoroso e o ato de executar as duas sentenças de morte estão perfeitamente de acordo com o contexto teórico da obra pois a presidente precisa se apaixonar e ter filhos para servir de modelo de comportamento aos seus compatriotas. Se tomarmos em conta que uma das maiores preocupações do Partido Republicano Feminino dos anos 20 era atingir a igualdade através do reconhecimento da responsabilidade mais importante das mulheres--cuidar dos filhos e preservar a independência política e econômica através da defesa dos direitos maternais--não é à toa que várias reformas sociais projetadas por Bittencourt para o século XXVI reflitam esse objetivo.

Boa parte do livro se dedica a explicar o reconhecimento da mulher em seu papel primordial de provedora do cuidado materno. As teorias utópicas lembram mitos femininos da antiguidade: Ishtar e a mescla entre fertilidade e poder, e as Amazonas que governam com absoluta autoridade e justiça. Ao ressuscitar esses mitos e enquadrá-los num contexto futurista, Bittencourt estabelece um diálogo entre a autora e o leitor instruído (e de uma forma especial com a leitora), incorporando a experiência cotidiana das mulheres brasileiras às leis e mandatos vigentes nessa utopia. Mesmo a defesa do infanticídio chega a ser compreensível aos olhos do leitor pelo reconhecimento do trauma sofrido pela mulher por gerar um filho imperfeito e perdê-lo nos primeiros anos de vida. Através dessa experiência maternal as mulheres são dotadas do valor da experiência de nutrir e da necessidade de levar essa experiência ao máximo de modo a não reprimir nem impor restrições injustas aos demais membros da sociedade.

Em *A sua Excia.*, Bittencourt apresenta uma utopia baseada na realidade da sua época. Os objetivos ideológicos dessa nova sociedade se fundamentam num sistema de educação dualístico, em que as mulheres uniriam o seu papel tradicional a uma carreira profissional. A base da filosofia espiritual era a crença em Deus conforme a imagem concebida pela Igreja Católica Romana (instituição que promove a continuação de muitos estereótipos), embora com algumas diferenças importantes: a disponibilidade do aborto apoiado pelo estado para casos em que haja risco de vida ou estupro, e a manutenção de bordéis como consequência da aceitação do conceito que o homem tem uma propensão natural para ligações extra-conjugais. Nesse quadro, ironicamente, a mulher tem a responsabilidade ética de sustentar sua virtude e pureza.

Bittencourt antecipa algumas das inovações estilísticas dos anos 1960, 1970 e 1980, não apenas em termos temáticos, mas também em termos técnicos. Ela engaja o leitor num envolvimento dinâmico com o significado do texto através de uma série de recursos estilísticos que visam reproduzir a realidade de sua criação futurística. Como exemplos de *topoi* utópicos, Bittencourt inclui o registro de eventos políticos autênticos, cópias de leis vigentes da época, menção de figuras históricas reais, pelo nome ou pelo feito, citações de jornais, precisos ou não, material folclórico que conta histórias infantis, canções e lendas. Além disso, a autora cria um folclore novo, histórias e tradições que parecem fiéis ao cenário futurístico, do mesmo modo como incorpora diários, cartas e diálogos entre várias personagens. Todas essas inovações são também plausíveis no contexto do Brasil dos anos 20, uma vez que se baseiam na maquinária já em uso e em teorias tecnológicas que já vinham sendo propostas. São também feições notáveis do livro o uso e a função da voz narrativa. A narração muda da terceira pessoa onisciente para vários narradores em primeira pessoa com o intuito de direcionar o diálogo autor-leitor, seja na forma de questões retóricas, seja na forma de afirmação. Em seu prefácio, a própria autora coloca a mais desafiadora das questões sobre a narrativa:

> ... cada leitor interprete este
> livro como entender.
> É romance? É fantasia? É crítica?
> É obra de ficção ou pedagógica?
> Que sei eu...?
> Que ele seja esquisito manjar
> e que cada leitor encontre nele
> um bocado a seu sabor... *(SE* 159)

Bittencourt cultiva o que há de familiar na experiência de vida de seu leitor e, dessa forma, ao fazer referências a experiências comuns como práticas didáticas, o uso de uma voz narrativa não subjetiva, bem como outras técnicas realistas, estabelece uma relação de proximidade entre este leitor e a projeção utópica do texto. Ao usar técnicas que evocam a opinião do leitor e, deste modo, evitar que o texto se feche, a autora cria um metatexto que pode ser completado apenas com a experiência de cada leitor. Estas são exatamente as qualidades que estabelecem um vínculo entre a narrativa de Bittencourt e outros textos utópicos feministas. Na literatura fantástica, segundo Thelma Shinn, "a leitora...pode aprender a ver além da superfície para descobrir significados simultâneos. A palavra também é uma superfície (uma abstração da realidade) e um poema (uma imagem da realidade). Devido ao seu aspecto simbólico a linguagem pode ser lida metaforicamente; a linguagem da metáfora é a linguagem do mito" (11).[26] Ao suscitar mitos conhecidos, tanto arquetípicos como culturais, a literatura especulativa da mulher pode ser abordada como um conjunto de obras interrelacionadas que refletem experiências femininas coletivas. Dessa forma, tanto seu aspecto efêmero quanto sua popularidade fornecem os meios necessários para a transmissão dessa mitologia. Propositalmente, Adalzira Bittencourt deixa em aberto o desfecho da narrativa, o que sugere a agitação política dos anos 20 e as contradições inerentes ao país na busca de uma nova identidade nacional que até então não havia levado em conta a contribuição da mulher.

ERCILIA NOGUEIRA COBRA

Outra escritora modernista, Ercília Nogueira Cobra, nasceu em 1891, em Mocóca, São Paulo.[27] Raimundo Menezes caracteriza a escritora como romancista de "caráter emancipatório" (194). O restante do esboço bibliográfico disponível a seu respeito é reunido a partir de entrevistas com membros da família conduzidas por Maria Lúcia de Barros Mott.[28] Nestas entrevistas, a família atenta para o fato de que possivelmente a maior parte do material do romance *Virgindade inútil: Novela de uma revoltada* seja autobiográfico.

Nogueira Cobra foi considerada uma renegada cujo comportamento dissonante levou-a a perder o apoio da família. Mott (1986) estabelece certas ligações entre a história familiar de Nogueira Cobra e seu comportamento posterior, como, por exemplo: seu acesso à biblioteca do pai;[29] a natureza anti-clerical de sua escolaridade e a provável influência de uma governanta europea na casa dos avós maternos em São Paulo; a perda da fortuna da família na primeira década do século atual e a subsequente morte do pai em 1906/07(?); e, finalmente, o impacto de suas viajens para Europa e Argentina entre 1917 e 1934, período que corresponde às datas de publicação dos dois livros da autora. Mott registra a rejeição que Ercília sofreu por parte do único irmão, Paulo, que tirou o Nogueira de seu sobrenome em reação ao comportamento e à articulação das idéias liberais da irmã e a posterior exclusão do nome de Ercília nos pesames recebidos pela morte da mãe, Jesuina Brandão Nogueira Cobra. As dificuldades financeiras sofridas pela escritora nesta fase da sua vida talvez fossem a causa da sua mudança para Caxias do Sul em 1934 onde abriu uma casa de diversões, "O Royal", que administrou sob o nome de Suzy.[30] Há menção, em algumas cartas, da possível compra de um restaurante em Porto Alegre e da idéia de escrever outro livro, no entanto, não há prova de que de fato tenha continuado a publicar (1982, 7).

Segundo uma parenta distante da família paterna, Ercília Nogueira Cobra foi interrogada várias vezes durante o Estado Novo e foi presa no Rio de Janeiro, no Paraná e no Rio Grande do Sul:

> Porque o DIP (sic) pegava não soltava mais; ela estava desesperada. Uma vez ela tentou se matar (...) ela foi interrogada durante a noite, sempre nua, sempre muito maltratada; porque o interrogatório dela todo girava sobre sexo, ninguém interrogava a opinião política dela, ninguém queria saber; só queriam saber o que ela pensava dos homens, os homens estavam muito machucados com a opinião dela (...) a visão que eles tinham é que ela era uma ameaça tremenda. Porque se ela levantasse as mulheres naquela época, eles tinham a impressão que iam derrubar o regime (...) ela mudou de nome e fugiu para o Paraná. (Mott, 1986, 99)

A última informação disponível a seu respeito indica que regressou para Caxias do Sul em 1964 onde, de acordo com os familiares femininos, trabalhou como professora de piano, enquanto que de acordo com os familiares masculinos, teria tocado em um cabaret (1982, 8). Não se sabe onde nem quando a escritora morreu visto que nenhum registro da data da morte foi localizado (1986, 90).

Nogueira Cobra vem sendo considerada como porta-voz do movimento feminista entre os estudiosos da teoria da literatura e as teóricas feministas contemporâneas. A estridente voz narrativa de Nogueira Cobra se pronuncia contra os tabus da época como, por exemplo, a revelação da natureza do erotismo feminino. Em suas duas contribuições para as letras brasileiras, o ensaio *Virgindade anti-higiênica: Preconceitos e convenções hipócritas* e o romance *Virgindade inútil: Novela de uma revoltada,* Nogueira Cobra apresenta visões inteiramente diferentes das mulheres e seu papel socio-político na sociedade em contraste com a visão mais dócil presente em *A sua excia.* Luta contra a falta de liberdade sexual das mulheres considerando-a como forma de opressão e chama pela restauração dessa liberdade, que representa o único veículo possível para a liberação das mulheres.

No quadro dos estudos feministas contemporâneos, Nogueira Cobra é vista como anarquista radical, discordando da visão tradicional e conservadora do conceito de maternidade de Adalzira Bittencourt. Nogueira Cobra manifesta um impulso modernista "revolucionário", ou seja, o repúdio a uma reação burguesa que representa o que Reis define como a continuidade em relação a momentos anteriores do discurso brasileiro. Se numa fase do modernismo a definição de uma identidade cultural se ressalta através de um processo de auto-construção de dentro para fora, em outra fase observa-se uma identidade composta da assimilação de raízes autóctones e importadas. Aparentemente Nogueira Cobra se identifica com esta última tendência (o 'vômito' de Oswald de Andrade), cujo propósito é subverter a própria imagem do país, permitindo que as mulheres alcançem sua emancipação. No entanto como observa Beatriz Sarlo, as anarquistas se preocupavam com mais que simplesmente questões de identidade nacional:

> No princípio do século XX, as anarquistas feministas eram libertárias no tocante a questões morais, políticas e sexuais; a questão das condições das trabalhadoras alcançou um lugar privilegiado no discurso anárquico voltado às vítimas do capitalismo, religião, exército e estado. . . . As mulheres...falam por si próprias numa linguagem que geralmente pode ser interpretada como uma rejeição ao modo de pensar do homem e dos políticos--o que permeia o discurso político e ideológico do passado. Esse discurso feminino muda de um tom reformista e moderado a um tom mais radical. (236)[31]

A obra de Nogueira Cobra pode ser vista como uma contribuição fora dos limites do modernismo. Ela exibe pouco sentimento de orgulho nacional e não se interessa pela recriação da linguagem. Por outro lado, se dedica a mostrar a opressão sofrida pelas mulheres e encara as restrições sociais que contribuem para a preservação da virgindade feminina como meio efetivo de manter um estado de subjugação, ignorância e desemprego. Tanto o ensaio como o romance defendem a educação e a total liberdade sexual para a mulher com o intuito de ensinar-lhe a auto-suficiência e a capacidade de viver em harmonia com o mundo ao seu redor.

Na introdução à segunda e terceira edições do ensaio *Virgindade anti-higiênica*, Nogueira Cobra menciona as severas críticas recebidas pela primeira edição, a apreensão desta pela polícia e a dificuldade que os jornais de São Paulo apresentaram quando a autora tentou publicar a defesa do referido ensaio após a apreensão pela censura.[32] Ainda na mesma introdução, esclarece algumas das posições radicais que diferenciam sua obra da de Bittencourt, diferenças estas que revelam a filosofia subjacente em *Virgindade inútil*:

> Para que o público saiba do que se trata, dou um resumo do assunto.
> A tese que defendo é a seguinte: noventa por cento das mulheres que estão nos prostíbulos ali não caíam por vício, mas por necessidade.

> Se os pais destas desgraçadas, em vez de as obrigarem a guardar uma virgindade contrária às leis da natureza, lhes tivessem dado uma profissão com a qual elas pudessem viver honestamente, elas ali não estariam.
> A honra da mulher não pode estar no seu sexo, parte material do corpo que não pode se submeter a leis; deve estar como a do homem no seu espírito, no seu moral, na parte honesta do seu ser que é a consciência.
> A mulher que teve intercurso com homens antes de ser casada, é tão honrada como o homem nas mesmas condições, uma vez que ela tenha uma profissão e viva honestamente do seu trabalho. (*VA* 107)

Com a seguinte afirmação "O meu livro foi escrito com o único fito de mostrar o quanto é errada a educação que se vem ministrando à mulher" (*VA* 107), Nogueira Cobra propõe a discriminação sexual como a raiz do conturbado momento de crise do modernismo. Em resposta contrária aos críticos que não entenderam a seriedade de sua tese e que rotularam seu trabalho de pornográfico e imoral, Nogueira Cobra afirma:

> Eu poderia, se quisesse, escrever um livro pornográfico. Para isso, não precisava imaginação nem estudo. Bastar-me-ía um lápis, um caderno de notas e a freqüência de certos lugares--não pensem que tascas, "cabarés" e outros, não! Mas os grandes hotéis, os grandes chás, os grandes transatlânticos, isto é o lugar da aristocracia do dinheiro, dos reis do café, açúcar, algodão, etc., que são também os reis do vício, da imoralidade, que muita gente só atribue às coquetes como se as *coquetes* não fossem regiamente pagas. (*VA* 112)

A autora se refere ao "escravismo branco" que transforma crianças em prostitutas e critica a hipocrisia de um país que censura livros que tratam o erotismo feminino ao passo que romances de autoria masculina que descrevem o erotismo masculino em detalhe não são proibidos, como é o caso de *Os devassos, A carne, O arara e Dona Dolores*. Em sua forte defesa da liberação sexual a autora identifica a falta de igualdade financeira e legal com a dificuldade da mulher em ter "uma vida natural", acrescentando que sua obra mostra "que a única pornografia que existe é o mistério que se lança sobre o mais natural e INOCENTE instinto da natureza humana" (*VA* 109).

Em *Virgindade anti-higiênica*, Nogueira Cobra levanta argumentos sociais, morais e políticos apanhados de suas leituras elementares de filósofos franceses e alemães, e, mais especificamente, de argumentos médicos gerados na França durante os debates a respeito do sufrágio feminino. Ao fazer alusão às investigações desses psicólogos, Nogueira Cobra ilustra os efeitos causados pela angústia mental, emocional e econômica das mulheres quando são proibidas de exercitar efetivamente sua natureza sexual e física. Citando casos supostamente verídicos ocorridos na França, a autora defende a posição de que as mulheres casadas são, na melhor das hipóteses, desajustadas psicologicamente e, provavelmente, fisicamente, pois a falta de expressão sexual livre subjuga sua posição à de seus maridos. As mulheres solteiras ficam reduzidas ao estado 'anti-natural' da masturbação a fim de preservar a virgindade, para, assim, poderem receber o dote, casar e ser aceitas na sociedade tradicional. Caso queiram ir contra a ordem social e exercer a liberdade sexual, se reduzem imediatamente à categoria degradante de objeto de prazer. Para Nogueira Cobra, esta indesejável objetificação das mulheres é devida à falta de alternativas profissionais, pois recebem uma instrução inútil ou insuficiente sem nenhum treinamento profissionalizante que se une à moralidade religiosa distorcida pregada pela Igreja Católica Romana. Nogueira Cobra se ressente do conteúdo positivista que é característica da obra de Bittencourt uma vez que na opinião de Nogueira Cobra o estado não representa os interesses da mulher; apenas uma revolução poderia reverter esses preconceitos pois de outra forma continuaria a se manter o *status quo* sem resistência:

> Ora, considerando que a liberdade da mulher já está reduzida a uma palavra, si ninguém protesta, se todas curvarem a cabeça, os senhores machos convencem-se de que estão com a faca e o queijo na mão e começam a nos massacrar pelo mínimo sorriso de ironia ou de desprezo com que por acaso os presenteemos numa hora de neurastenia. (*VA* 139)

Nogueira Cobra acredita que o Brasil vai continuar encontrando dificuldades de traçar uma identidade própria e de exercer uma influência internacional maior enquanto não incentivar a mulher a assumir um papel mais ativo na sociedade. Para a autora o estado de submissão do Brasil da época é semelhante à submissão da mulher na sociedade, pois como sugere Benstock, a falta de autonomia deixa a mulher expatriada "tanto temporal como espacialmente" (33).[33] Essa marginalização faz com que as mulheres se considerem objetos pois foram criadas para aceitar como padrão de comportamento apenas a instituição do casamento ou a vida religiosa. Ao se desviarem desses paradigmas, elas se tornam, na sua própria imagem, mulheres más por excelência, moralmente degeneradas. O uso da desgastada analogia de mãe/prostituta e o modo como resolve esse dilema estereotípico contribuem para a formação da imagem radical da autora. Ao reconhecer que as mulheres precisam de benfeitores masculinos tanto para operar dentro do sistema, quanto para combatê-lo, a autora conclui o ensaio e o romance com uma defesa da igualdade de direitos sexuais, educacionais e econômicos para ambos os sexos. O direito de exercitar a liberdade sexual permite que as mulheres escolham outras carreiras profissionais além da maternidade. A gravidez não é considerada um obstáculo e a autora cita, como alternativas, o método rítmico de controle de natalidade e o aborto, ambas condições necessárias para que a mulher possa adquirir uma educação adequada a fim de se manter, caso ocorra um casamento fracasado, viuvez, ou falta de dote.

Para Nogueira Cobra é importante que as mulheres tenham o direito e também a responsabilidade de exercer uma liberdade mental e emocional. Há uma sensação de ultraje moral no ensaio, pois Nogueira Cobra se dá conta de que as mulheres são recursos valiosos, ignorados tanto pelas próprias mulheres como pelos homens. Como observa Mott, o sexo, mais especificamente a procriação, e uma severa falta de instrução são os elementos de sujeição de uma sociedade corrupta na visão da nossa autora:

> Se ainda hoje é chocante para muitas pessoas o título *Virgindade anti-higiênica* como não deveria chocar há mais de 50 anos uma obra onde a maternidade humana é colocada na mesma dimensão que a animal, onde é dado, à mulher, o direito ao prazer sexual mesmo antes do casamento e onde é apregoado a necessidade da educação da mulher para que tenha uma profissão e obtenha o seu próprio sustento! (1982, 4)

Virgindade inútil é a recriação fictícia das convicções de Nogueira Cobra. A cena ocorre na terra mitológica da República da Bocolândia cuja capital é Flumen e cuja população de bocós prefere cultivar o analfabetismo, o amarelão e o jogo do bicho (*VI* 45). O romance narra as vicissitudes de uma heroína picaresca, residente de uma pequena cidade, depois que seu pai falece e deixa a família numa situação financeira precária. Cláudia, ainda solteira, percebe que sem a perspectiva de um dote, os pretendentes desaparecerão. Cláudia relata casos de casamentos fracassados e o caso de uma colega que, ao ser estuprada, é abandonada pela família e pelos amigos; para sobreviver, acaba vendendo favores sexuais. Percebendo que a antiga colega é mais livre do que a mulher separada, Cláudia começa a encarar a vida de solteira como a única alternativa liberadora e foge para a grande cidade de Flumen. Por ser menor de idade, não pode permanecer em Flumen se ainda for virgem; dessa forma toma a decisão consciente de ter uma relação sexual com um estudante para garantir sua liberdade. Ironicamente, esta é a única vez em que Cláudia opta pela auto-satisfação por conveniência e não por amor. Ser *chanteuse* nos bares noturnos é uma profissão remunerada e semi-legítima para Cláudia pois goza da liberdade parcial que sua remuneração lhe proporciona enquanto mantém vestígios de sua integridade interior. Aproveitando da posição de Cláudia, Nogueira Cobra tece comentários intercalados sobre a prostituição nos cabarés.[34]

A carreira de Cláudia lhe permite a oportunidade de viajar para Argentina e França e essas excursões proporcionam as experiências que cristalizam as premissas esboçadas por Nogueira Cobra em seu ensaio. Ciente de ter fugido de um casamento indesejado, Cláudia logo percebe o estado de desvantagem na qual ela se encontra por falta de instrução. A fim de conseguir uma estabilidade econômica mais segura, Cláudia se submete a uma série de ligações amorosas, uma das quais gera uma criança, convenientemente chamada Liberdade,[35] que simboliza por um lado a fé de Cláudia no futuro e por outro lado a esperança da autora na futura emancipação das mulheres. Mãe e filha, por serem "pecadoras", são isoladas da sociedade pelas instituições sociais tradicionais. Porém, apesar da opressão sofrida por Cláudia, ela ganha uma certa liberdade ao poder viver às margens da sociedade, por ser esclarecida e poder proporcionar à filha a oportunidade da instrução que lhe foi negada.

Quando o pai da criança deseja que Cláudia assuma um papel mais tradicional, mãe e filha fogem para a França. Procuram, no exílio, a utopia, que simboliza a busca de identidade inerente nas idéias do liberalismo esclarecido. Recém chegada na França, Cláudia encontra um conhecido do Brasil--o médico que se recusara a casar-se com ela na adolescência--que havia deixado sua mulher só no hotel enquanto se divertia no teatro na companhia de outra. Ao vê-lo, Cláudia faz esta observação final dirigida às leitoras: "Sim, minhas senhoras! É para casar com tipos daqueles que as mulheres guardam a castidade e conservam-se como botões fechados a vida inteira--quando possuem dote...Virgindade idiota!" (*VI* 94).

Graças à sua natureza quase mítica e às aventuras impossíveis, *Virgindade inútil* é um exemplo de ficção especulativa que estabelece uma utopia no presente em vez de no futuro. Paralelamente, a obra alude ao sonho de autoridade sobre si própria que vimos na obra de Bittencourt através dos mitos de Diana, de Ishtar e da Amazonas, com a diferença de que, no romance de Nogueira Cobra, o sonho é alcançado no presente. O lugar onde a história se passa é, ironicamente, um lugar onde nenhuma mulher gostaria de viver, já que a distopia da Bocolândia é constantemente comparada com o mundo idealizado por Nogueira Cobra no presente. Como protagonista, a procura de Cláudia é encontrar um mundo utópico aos moldes europeus. Sua escolha, tanto por uma forma de prostituição ou semi-prostituição, parece sensata dada a estrutura da sociedade em que vive; da mesma forma, seu desejo de auto-determinação parece bastante razoável quando colocado à luz da dura realidade de suas contemporâneas sem potencial econômico. Por outro lado, a reforma pessoal e o respeito pela vida do recém-nascido manifestado por Cláudia podem parecer, à primeira vista, paradoxais, devido a sua profissão; no entanto, nota-se que esse respeito é codificado no discurso tradicional como parte da experiência da maternidade. Segundo a historiadora Margareth Rago:

> Concordamos com a hipótese de que a entrada da mulher na esfera pública, com as transformações econômicas e socias que marcam a sociedade do trabalho nesse momento histórico, tenham provocado reações morais bastante fortes. A possiblilidade de acesso ao poder econômico e a conquista da autonomia parecem assustar profundamente os setores da sociedade preocupados em garantir suas perrogativas masculinas. Desse modo, a relação da mulher com o dinheiro, objeto público por excelência, mas objeto que gera poder, estará sempre muito marcada por uma condenação moral sutil.... A relação da mulher com o dinheiro passará sempre pelo "fantasma da prostituição"... Afinal, a mãe inventada pela moral vitoriana situa-se no plano da natureza, onde as relações não são mediadas pelo equivalente geral. No mercado, encontramos a "mulher pública", isto é, aquela que vende seu corpo, que contabiliza o prazer que oferece e o transforma em mercadoria. (227-28)

Embora o contexto seja familiar, a linguagem é o aspecto mais saliente dessa narrativa. Há pouco uso de artifícios retóricos como a metáfora; por outro lado, a presença minuciosa de descrições sexuais para retratar o mundo de Cláudia ajuda a promover o desenho distópico de Bocolândia. Em vez da idealização de uma sociedade futurística, *Virgindade anti-higiênica e Virgindade inútil* retratam uma imagem de um Brasil duro, cruel e desconfortável. Assim como a história de amor intercalada em *A sua Excia.*, o ensaio e o romance de Nogueira Cobra também são melodramáticos, exagerando tanto os problemas quanto as soluções. No entanto, através do exagero, a autora pretende chocar o leitor e provocar mudanças com uma interpretação própria do comportamento ético e sexual brasileiro. Para isso, Nogueira Cobra incorpora à narrativa ideais contemporâneos com conjecturas utópicas e descrições de outros temas sociais.

O ensaio e o romance defendem a destruição do sistema de valores da época e promovem uma reação anárquica de uma sensibilidade ética nova. Nas narrativas de libertação sexual de escritoras brasileiras, é comum encontrar estereótipos como prostitutas, virgens, mães, e beatas. Além de construir simbolicamente imagens que representam o (des)equilíbrio de poder no uso intencional do erótico manifestado por uma protagonista sensual, as obras ajudam a construir novas mitologias que afirmam a existência do "eu" interior. Portanto, o erótico pode ser interpretado como um signo da presença da mulher no mundo, mesmo que essa presença seja valorizada apenas no seu estado de objeto. A objetificação do corpo é uma redução metonímica do erotismo, e, ao mesmo tempo, o lugar onde certas reavaliações podem ter origem. O conceito reducionista da mulher-objeto e a reavaliação desse conceito são questões que permeiam a obra de Nogueira Cobra na sua procura pela auto-identificação como mulher e como artista. A tentativa de enfatizar e, consequentemente, recriar seu mundo a partir de uma posição marginal constitui uma técnica de desconstrução de alguns arquétipos e estereótipos femininos. Essa busca utópica consiste em colocar em evidência o *status quo* da mulher brasileira e sugerir métodos viáveis de mudança.

Nos pruridos éticos e morais dos anos 20, podemos ter a certeza de que a presença de uma figura como Nogueira Cobra causou uma reação fortíssima. Ao considerar as características do movimento feminista brasileiro da época, que advogava acima de tudo o pudor das mães, o anarquismo de Nogueira Cobra se destaca como a razão principal pela censura severa que sua obra provocou. É importante salientar que *Virgindade inútil* cria uma utopia feminista que teria que ocorrer fora do Brasil, e até mesmo fora da América Latina. O mérito literário do romance deve ser avaliado do ponto de vista do compromisso social da autora para medir como a ironia é utilizada no texto a fim de demonstrar que "[a]s sensações de fome, de sede e de necessidade de gozo, justamente porque são as que garantem a conservação do individuo e da especie, são de uma violência contra a qual as leis morais, os anátemas e as convenções nada podem." (*VA* 122)

A sensibilidade de Nogueira Cobra evoca considerações mais típicas do final do século XX na medida em que reflete a realidade contemporânea mais profundamente que as preocupações expressas em *A sua Excia*. Bittencourt demonstra fortes tendências nacionalistas e sua inclinação por um socialismo nacional reforçado e um governo absolutista estabelece uma ligação estreita com algumas das filosofias populares européias de direita populares antes da Segunda Guerra Mundial. Nogueira Cobra reflete, antes, as atitudes hedônicas do início dos anos 20 cujas origens são fundamentadas na noção romântica do entendimento coletivo da sociedade nacional com base nos direitos individuais. Nogueira Cobra privilegia o que a mulher tem em comum com outros segmentos marginalizados da sociedade ao passo que a população mítica de Bittencourt é mais homogênea. Enquanto as mulheres de Bittencourt desenvolvem uma interdependência baseada na experiência feminina em comum para dirigir seu governo, a protagonista de Nogueira Cobra conta com um provedor masculino todo poderoso; os protetores de Cláudia são sempre homens ricos e ela, diante de uma perspectiva de mundo maior, se mantém consciente de seu potencial como mulher apenas de uma forma parcial.

As visões de ambas escritoras ajudam a esclarecer as idéias de comunidades utópicas delineadas no início deste ensaio. As obras aqui discutidas contribuem à compreensão de um paradigma literário tradicional que obedece à dicotomia feminino/masculino. Embora venham a ser duas visões de uma mesma realidade, essas obras oferecem diferentes soluções para um problema comum: como recriar e transformar o papel da mulher na sociedade.

NOTAS

[1] Lúcia Helena frisa a importância dessa observação crítica em seu artigo "A personagem feminina na ficção brasileira nos anos 70 e 80: Problemas teóricos e históricos", publicado em um número especial da revista *Luso-Brazilian Review* 26, 2, 1989, pp. 43-57.

[2] Empregamos a palavra *cultural* para esclarecer a distinção entre essa manifestação do feminismo e outras manifestações tais como o feminismo essencialista, socialista, marxista, pós-moderno, etc.

[3] A obra de Franco foi publicado em inglês. Esta tradução da citação original, como todas as outras citações do inglês para o português que seguem, é nossa. Citamos do original: "trace those moments when dissident subjects appear in the social text and when the struggle for interpretive power erupts" (p. xii).

[4] Em algumas versões aparece o seguinte subtítulo: "Novela libelística contra a sensibilidade dos homens". Para mais informações sobre Ercília Nogueira Cobra, ver Mott (1982 e 1986). Também há referência a essa mulher insubmissa dos anos 20 na tese de doutoramento de Susan Besse "Freedom and Bondage: The Impact of Capitalism on Women in São Paulo, Brazil, 1917-1932". Yale University, 1983 (citado em Mott, 1986, p. 90 e em Rago, p. 220).

[5] Na nossa pesquisa a respeito dessas duas escritoras, utilizamos cópias microfilmadas das edições localizadas na Biblioteca Nacional no Rio de Janeiro. Mott (1986) estabelece a seguinte ordem de publicação para as duas obras: *Virgindade anti-higiênica*, SP, Monteiro Lobato, 1924; *Virgindade anti-higiênica*, s.L.p., ed. da autora, s.d.; *Virgindade inútil*, s.L.p., ed. da autora, 1927. Os dois livros foram reunidos e reeditados posteriormente com o título *Virgindade inútil e anti-higiênica*, s.L.p., s.c.p., 1932. Há ainda uma edição publicada na França, com o título *Virgindade inútil e anti-higiênica*, Paris, Societé D'Editions Oeuvres des Maitres Cèlébres, s.d.p. Esta edição foi consultada para completar algumas páginas que estavam faltando nos exemplares localizadas na Biblioteca Nacional. Acreditamos que o exemplar de *Virgindade anti-higiênica* usada nesta pesquisa seja ou a segunda ou a terceira edição e que o exemplar de *Virgindade inútil* seja ou a primeira ou a segunda edição. Note-se que o "Calendário da Mulher", publicado pelo Conselho Estadual da Condição Feminina em São Paulo em 1985, menciona que os dois livros foram reeditados pelo menos duas vezes antes de 1932.

[6] Ao citar essas obras, mantemos a pontuação e as palavras em letras maiúsculas do texto original. A ortografia é atualizada e certas expressões estrangeiras são traduzidas para o português.

[7] *The Pearl Necklace*, Aparecida de Godoy Johnson, trad., (Gainesville: University of Florida Press, 1992). A tradução desta citação do inglês para o português (pp. 34-35 na edição inglesa) foi fornecida e aumentada para esta edição pelo próprio autor, Roberto Reis, em setembro 1995.

[8] Patrícia Galvão também escreveu sob o nome Mara Lobo e Solange Sohl.

[9] Segue a citação original: "...not simply words or even vocabulary and a set of grammatical rules but, rather, a meaning-constituted system: that is any system--strictly verbal or other--through which meaning is contructed and cultural practices organized and by which, accordingly, people represent and understand their world, including who they are and how they relate to others" (p. 135).

[10] Na crítica norte-americana usa-se o termo ficção especulativa para designar uma espécie de ficção científica utópica que se refere à criação de um mundo ideal. Para fins deste ensaio, usaremos o termo ficção científica em português já que não existe outro conceito narrativo consagrado no Brasil para as ficções do gênero. A história "oficial" da ficção científica no Brasil inicia-se com *Eles herdarão a terra* de Diná Silveira de Queirós, e As *noites marcianas* de Fausto Cunha, ambos publicados em 1960. Outras contribuições incluem *Antologia brasileira de ficção científica*, *Histórias do acontecerá*, *Além do espaço e do tempo* e duas revistas nacionais: *Galáxia 2000* (Ed. Cruzeiro) e *Magazine de ficção científica* (Ed. Globo). É interessante frisar que mesmo que os livros de Bittencourt e Monteiro Lobato tratem de visões futuras da sociedade brasileira, nenhum dos dois nomes figura na lista de autores associados com os estudos do gênero de ficção científica no Brasil.

[11] Em inglês: "not so much a literary genre as a point of view"(p. 25).

[12] Aqui usamos o conceito de gênero (*gender* em inglês) como o usa Teresa de Lauretis, entre outras, para distinguir entre as diferenças físicas e as caraterísticas relacionadas com certos hábitos culturais que possam contribuir para as diferenças de comportamento entre homens e mulheres.

[13] Em inglês: "...examine the interlocking root system supporting the social and cultural structures of fictional as well as actual societies that such sexism must foster....That these novels also embody multiple and at times seemingly conflicting feminist ideologies is evidence not only of the complexity of current feminist inquiry but of feminist fiction's ability to be more than an ideological tract" (p. 33).

[14] Em inglês: "Unlike the planned, rigidly controlled, and static utopias, real and fictional, generally devised by men, [women's utopian] societies are subject to transformation as the world within and around them changes" (p. 3).

[15] Ver a discussão de Pratt sobre o papel das mulheres como transmissores dos mitos patriarcais em *Archetypal Patterns in Women's Fiction*.

[16] Em 1922, em Baltimore (EUA), realizou-se *The Pan American Conference of Women*, que, por sua vez, inspirou a fundação de uma ala latino-americana dessa associação proposta pela uruguaia Olga Capurro de Varela (Hahner pp. 140-44). A famosa sufragista, Carrie Chapman Catt, que participou no Congresso de Baltimore, esteve no Brasil durante 1922 e Hahner registra algumas das suas observações a respeito do movimento sufragista brasileiro em *Emancipating the*

Female Sex. A "Liga Infantil Pró-Paz" era destinado a todas as crianças do mundo e da propagação das idéias da paz e da concordia entre as nações.

[17] Segundo J.F. Velho Sobrinho, *Dicionário bio-bibliográfico brasileiro*, Vol. I, (p. 54), o "Lar da Criança" funcionou como casa para menores abandonados e foi fundada em 1930 quando Bittencourt fixou residência no Rio de Janeiro. Raimundo de Menezes refere-se a uma casa para menores abandonados fundada por Bittencourt em 1930 mas não registra o nome da casa. Também indica que Bittencourt trabalhou como Diretora do mensageiro "Lar da Cirança" criado no Rio de Janeiro em 1951.

[18] Bittencourt descreve suas experiências nos Estados Unidos num livro de ensaios intitulado *37 dias em Nova York* (Rio de Janeiro, s.c.p. 1943).

[19] Também escreveu sob o pseudônimo Alba Maguary. Ver Buarque de Hollanda e Araújo, *Ensaístas brasileiras,* (p. 35), para informações bibliográficas mais detalhadas.

[20] A dificuldade de obter informações consistentes a respeito de certos detalhes da vida e obra das duas escritoras representa um desafio contínuo. Aqui, as datas citadas sobre a I Exposição do Livro Feminino Brasileiro são de Heloisa Buarque de Hollanda e Lucia Nacimento Araújo, *Ensaístas brasileiras,* p. 35. Outras fontes, porém, citam datas e cidades diferentes. Menezes, por exemplo, estabelece 1943 como o ano da I Exposição do Livro Feminino (p. 114).

[21] Em *A sua Excia.: A Presidente da República no ano 2500,* Bittencourt escreve uma "zombaria" feminista a *O presidente negro ou O choque das raças* (1926). Monteiro Lobato, que era conhecido por suas tendências fascistas e por seu nacionalismo estridente, escreveu a introdução do primeiro volume de poesias de Bittencourt. Ele vê as mudanças do *status* da mulher apenas enquanto isso possa beneficiar o Brasil e a maternidade possa promover o bem nacional. Monteiro Lobato registrou a seguinte observação sobre o romance de Bittencourt: "... que maravilha não será, a avaliar pelo quadro rápido que você pinta! Que delícia viver no ano 2500! Mas quanta audácia, menina! Onde descobriu você tais reservas de coragem para arrostar todos os preconceitos atuais e propugnar medidas maravilhosas...Parabéns. Você é muito maior do que eu supunha... (citado no livro de poesia de Bittencourt, *Alegria*, p. 71).

[22] Esta citação, da contracapa da primeira edição do romance, está incluída na presente edição no final do romance de Bittencourt.

[23] Ao descrever sua visão utópica, Bittencourt devota mais de quatorze capítulos à questão da maternidade onde se vê a mulher sendo valorizada quase que exclusivamente pelo seu papel como procriadora. No capítulo dedicado à Escola das Princesas, "toda a moça que possuísse os 1.000 pontos de perfeição física e que fosse de uma formosura extraordinária, seria escolhida para princesa" com o direito de um 'casamento' temporário com duração de nove meses com um oficial da marinha.

[24] A deformação de Jorge lembra as descrições de beleza física da literatura medieval em que os escritores freqüentemente representam a mulher através do desmembramento. Lembra também Aleijadinho, o artista mineiro defor-

mado, que adquiriu um valor parecido ao de Jorge na sociedade brasileira e que morreu às minguas.

[25] Em inglês: "what literary utopias reveal as much as future possibilities are the problems in the societies that conceive them" (p. xiii).

[26] Em inglês: "The reader...can learn to see through the surfaces in fantastic literature to discover simultaneous meanings. A word too is a surface (an abstraction of reality) and a poem (an image of that reality). Since language is symbolic, it can be read metaphorically. The language of metaphor is the language of myth" (p. 11).

[27] Calendário da Mulher, Conselho Estadual da Condição Feminina, São Paulo, 1985.

[28] O primeiro artigo de Mott (1982) "Biografia de uma revoltada: Ercília Nogueira Cobra", em mimeo, tem o mesmo título do segundo artigo, publicado posteriormente (1986) em *Cadernos de Pesquisa* (58) São Paulo, Fundação Carlos Chagas.

[29] Segundo Mott, Oswalde de Andrade seria descendente dos Nogueira Cobra de Baependi. O pai de Ercília, Amador Brandão Nogueira Cobra, morreu em 1906/1907 devido a problemas relacionados com a perda da fortuna da família. Deixou a esposa, D. Jesuina, da família Ribeiro da Silva de Casa Branca, SP, com seis filhos, e numa situação econômica precária. Diante desta situação incerta, D. Jesuina não teve outra escolha senão ir morar na fazenda que havia herdado dos pais no interior do estado de São Paulo. A situação de D. Jesuina e a sua decisão de ir morar na fazenda são os assuntos do romance epistolar de Júlia Lopes de Almeida em *Correio da roça*, publicado em 1913. Não parece coincidência que a situação das personagens de Almeida seja quase idêntica à da família de D. Jesuina, visto que várias fontes, entre as quais figura o artigo de Mott, citam Júlia Lopes de Almeida entre os conhecidos de Ercília Nogueira Cobra.

[30] Eufemismo normalmente usado para se referir a uma casa de prostituição.

[31] "[Feminist] anarchists in the early 1900s were libertarian on moral, political and sexual matters; the fate of the women workers held a place in their discourse that spoke to the victims of capitalism, religion, the army and the state.... Women...speak for themselves in words that can often be understood as a refusal of the forms of thought which politics and ideologies were processed in the past, by men and by politicians. Their discourse shifts from a reformism and moderation to various modes of radicalism" (p. 236).

[32] Mott lembra que a situação política do país na época não favorecia a aceitação da produção literária de Nogueira Cobra. A censura estabelecida por Artur Bernardes, presidente entre 1922 - 1926, tinha o objetivo de identificar material subversivo, principalmente aquilo produzido pelos anarquistas (Mott, p. 95, 1986).

[33] Em inglês: "both temporally and spatially outside her society" (p. 33).

[34] Ver o romance *Vertigem*, publicado em 1926 por Laura Villares. Como Cláudia, a protagonista de *Vertigem*, Luz, é proveniente de uma cidade interioriana e, como Cláudia, vai até São Paulo, opta pela prostituição e termina em Paris sem grandes conseqüências negativas.

[35] No romance de Nogueira Cobra, a filha, Liberdade, não parece fisicamente com o pai. A fisionomia da menina lembra uma colega de profissão de Cláudia (antigo caso amoroso) que ofereceu-lhe seu apoio emocional na ocasião da fuga do amante. Sobre a semelhança entre Cláudia e sua filha, Mott (1986) observa que "não está fora das idéias veiculadas naquele tempo", citando, como exemplo, o seguinte comentário de *Religião do amor e da beleza,* de Maria Lacerda de Moura: "a mãe grávida tem possibilidades de modelar fisicamente seu filho a partir da sugestão" (p. 61, citado em Mott, p. 94, nota 6).

BIBLIOGRAFIA

Benstock, Shari. "Expatriate Modernism: Writing on the Cultural Rim". In: *Women's Writing in Exile.* Mary Lynn Broe e Angela Ingram, eds. Chapel Hill, University of North Carolina Press, 1989. 19-40.
Bittencourt, Adalzira. *A sua excia.: A presidente da república no ano 2.500.* Rio de Janeiro, s.c.p., 1929.
_____. *Alegria.* 2ªed. s.L.p., s.c.p., 1948.
Conselho Estadual da Condição Feminina. *Calendário da mulher.* São Paulo, 1985.
Coutinho, Afrânio. *Introdução à literatura brasileira.* 7ªed. Rio de Janeiro, Editora Distribuidora de Livros Escolares Ltda. 1975.
Franco, Jean. *Plotting Women: Gender and Representation in Mexico.* New York, Columbia University Press, 1989.
Fundação Carlos Chagas. *Mulher brasileira: bibliografia anotada.* 2 Vols. São Paulo, Brasiliense, 1979.
Hahner, June. *Emancipating the Female Sex.* Durham, Duke University Press, 1990.
Hallewell, Laurence. *Books in Brazil: A History of the Publishing Trade.* Metuchen, NJ, The Scarecrow Press, 1982.
Helena, Lúcia. "A personagem feminina na ficção brasileira nos anos 70 e 80: Problemas teóricos e históricos". *Luso Brazilian Review,* 26, 2, 1989. 43-57.
Hollanda, Heloísa Buarque de. "Os estudos sobre a mulher e literatura no Brasil: Uma primeira avaliação". In *Uma questão de gênero.* Alberta de Oliveira Costa and Cristina Bruschini, orgs. São Paulo, Editora Rosa dos Tempos, Fundação Carlos Chagas, 1992. 54-92.
Hollanda, Heloísa Buarque de e Araújo, Lucia Nascimento. *Ensaístas brasileiras.* Rio de Janeiro, Rocco, 1993.
Lobato, José Bento Monteiro. *O presidente negro ou O choque das raças.* São Paulo, Cia. Ed. Nacional, 1926.
Lopes Junior, Francisco Caetano. "Uma sujetividade outra". *Toward Socio-Criticism: Selected Proceedings of the Conference on Luso-Brazilian Literatures, a Socio-Critical Approach".* Roberto Reis, ed. e intro. Tempe, Arizona State University Press, 1991.
Lundhall, Sam J. *Science Fiction: What's it all About?* New York, Ace, 1971.
Menezes, Raimundo. *Dicionário literário brasileiro.* 2ª ed. Rio de Janeiro, Livros Técnicos e Científicos Editora, 1978.

Mott, Maria Lúcia de Barros. "Biografia de uma revoltada: Ercília Nogueira Cobra". Mimeo. São Paulo, Fundação Carlos Chagas, 1982.
_____. "Biografia de uma revoltada: Ercília Nogueira Cobra". *Cadernos de Pesquisa.* São Paulo, Fundação Carlos Chagas. Agosto 58, 1986. 89-104.
Moura, Maria Lacerda de. *Religião do amor e da beleza.* 2ªed. São Paulo, O Pensamento, 1929.
Nogueira Cobra, Ercília. *Virgindade anti-higiênica: Preconceitos e convenções hipócritas.* São Paulo, Monteiro Lobato, 1924.
_____. *Virgindade inútil: Novela de uma revoltada.* s.L.p., Edição da autora, 1927.
Pratt, Annis Barbara White, Andrea Lowenstein and Mary Wyer. *Archetypal Patterns in Women's Fiction.* Bloomington, Indiana University Press, 1981.
Quinlan, Susan Canty. *The Female Voice in Contemporary Brazilian Literature.* New York, Peter Lang, 1991.
Rago, Margareth. *Os prazeres da noite: prostituição e códigos da sexualidade feminina em São Paulo (1890-1930).* São Paulo, Paz e Terra, 1991.
Rebello, Aarão. In *A sua excia. A presidente da república no ano 2.500.* Rio de Janeiro, s.c.p., 1929.
Reis, Roberto. *The Pearl Necklace.* Aparecida de Godoy Johnson, trad. Gainesville, University of Florida Press, 1992.
Rohrlich, Ruby and Elaine Hoffman Baruch, eds. e intro. *Women in Search of Utopia: Mavericks and Mythmakers.* New York: Schocken Books, 1984. xi- xxvii.
Rosinsky, Natalie. "Feminist Futures: Contemporary Women's Speculative Fiction". In *Studies in Speculative Fiction* 1. Ann Arbor, University of Michigan Press, 1984.
Sarlo, Beatriz. "Women History and Ideology: Introduction". *Women's Writing in Latin America: An Anthology.* Sara Castro-Klarin, Silvia Molloy e Beatriz Sarlo, eds. Boulder, Westview Press, 1991, 231-48.
Sobrinho, J. F. Velho. *Dicionário bio-bibliográfico brasileiro.* Vol. I. Rio de Janeiro, s.c.p., 1937.
Shinn, Thelma. *Worlds Within Women: Myth and Mythmaking in Fantastic Literature by Women.* New York, Greenwood Press, 1986.
Scott, Joan. "Deconstructing Equality-Versus-Difference: Or the Uses of Poststructuralist Theory for Feminism". *Conflicts in Feminism.* Marianne Hirsch and Evelyn Fox Keller, eds. New York, Routledge, 1990. 134-38.
Villares, Laura. *Vertigem.* São Paulo, Antonio Tisi, 1926.

Ercilia Nogueira Cobra

Virgindade Inutil

Novella de uma revoltada

Edição
da autora

A autora articula neste livro um verdadeiro libelo contra o egoísmo dos homens e diz, em linguagem crua, o que todos pensam.

ERCILIA NOGUEIRA COBRA

VIRGINDADE INUTIL

EDIÇÃO
DA AUTORA

Uma frase que nada tem com o livro mas que é uma bela lição de solidariedade humana:

– "Todos nós que enriquecemos devemos larga parte dos nossos sucessos aos humildes que conosco colaboraram. E à proporção que vencemos vamos constituindo uma dívida que precisamos e devemos saldar em serviços sobretudo de assistência social".

Guilherme Guirle[1]

OBSERVAÇÃO

Sou obrigada no correr deste livro, para clareza do assunto, a usar de expressões que o vulgo ignaro, semi-analfabeto, cuida imorais.

Tenho observado que o falso sentimento de pudor que fez do ato do amor uma vergonha para a mulher, é um sentimento medieval, criado pelo misticismo dos sacerdotes que, ignorantes como eram, nada entendiam de fisiologia e não ligavam a devida importância à nobre função do amor. O amor físico é tão necessário à mulher como o comer e o beber.[2]

Se assim não fosse a natureza criá-la-ia neutra: sem sexo e sem imaginação.

A repressão dos instintos femininos, as injúrias e anátemas que pesam sobre as que se não sujeitam ao perverso e imoral seqüestro, conseguem apenas criar o lenocínio, o infanticídio, a caftinagem e a prostituição.

O aviltamento da mulher que teve a audácia de buscar prazeres fora do lar doméstico e satisfazer ao acaso das suas aventuras um desejo que os homens satisfazem sem impecilhos, quando e como lhes apraz, ainda não deu resultados práticos. A pecha de perdida e adúltera pela sociedade lançada contra as rebeldes não conseguiu diminuir-lhes o número.

E a razão disto é simples.

Os mamíferos são polígamos por natureza e jamais haverá leis que consigam impedir-lhes os instintos de se manifestarem.

Ficai certos, ó açambarcadores do gozo que vos chamais homens, quando devíeis chamar-vos monstros — a vítima imbele que pensais segurar com vossas mãos, quanto mais cuidais que a tendes manietada, mais se liberta. Vossas cadeias são insuficientes.

A natureza prega-vos a mais deliciosa peça que pregar se pode a um tirano.

Impedis que ela receba no templo as oblações naturais? Mas a imaginação fica livre e os botões sabem fremir de gozo à leve carícia de um dedinho!...

As vossas leis iníquas só conseguem criar vícios contra a natureza.

Não pretendo descer à patologia sexual citando as viciosas donzelas que se excitam mutuamente ou se ferem servindo-se de objetos que provocam doenças terríveis.

Por causa destes fatos e por outros que seria ocioso citar, os países leaders[3] da civilização, condoídos da sorte miserável da mulher, começam a quebrar as algemas que lhe acorrentam os pulsos e cada vez mais lhe deixam as mãos livres para o trabalho, única fonte de felicidade na vida.

Cedo ou tarde há de cair o preconceito de que a mulher não é de carne e osso como os demais mamíferos, tendo como eles um aparelho sexual com as mesmas exigências.

A vida de galé que a mulher tem levado até hoje há de acabar![4]
O seu corpo martirizado de desejos insatisfeitos será livre. A inominável perversidade que a lança faminta aos prostíbulos para servir de pasto à concupiscência bestial do macho há de ter fim.

INTRÓITO

Um pouco de geografia e história da República da Bocolândia.
Capital: Flumen.
Superfície: 8.550.000 km.[5]
População: 20.000.000 de bocós.
País fértil, cortado de rios, banhado pelo Atlântico numa extensão de 7.000 km., mais ou menos. Isto quer dizer que é um país de costas largas...
Solo riquíssimo capaz de produzir os mais variados produtos argrícolas, mas, os bocós preferem cultivar o analfabetismo, o amarelão e o jogo do bicho.
Entre as aves a mais notável é o águia.[6]
A população está dividida em três castas: a dos açambarcadores chamados também, por antonomásia, piratas; a dos capangas, mantenedores do status quo; e a dos que mourejam e pagam o pato.[7]
A religião seguida é interessante, porque consiste em fazer exatamente o contrário do que manda o Evangelho em que se baseia.
A rolha é um ingrediente muito usado no país. Ai do bocó que ousa dizer o que observa! Os capangas que fazem escolta aos águias, caem em cima dele e acusam-no de estar difamando a pátria. Porque os capangas confundem pátria com o punhado de piratas que a exploram.
O analfabetismo é mantido de propósito a fim de que o povo se conserve em permanente estado de estupidez, e na cegueira de um medievalismo inconcebível no século XX.
Os leitores já adivinharam que a Bocolândia não é pseudônimo nem da Argentina, nem dos Estados Unidos.

I

Cláudia é ainda meninota. Pertence a uma dessas famílias do interior que aparentam fortuna e onde o valor da mulher é igual a zero.
O pai, um estroina, casou-se com o dote da mulher,[8] e depois de o ter dissipado em farras, morreu, deixando-lhe apenas seis filhas e dois filhos, segundo o louvável hábito dos povoadores a todo o transe.
Dos filhos não trataremos. Basta dizer que eram homens, foram educados como homens, isto é, no trabalho, afim de poderem ser independentes e portanto felizes.

Falaremos das filhas.

Cláudia, a mais velha, tem catorze anos. Já sabe colorir as faces com ligeira camada de carmim. Mas depois jura às amigas que o rosado é natural. Morde os lábios de meio em meio minuto para fazê-los úmidos e rubros.

De coisas práticas não entende patavina, pois foi educada num colégio de irmãs.

Ensinaram-lhe a história dos judeus, fizeram-na decorar o catecismo, obrigaram-na a ir de madrugada e em jejum calejar os joelhos na igreja. E ao fim de oito anos de clausura devolveram-na para casa tão ignorante como ao entrar, porém mais cheia de superstições e nervosa.[9]

De natureza muito inteligente, habituada a observar, a menina Cláudia nada perde do que se passa ao redor de si. Guarda o resultado das suas observações lá no recesso do seu íntimo, conservando na limpidez dos olhos verdes o brilho perfeito da inocência.

Na cidadezinha onde vive, o seu campo de observação é restrito; não há novidades. Mesmo assim, uma ou outra vez, Cláudia atenta em fatos em desacordo com aquilo que lhe ensinaram no colégio. Vai tirando a prova de que, a começar pelo pregoeiro que do alto do púlpito lança a palavra de Deus, todos agem em desacordo com tal palavra.

As outras irmãs seguem pela mesma trajetória. A mesma educação inepta, o mesmo espelho da manhã à noite, a mesma futilidade.

Pensar em coisas úteis, para quê? A mulher foi feita para ser o anjo do lar. É crescer e esperar pelo lar, não descurando do dote que o "galo" exige para fecundar as "frangas"...

E enquanto esperam pela hora de serem colhidas, malham no teclado do piano, fazem as suas aquarelas delambidas, gastam quanto cetim há na vila em almofadas. E... olham-se ao espelho.

De arte, de ciência, de trabalho útil, nada.

Não é a mulher um ente apenas reprodutor? Uma espécie de autômato que só se move nos momentos em que a sociedade exige? Não é completamente insensível, mera portadora de um órgão que só pode funcionar quando a religião dá ordem e quando a sociedade autoriza? Para que instrução sólida? Matemática, línguas, profissão liberal: bobagem! A mulher nasceu para escrava. Nada de encher a cabeça das meninas com coisa inútil às escravas. Onde já se viu alfabetizar escravas? Para longe a educação americana! Isto é coisa de protestantes.[10] Moças bocós, católicas, apostólicas, romanas, devem ser bem incultas. Para isso aí estão os colégios de irmãs: para manter bem vivas nas futuras mães a tradição dos hebreus, povo nascido para a escravidão, como disse Tácito.[11] A mulher foi feita para agradar ao homem e, pois, não deve igualar-se a ele. Seria uma desgraça. Acabar-se-ia a pagodeira. As vítimas abririam os olhos.

Mas se por uma reviravolta da fortuna a moça encontrar-se só e abandonada no mundo? A que poderá recorrer para se tirer d'affaires?[12] Como poderá viver, se não tem profissão?

Ora, viverá do seu corpo. Recorrerá ao bordel. Na Bocolândia pode faltar tudo ao povo, menos o bordel para as moças famintas e a roda para as crianças abandonadas.[13]

Honra seja feita à Bocolândia! A cidade mais insignificante do interior tem sempre o seu bordelzinho. Tão natural isto!

A mulher não foi feita para dar gosto ao homem? Pois, quando não tem dote para comprar marido, nem vocação para solteirona, que se recolha a um conventilho.

E o futuro? Objetarão alguns.

Futuro!

Quem pensa em futuro de escravas?

Quando ficar velha tem o suicídio.

Se adoecer, há o hospital.

Todos sabem que em matéria de hospitais a Bocolândia está admiravelmente aparelhada. Não morre um rico que não deixe legado para um novo hospital. A Bocolândia é um vasto hospital...[14]

II

Voltemos a Cláudia.

Lá está ela encostada à grade do jardim, conversando disfarçadamente com um rapaz. É pobre esse rapaz, e por isso não o admitem em casa. O avô, escaldado com o que lhe aconteceu à filha, só dará a neta a homem de fortuna. Toca pois a esperar que o nababo apareça. Não é facil. Homens bem colocados e independentes são escassos e pouco amigos de casar.

Cláudia tem muitos pretendentes, pode escolher — é rica, ou pelo menos, tem fama disso. Entre os candidatos ao seu dote o mais querido do avô é um médico. Mas não se decide nunca. Homem finório, quer ter a certeza do dote, conhecer-lhe o quantum.[15] Demais, está, como se diz, entre a cruz e a caldeira, sendo a cruz a Joaninha Matos, uma pequena de quinze anos, de feiura que promete, mas cujo pai é incontestavelmente o mais rico fazendeiro do lugar.

O médico, homem gasto, só pretende uma coisa: casar com um bom dote para gozar boas francesas.

As francezas constituem, depois que ele sai do escritório, a grande preocupação do seu espírito. Sem negar a beleza de Cláudia, ele acha com seus botões que ela não é o seu tipo. Emfim, para casar serve...

Mulher para ele, está provado, é a francesa. É essa mulher ousada que aborda os homens nos bares, chama-lhes mon cheri, esfregando-se toda, e depois de ingerir meia dúzia de copinhos os leva para seus aposentos e lá os estonteia, os despe, os rola na cama e, a fingir-se excitada, com gritinhos e desmaios langues, os "ama" à francesa, calculando pela qualidade da roupa a importância do miché.[16]

Cláudia! Sim, muito boa, pois além de trazer dinheiro lhe servirá de governanta da casa. Quando se sentir exausto da farra terá um remanso onde passar as noites.

Só para isto.

Ah! e também lhe dará filhos que o consolarão na velhice...

III

Dois anos se passaram. Cláudia ainda não foi pedida. Correm insistentes boatos acerca dos negócios do avô. E enquanto os boatos correm, a verdade vai-se-lhe revelando na sua realidade tristonha. Cláudia lê romances: histórias melífluas onde tudo é falso. Falsas generosidades, amores impossíveis de existir. Mas sua imaginação de mocinha inexperiente tudo aceita como a moeda corrente da vida. Assim, os momentos preciosos que podia aproveitar em estudos sérios, formadores de alicerces para uma vida autônoma, são sacrificados no altar da fantasia. Os heróis cavalgando corcéis fogosos ou ainda automóveis reluzentes povoam-lhe a imaginação.

Um romance!

Que linda coisa um romance!

Como é boa a vida no romance próprio para moças!

Quanta quimera, quanta mentira cujo fim único é falsear a pobre cabeça da mulher![17]

Infame palavreado cor-de-rosa, fonte de ignomínias para as coitadas que entram no mundo a sonhar que pisam tapetes da Pérsia e acordam com os pés no lodo.

Quanta lágrima, quanta desilusão amarga, quantos braços erguidos para o céu indiferente e vazio, não se incubam nesse falseamento da realidade! Quanta meretriz roida de sífilis não expira nos hospitais o crime de ter querido imitar uma heroína de romance em plena realidade do mundo!

Quanta alma curiosa não recorre ao suicídio, para apagar da mente o horror do quadro que se lhe deparou ao erguer o manto de seda recamado de pedrarias com que o romancista lamecha cobriu o lodo e a podridão da existência!

Romances para moças! Luvas de pelica que alguém usa para esconder a mão leprosa.

Dir-se-iam feitos expressamente para povoar os prostíbulos.

Engraçado! Quando se consertam as ruas, colocam-se de noite pequenas lâmpadas à frente dos buracos para aviso aos incautos. Mas, às mulheres, soltam-nas pelo mundo sem uma luz de aviso, antes velando os abismos para que não os possam evitar!

Tais falseadores da vida deviam ser colocados num prostíbulo e obrigados a vender seu corpo, poluindo-o de todas as lepras, para que aprendessem e sentissem o que resulta da sua obra...

Cláudia vê uma por uma suas amigas se casarem.

As ricas casam-se cedo. Aos doze anos já os pretendentes as farejam com medo que o dote fuja...

O último casamento, o que mais chocou a probre Cláudia, foi o da Baby Martins, mais nova que ela e a mais namoradeira das melindrosas do lugar. Cláudia, a quem a mãe vivia dizendo que a razão da demora dos pedidos era o fato de Cláudia namorar demais, começou a desconfiar da verdade. Começou a ver que a alma do casamento era o dinheiro, e a tomar nota do valor econômico das suas amigas que casavam. Este estudo veio provar que a sua desconfiança não era infundada. Só casavam as que tinham bom dote...

Uma anedota corria, mesmo, teimosa e desagradável, que corroborava as suas dúvidas sobre a cotação da beleza e da virtude na bolsa matrimonial.

Dizia-se à boca pequena que, na noite de núpcias da Joaninha Matos, a feíssima filha do riquíssimo coronel Matos, o noivo necessitara apagar as luzes para consumar o casamento.

Outro fato também concorreu para avivar as desconfianças de Cláudia.

Marieta Silveira, uma solteirona já sem esperanças, depois de ter recebido inesperada herança de uma tia ignorada, contraíra núpcias com um dos melhores partidos locais. Realizara o que se costuma chamar um casamentão. Ora, a pobre da Marieta completara já a idade em que uma mulher perde completamente a esperança de casar e os anos não a tinham embelezado. Logo, fôra o cobre que atuara em vez de Cupido.

Todos estes fatos juntos ao casamento de Baby deixaram Cláudia desconsolada.

A certeza de que não se casaria e seria uma parasita da classe das Correias e outras célebres solteironas do lugar, cuja função se reduzira a desbastar com os cotovelos o peitoril das janelas, desesperava-a.

Pelas conversas da casa sabia que os negócios não marchavam bem. As fazendas que seu pai deixara hipotecadas mais dia menos dia iriam à praça.[18]

O pobre avô, obrigado a arcar com as responsabilidades de chefe de família em idade já muito avançada, esmorecia a olhos vistos, e por fim morreu.

IV

A desolação foi imensa, seguida dum desmoronamento completo. O avô nada deixara, a não ser hipotecas.

A mãe de Cláudia, completamente alheia a negócios e cuja única ocupação após à morte do marido fora cobrir-se de véus negros, chorar e freqüentar a igreja, ficou imbecilizada. Abandonou tudo nas mãos do advogado, um malandraço hábil, que se conluiou com o credor principal para lhe passarem a perna, deixando-a a ver navios.

Completamente desorientada e com oito filhos às costas, dos quais cinco pequenos, a pobre viúva achou que não rezara assaz, armou oratório no quarto e lá passava os dias diante das imagens de massa colorida, com os corações transpassados de espadinhas de metal amarelo.

Enquanto isto as fazendas iam à praça, e a mobília e as jóias, penhoradas, passavam às mãos do advogado.

A miséria negra e triste do pobre envergonhado entrou naquela casa.

Casar Cláudia, agora? Com quem, santo Deus? Moça pobre, com cinco irmãos pequenos e mãe beata...

Cláudia tinha então dezessete anos. Toda a mentira, toda a hipocrisia da sua educação sionesca[19] saltava-lhe aos olhos. Nada sabia fazer, e não seria com os ínfimos recursos de que dispunha sua mãe que poderia dedicar-se à prática de uma profissão que sempre exige aprendizado. Ficaria pois solteirona como tantas outras infelizes suas conhecidas...

O seu sangue ardente de moça refervia-lhe nas veias ao ver nas fitas americanas lábios se colarem contra lábios.[20]

Solteirona, ela?

Jamais!

Gostava da vida. Amava o amor antes de o conhecer. Adorava o "flirt", e todas as coisas boas do mundo. Seus olhos cintilavam ao contemplar nos filmes os seus tipos de homens favoritos.

Ah, não!

Mirrar-se naquela cidade mesquinha, ela que tão lindas coisas idealizara, nunca!

Seus sonhos, seus planos haviam desmoronado como casa sem alicerces açoitada pelo vento.

Nada ficara de pé.

Derrocada completa.

Mas, inteligente como poucas, apesar da sua nenhuma instrução via com o olhar arguto o imenso logro que a vida lhe preparava. E sentiu-se num dilema: ou pisar ou ser pisada. Ser esmagada pelos preconceitos, ou correr com eles.

Resolveu arrostá-los.

Um dia, num acesso de impaciência, esquecendo o respeito que devia à mãe, interpelou-a rudemente, dizendo que na idade em que estava já poderia ser uma doutora. Se não havia certeza do dote, porque não a educaram para o trabalho?

A religiosa senhora fitou-a perplexa, talvez com um pequeno remorso no fundo do coração, ao vê-la tão moça e forte e votada à vida dos infindáveis martírios da solteirona.

O nervosismo de Cláudia crescia de hora em hora. Num accesso de cólera quebrou todos os quadros da parede do seu quarto, atirando-os ao solo. Foi uma correria na casa. Julgaram-na louca.

Na sua idéia começava a germinar o plano de pisar todas as convenções, dar um ponta-pé no respeito humano e partir. Iria para bem longe daquela cidade maldita onde o seu coração, dia a dia, se tornava mais negro. Não tinha profissão a que recorrer? Que importa! Seria criada de servir. Arrastaria pelos mosaicos das copas o seu pé habituado aos tapetes de outrora, mas seria livre!

Os pretendentes haviam todos desaparecido.

Os homens casados olhavam-na e tratavam-na de maneira diversa da de outros tempos. Farejavam presa fácil.

A mãe, diante do oratório, rezava.

A irmã mais nova namorava. Sem o chamariz do dote, os pretendentes que agora se lhe acercavam eram ínfimos demais.

A vida de Cláudia transformou-se num inferno. O seu olhar verde tão calmo antigamente, adquiriu o cintilar duro das pedras preciosas.

Debalde repicava o sino da matriz na alegria festiva das manhãs domingueiras. Cláudia não ia mais à igreja.

À porta dos cinemas, de noite, debalde a charanga soluçava os seus dobrados. Cláudia não ia mais ao cinema.

As caras que formavam a sua roda de conhecidos de outros tempos lhe eram odiosas.

Um dia um pretendente se apresentou. Velho, viúvo e rico, mas um tanto caipira. Cláudia a princípio o recebeu bem, julgando que pretendesse sua irmã. Passou a detestá-lo, porém, logo que viu ser ela a visada.

Nunca se casaria com semelhante homem. Amava demais a vida para sacrificá-la a um velho que podia ser seu avô. Além disso o seu plano amadurecera, nesse entretempo um fato local veio apressar a sua realização.[21]

V

Na vila semi-morta de tédio uma notícia de escândalo explodiu. A mãe da Jujú Valério, melindrosa muito cotada em virtude da vida de luxo que a viúva ostentava, viera a falecer repentinamente. Até aí, nada de mais. A complicação surgiu com o desaparecimento do noivo, algumas horas após à abertura dum testamento que dava a conhecer o estado de penúria da moça. Ciente do logro em que ia cair, o almofada[22] "deu o fora", como diz o povo. A órfã foi recolhida por uma tia solteirona e rezadeira, a beata mais temida da zona, mulher bigoduda, cheirando a leite azedo e mais sabida em religião do que o próprio vigário. E a pobre menina, sem profissão, sem dinheiro, sem prática da vida, achou-se do dia para a noite nas unhas da megera.

A fuga inexplicável do noivo e a cara amarrada da sua família, já ao par da ausência do dote, a falta e a saudade da mãe agravadas pela fereza da tia, começaram a agir sobre a sua saúde, já de si débil em consequência da educação freirática. Sobrevieram ataques de nervos que a deixavam como morta. Passado um mês, o zumzum de comentários em torno da coitadinha enriqueceu-se de um novo mote: Jujú estava grávida.

A tia católica, apostólica, romana, freguesa diária de missas e rezas bem mastigadas, achou que o único modo de desagravar o sagrado coração de Jesus, entronizado com todo o luxo em sua casa, era expulsar a sobrinha. Foi o que fez.

E a desgraçada menina, grávida, de fato, doente, miserável, sem um níquel no bolso, completamente abandonada de todo[23] o mundo, foi obrigada, para não morrer ao relento, a ir bater à porta da Luzia, caftina da viloca, a dona do bordel, a abadessa que satisfazia com carnes tenras o apetite dos chefões da redondeza.

A pequena abandonada, meio louca de desespero, ao encontrar uma mulher que não trepidava em lhe dar o melhor quarto da casa, prontificou-se a fazer tudo quanto ela ordenasse.

A champanha, os licores, a cocaína fizeram o resto, e mais uma prostituta levava ao monturo já bem sortido o seu corpo ainda infantil de criança abandonada.[24]

O noivo, ao saber que ela estava no bordel, voltou descaradamente. E a sociedade o recebeu de braços abertos!

Um advogado compassivo, relacionado outrora com o pai da menina, apiedou-se dela e tomou a si a questão, fazendo ver que Juju era menor de dezesseis anos e fora seduzida, requerendo providências ao juiz.

Mas neste ínterim a caftina, nada tola, açulou a gula dos seus fregueses e esses canibais de carne fresca, afrissurados com o medo de perder a primazia do petisco, acorreram como urubús para cima da carniça, desabotoando as calças ainda no corredor.

Sociedade hipócrita!

Moloch infame![25]

Homens malditos, inventores da castidade para uso alheio! Vós vos rebocais sobre a mulher perdida... A vós nada suja. O comércio infame do qual sois uma parte, só desonra a outra parte... Quereis pequenas Jujus iletradas, semi-analfabetas e tolhidas de superstição para sortir os bordéis onde ides refestelar a vossa concupiscência bestial!

Não quereis que se dê profissão à mulher para que tenhais sempre carne fresca, novidades para o paladar cansado!

Ah! pobre mulher! Eterna imbecilizada, eterna idiota, eterna fanática, que quando tenta libertar-se é arremessada ao ergástulo do alcouce!

Vós, casadas, ide ver os vossos honrados maridos no prostíbulo, ide! Lá estão todos, como cães à gamela. A Luzia marca-lhes hora — a hora de dar a dentada na novidade. Como gostam de sopas!

Bom apetite, senhor Juiz de Direito; oh, como vai, Dr. Promotor? Ah, ilustre senhor Farmacêutico! Entre, senhor Médico! Sr. Deputado, a casa é sua![26]

Vamos, ilustres salafrários, gozai, aproveitai, ilustres crápulas!

Até o vigário! Deus do céu, até o vigário!

Desce do infinito, ó Cristo, e vem ver como resfolega o teu representante cá em baixo!

Mas quando na rua encontram a Juju e estão acompanhados das esposas — da família — como dizem com a boca mole, torcem a tromba com ar enojado, fingindo uma virtude que nem dormindo possuem, pois até nos sonhos enganam as esposas.

Afinal saiu o mandato do juiz ordenando a internação de Juju num asilo.

Mas seja que alguma pensionista da Luzia já lá tivesse estado, seja que a própria Luzia conhecesse o buraco, quando os oficiais de justiça se apresentaram, só encontraram de Juju uma carta ao juiz:

"Não nasci para besta de carga das freiras. Procure outra".[27]

VI

Cláudia nada sabia de claro sobre o que se passara. Ouvia pedaços de frases. Como amiga e colega da Juju, quis procurá-la, mas a mãe a proibiu terminantemente de falar com a fugitiva, ainda que pelo telefone. E explicou por alto a razão, sem descer a pormenores que não deviam ferir os seus ouvidos de solteira. E como um dia Cláudia comentasse o fato perto de visitas, e censurasse a sociedade que continuava a abrir os braços ao noivo de Juju, viu que todos estavam contra a vítima. Cláudia já azeda, estourou:

— Ora esta! Se a Juju tivesse sido educada de outra maneira, com os olhos bem abertos a respeito da perversidade humana, se lhe tivessem explicado bem claramente que o almofada queria mas era o dote, garanto-lhes que nada teria acontecido.

— Cláudia! censurou a mãe. Isto não é linguagem própria de moça!

— Afinal, que é próprio de moça? Fazer papel de idiota a vida inteira? Vejo que isto é também um pouco culpa das mulheres. Permitem tudo aos homens, curvam a cabeça demais. Se as mulheres tivessem um pouco mais de cultura seriam menos humilhadas.

As visitas despediram-se assustadas, porém o fantasma da Juju expulsa da sociedade não mais saiu da mente de Cláudia.

Seu desejo de partir crescia. Iria para Flumen. As más línguas que batessem nos dentes à vontade. Ah! ela não era a Juju, não! Não estava nos moldes do seu temperamento sacrificar-se para agradar beatas velhas fedendo a rapé.

A vida é tudo e a mocidade um momento. Iria ao encontro da felicidade, uma vez que a felicidade não vinha a ela. Haviam de se defrontar um dia. E se não se defrontasse, ao menos teria vivido. Naquela sórdida viloca tinha a impressão de enterrada viva.

Se fosse filha única teria pena de sua mãe. Mas eram cinco. Ficava muita consolação à pobre senhora que passava os dias chorando e rezando e à qual não foi difícil de convencer que a deixasse partir.

O sofrimento a fizera indiferente. Talvez em seu foro íntimo, lembrando-se da sua vida de casada e da de outras senhoras suas conhecidas, tão infelizes quanto é possível ser, apesar de terem seguido à risca a moral católica, reconhecesse que por mais desgraçada que fosse a filha não o seria tanto quanto elas o foram.

Não tinha forças para obrigar Cláudia a seguir a senda áspera da virtude, onde deixara aos pedaços o seu coração. Que partisse. Talvez fosse feliz. Pelo menos satisfaria uma aspiração, o que já é uma felicidade. Demais, que é a felicidade? Coisa tão relativa!

E Cláudia partiu.

A despedida foi triste. Uma chuvinha miúda envolvia a cidade. A mãe ficou a fazer a única coisa que lhe ensinaram a fazer: chorar e rezar o terço escondido em baixo da capa.

Com que alívio Cláudia embarcou! E quando o trem rodou, deixando a cidade ao longe, como seu coração bateu descansado, normalmente!

Se tivesse tido a felicidade de uma instrução mais sólida e conhecesse um pouco o lindo romance que é a história da Roma antiga, ter-se-ia lembrado de César a transpor o Rubicon e repetiria as famosas palavras do guerreiro.[28] Mas sua instrução fora irrisória. Não estudara latim porque é a língua que narra as indecências antigas; o grego, porque é idioma que recorda o paganismo (como se não valesse mais o paganismo antigo, com as suas maravilhosas estátuas, do que o moderno, com os seus ídolos de massa colorida a quem as cozinheiras vão pedir palpite para o jogo do bicho!); a anatomia, a física, a química, as matemáticas porque à mulher não fica bem conhecer as ciências. Só estudara história sagrada.[29] Aprendera que a terra fôra imóvel e que com um gesto Josué fizera parar o sol.[30] É lindo isto, em pleno século vinte!

O que as freiras não conseguiram arrancar da sua cabeça foi o bom senso inato, a inteligência arguta e ávida de observar, de comparar e de julgar. E pois não perdia uma ocasião de fazer experiências.

VII

A viagem corria monótona. Ao fundo do vagão cochilavam dois moços que pelo jeito pareciam estudantes. Numa parada de estação despertaram.

Cláudia, a quem a idéia fixa da sua virgindade empolgava o pensamento, arquitetou um plano. Não queria que homem algum a possuísse virgem, com pleno conhecimento de causa, pois desejava fazer uma experiência: saber de fonte segura se o homem seria capaz de reconhecer uma mulher intata, sem estar prevenido disso.

Fez semblante amável aos estudantes, pensando: "qual dos dois me serve". Afetou maneiras livres. Quando o trem rodou de novo, estavam camaradas. Um deles sentou-se-lhe ao lado, fazendo corpo mole para encostar-se no dela a cada boleio das curvas. O jovem, apesar de não ser feio, não era o seu tipo, e por isso mesmo estava a calhar, porque não havia perigo de apaixonamento.

Educada severamente, Cláudia só sentira o contato masculino em bailes familiares, onde nem sequer era permitido dançar várias vezes com o mesmo par. Ainda não conhecia o amor, o desejo, a paixão que cega e lança um ente nos braços de outro. Conhecia apenas a sensação material, que qualquer contato pode dar e que experimentara logo em pequena em infantis esfregações com amiguinhas.

Mas ao lado daquele homem nenhum músculo do seu corpo se contraía; estava gélida e de todo indiferente.

Pouco antes de chegar a Flumen levantou-se para ir ao toucador. O companheiro de banco a seguiu. Aproveitando uma passagem de túnel, entraram no W.C.[31] Alguns minutos depois Cláudia saía, deixando o estudante a murmurar indignado:

--Se estava nesse estado, por que não me avisou?

A experiência confirmara a sua desconfiança. O rapaz tomara-a por uma mulher de vida livre e nada percebera.

Era aquilo, o celebre ato para o qual a mulher se cobria de véus, de flores e grinaldas!

Era para realizar aquilo que a conservaram enclausurada, à espera de um almofada que a quisesse aceitar, recebendo para isso um bom dote!

E o homem praticava esse ato no W.C. com a primeira adventícia!

E talvez fosse ele noivo, e exigisse de sua noiva além do dote, um corpo fechado, que nem sequer lhe daria sensação diferente, como acabava de verificar.

Ah, como são falsas as convenções do mundo!

E enquanto o estudante indignado se recompunha, Cláudia mudou de carro. Já nada lhe interessava aquele homem. Ao contrário, sentia por ele uma espécia de nojo. De temperamento ardoroso, desconhecia ainda o amor, mas seu instinto não a enganava dizendo que não era aquilo. Tal ato seria apenas a parte material do amor.[32] Ela teria ocasião de amar. Estava só e completamente livre.

VIII

Ao chegar a Flumen hospedou-se num hotel ao pé da estação.

Mas logo ao entrar desgostou-se da cara do pessoal. Mostravam todos, dos criados aos pensionistas, o ar de quem guarda defunto. Apesar do ruído que vinha da rua, tinha a impressão nítida de estar no interior, muito longe de Flumen, lá na sua cidade natal, no grande Hotel Moderno situado no Largo da Matriz, hotel só moderno na audácia do título.

Não ficaria ali.

O que era necessário antes de mais nada seria instalar-se a seu gosto, em hotel livre onde pudesse entrar e sair sem dar satisfações a ninguém.

Refletia, nisto, muito descontente no seu quarto, quando bateram à porta e a dona do hotel entrou.

Impulsiva como poucas, Cláudia pôs-se em guarda, ao ver o ar misterioso da matrona. A inocente e virtuosa senhora moveu com dignidade os seus cento e tantos quilos, pediu licença e sentou-se ao lado de Cláudia, exalando desagrádavel cheiro de suor.

— Minha filha, aceitamo-la aqui pelo seu ar distinto, mas venho para avisá-la de que será necessário ser muito prudente, não sair à noite sozinha, porque este hotel é familiar e...

A compassiva senhora não pôde concluir. Cláudia levantou-se de brusco:

— Sinto muito, minha senhora, ter-me enganado, respondeu imitando a voz melíflua da hoteleira. Mas não sou família, nem pretendo sê-lo; sou, pelo contrário, uma mulher independente e tenho até um filho sem ser casada, terminou mentindo.

Foi a vez da matrona erguer-se sufocada:

— Um filho sem ser casada! Então a senhora é uma mulher perdida que...

Cláudia a interrompeu, já de chapéu na cabeça e acabando de fechar a valise:

— Perdida ou achada, retiro-me e é inutil sufocar-se de indignação. E saiu.

Os hóspedes que ao perceberem chegar uma mulher sozinha se reuniram no corredor para comentar o acontecimento, ao vê-la agora sair, após o colóquio com a dona da casa, entreolharam-se com malícia. Um deles, o mais espevitado, pegou do chapéu para segui-la, mas Cláudia, já a enxergar tudo vermelho, disse-lhe em voz clara, embora um pouco trêmula:

— Se tem intenção de seguir-me, é bom que saiba que embora eu não exija viagem à pretória para deitar-me com um homem, faço questão que ele ou seja rico, ou tenha um físico do meu gosto. O Sr. não está em nenhum dos casos.

Disse, e breve se encontrou sozinha na calçada.

Foi então que começou a ver de quantas dificuldades está semeado o mundo contra a independência da mulher. Num hotel como aquele, nem sequer lhe davam a liberdade de entrar e sair à vontade, já os homens gozavam de liberdade plena:

Machos malditos!

Açambarcam tudo.

Nada deixam para a mulher a não ser sofrimento.

O gozo, a liberdade, o trabalho, a luta honesta pela existência por meio das profissões liberais, todos, todos os sadios prazeres da vida, emfim, são privilégios masculinos!

Nesse momento Cláudia lembrou-se dos irmãos. Estavam sendo educados como gente, de modo a bem se defenderem dos dissabores da vida. Desde pequeninos em ginásios. Entrariam na vida de cabeça levantada, trazendo na mão diplomas que lhes permitiriam ganhar com dignidade a subsistência.

Desiludida e cansada, enquanto procurava outro albergue e ouvia os sórdidos gracejos em moda entre a população masculina de Flumen, Cláudia fazia um exame das suas aptidões. O resultado foi desastroso. De prático nada sabia. Aprendera a olhar ao espelho, rezar, pintar os lábios e os olhos. Só. O único mister que poderia desempenhar era o de criada de servir ou governanta. Mostrara em criança grande inclinação para o desenho, mas a família, e sobretudo a avó, senhora de hábitos medievais, ao ouvir um amigo da casa elogiar os seus desenhos e sugerir a idéia de fazê-la estudar seriamente, levou as mãos à cabeça num gesto de fidalga:

— Não, senhor! Na nossa família não há nenhuma artista. Todas as nossas mulheres só têm um dever a cumprir: serem mães de família.

Abafou-se o assunto. A sua vocação foi esquecida, mas a avó morrera, o avô também, e ela ali estava na sarjeta, exausta de cansaço, a pensar nas vicissitudes da vida e nas reviravoltas da fortuna, ela que há um ano atrás nem sequer sabia que um pão tem um preço.

Mulher, pobre mulher!

Qual dentre vós foi a primeira a consentir que o homem egoísta vos lançasse a canga ao pescoço, as algemas às mãos e a peia aos pés?

Eis aí a vossa geração: mães desgraçadas, esposas humilhadas, solteironas martirizadas, meretrizes tripudiadas!

Dentre vós só se salva a cortesã. Só ela é feliz e adorada, porque é a única que, esmagando o coração, sabe prender ao focinho do macho a argola da volúpia por onde o conduz, como um cão, a todas as concessões.

A pobre Cláudia afinal encontrou um hotel, quando já não podia mais ter-se nas pernas.

Era do gênero que lhe servia. Hotel de artistas. Logo ao entrar viu no salão hóspedes de aspecto boêmio.

Entrou. Escolheu quarto e sem pensar em mais nada, nem em jantar, tão exausta estava, atirou-se ao leito e adormeceu.

IX

Nos primeiros dias que se passaram tratou de procurar emprego. Comprou jornais, recortou anúncios e incansavelmente bateu de porta em porta. Como governanta logo desistiu de encontrar lugar. As donas de casa olhavam desconfiadas para sua cara de moça e como conheciam os próprios maridos não a aceitavam.

Atirou-se aos anúncios de empregadas de escritório. Mas no primeiro que entrou o chefe, gordo e suado, quis dar-lhe um beijo.

Saiu enojada e mais uma vez desiludida teve a convicção nítida de que na Bocolândia uma mulher nada conseguiria. O país estava ainda muito atrasado, os homens convencidos de que o mundo era feito para eles e se existia a mulher era para ser colhida como flor, cheirada e lançada fora. O bocó ainda não admitia a idéia de que a mulher fosse um ente de carne e osso a quem assistiam direitos de ser humano. O bocó achava muito chique quando se encontrava a sós com uma mulher, dar-lhe um beijo ou dizer-lhe uma gracinha. Mulher: coisa de gozar!

As moças que trabalhavam no comércio eram respeitadas porque tinham sido apresentadas pelos pais ou por parentes e na Bocolândia só se respeita a mulher que está acompanhada ou tem atrás de si um homem. Quer dizer: respeita-se apenas o homem.

Oito dias já se haviam escoado assim, quando, certa manhã, lhe bateram na porta do quarto.

Ao abrir teve Cláudia a desagradável surpresa de se encontrar face a face com um agente de polícia. Vinha intimá-la a comparecer na delegacia.

Cláudia respondeu que apesar de nada compreender de semelhante chamado, lá iria mais tarde. O agente observou-lhe com impertinência que tinha de ir, não mais tarde, porém já.

Cláudia explodiu.

— Sabe que mais, caro senhor? Quem não deve não teme. Ora eu nada devo e portanto não vou agora, nem mais tarde.

Disse e quis fechar a porta. O homem impediu-lhe e Cláudia, extremamente nervosa, subiu a serra.

Como as vozes se alteassem, alguns pensionistas aproximaram-se e indagaram do que havia. Um deles tomou a palavra para defendê-la, pois todos a reconheciam como muito quieta, sempre metida consigo em seu quarto.

Mas o agente explicou:

— Esta moça é menor e fugiu de casa. Tenho ordem de levá-la à polícia; lá se entenderá com o chefe.

Cláudia curvou a cabeça compreendendo tudo.

Para que resistir e aumentar o escândalo? Nada adiantaria. Sua mãe permitira-lhe que partisse, mas às escondidas avisara os parentes e era ainda a mão dos homens que pesava sobre seus ombros, com o peso do bronze, mão habituada ha séculos a esmagar a mulher.

Acompanhou o agente.

Na chefatura de polícia encontrou um delegado de fisionomia austera e bem educado.

Com delicadeza a interrogou. Fez-lhe ver que era menor e, segundo o telegrama recebido, ainda virgem. Neste ponto Cláudia o interrompeu:

— Ha um equívoco, doutor. Não sou virgem.

— Ah! então o caso muda de figura, pois a senhora vai dizer-me o nome do sedutor.

— Não poderei dizer o nome de um ente que não existe. Não fui seduzida. Saí de casa por livre vontade.

— Minha senhora, quase sou obrigado a desconfiar de que está mentindo. Com que fim não sei. Em todo caso, o exame provará a verdade.

Calou-se o delegado e passou a atender a outros casos.

Cláudia, muito aborrecida, ficou à espera do tal exame, que não sabia em que consistisse.

Vieram afinal buscá-la.

Conduziram-na a uma sala semelhante a consultório médico, com cadeira operatória num canto.

Deixada só, ficou a imaginar que exame seria aquele, e interrogou a respeito um tipo que se apresentara como médico.

— É muito simples, respondeu ele. Deseja-se saber se a senhora é ou não virgem.

— Ora esta, exclamou Cláudia, pois tendo já declarado que não sou, que querem mais? Sou uma mulher livre! Não me sujeitarei a essa barbaridade incômoda. Era o que faltava! Exibir a intimidade do meu sexo para um homem ver o uso que fiz do que é meu! Nunca!

— Muito bem, disse o médico, mas é esse o único meio da senhora ficar livre. Se de fato teve relações com um homem, como diz, a lei a considera maior.

— Nesse caso deixo-me examinar, mas lavro o meu protesto contra uma exigência tão bárbara e estúpida.

— Mas que apenas protege a mulher, minha senhora.

— Protege a mulher rebaixando-a à categoria de rês! Se quisessem protegê-la de fato, davam-lhe instrução profissional, concediam-lhe os mesmos direitos que ao homem! Protege a mulher! E é a mim que o senhor vem dizer isto? A mim que acabo de chegar a esta cidade onde em cada esquina há um rendez-vous e em cada canto um bordel? Protege a mulher à custa de tão torpe vexação! Infames!

O médico examinou-a.

Um ódio surdo subia do coração à garganta da moça comprimindo-a como mão de ferro.

— Como são infames os homens! Inventam tudo quanto é possível para aviltar a mulher! disse-lhe na cara.

O médico não respondeu. Para que discutir se também era homem e gozava de todas as regalias? Era homem, fartara-se de mulheres desde tenra idade, mas, ninguém o fizera nunca sentar-se no tronco da infâmia para investigar o uso que ele fizera do seu sexo.

Carrascos!

O delegado entrou.

— Ela disse a verdade, informou-lhe o médico.

— O pior é que isto não tem bis, comentou o delegado.

— A sua virgindade teve bis, doutor? redarguiu Cláudia.

— Ora esta! Eu nunca fui virgem, respondeu ele rindo-se.

— Peço desculpas da observação que vou fazer, mas o senhor disse uma inverdade, e se não fosse o preconceito considerar pornográfico todos os temas relativos às partes sexuais, dar-lhe-ia uma réplica concludente. Contento-me com definir a palavra virgem segundo os dicionários: É virgem tudo quanto não foi usado; é virgem uma floresta antes de ser devastada.

— Pelo que vejo, a senhora, apesar de moça, é já bastante instruída, observou o médico.

— Engana-se. A minha instrução foi tudo quanto há de mais rudimentar. Sou mulher e na Bocolândia não se instruem as mulheres. Observo apenas e quem observa aprende por si. Mas é tempo de ir-me, não quero mais abusar da paciência de vossas senhorias.

— Não, não! Não se vá ainda. Tenha a bondade de esperar um minuto, que há uma formalidade a cumprir. A senhora terá de ficar internada algum tempo num asilo a ver se se regenera.[33]
— Regenerar-me de quê? Cometi acaso algum crime?
— Vou dar-lhe um conselho, D. Cláudia. Vá para o asilo, fique lá uns tempos até que se esqueça tudo isto. Contenta assim a sua família e depois ficará livre.
Ainda uma vez Cláudia submeteu-se.
Pensava consigo:
Eles cansar-se-ão; têm mais que fazer que andar presos aos meus calcanhares.
Deixou-se levar para o asilo.

X

A primeira coisa que a irritou depois de internada foi ver sua mala aberta e remexida.
As irmãs, vezeiras em processos herdados da inquisição, haviam examinado seus papéis e roubado seus livros. Era o sistema do colégio onde estivera em pequenina: abriam as cartas que escrevia aos pais. Remanescência do arrocho da Idade Média, do tempo em que se queimavam os que pensavam de modo diferente do rebanho. E era com aquilo que pretendiam regenerá-la! Ah! Aqueles Tartufos de saia só podiam fazê-la odiar ainda mais as leis iníquas.
Que desolação, que miséria reinava entre as pobres detentas! O asilo era como uma espécie de caixão de lixo onde uma desmazelada dona de casa lançasse sem critério coisas velhas e novas. Havia meninas impúberes em promiscuidade com velhas negras sarnentas.
No dormitório, fechado à noite, reinava um fétido nauseante.
Banho?
Quem quisesse que se lavasse com cuspo.
Como distração ladainhas, missas e rezas que te partam.
Numa sala gelada, guarnecida de bancos sem encosto, algumas desgraçadas bordavam trabalhos finíssimos que eram vendidos a bom preço, enquanto as esquálidas obreiras quebravam os dentes na codêa rija dum pão velho. O trabalho deixava longe o das galés. As infelizes levantavam-se às cinco da manhã e deitavam-se às oito da noite, tendo apenas uma hora de folga.
E aquele reduto chama-se por ironia "Asilo do Bom Senhor!"
Às vezes algum ricaço ou figurão político por lá aparecia, ostentando os abdômens felizes, e para que não se mostrasse muito triste a cara das reclusas davam-lhes pão fresco.

No dia seguinte, fanfarra pelos jornais: "Os benefícios do asilo! A beleza da ação filantrópica de Dom qualquer coisa".

E as reclusas que ficassem por lá a roer as unhas, trabalhando grátis para que as graciosas freirinhas pudessem passar os dias na capela a cantar e no refeitório a engordar.

Ao fim de dois meses, cansada de receber confidências, Cláudia já nem sabia onde encontrar forças para resistir à tentação de estrangular uma das abadessas.

As confidências eram de arrepiar. Certa magricela que bordava qual uma fada estava ali havia dez anos sem ter recebido um ceitil.

Era a isto que a sociedade chamava regenerar! Imbecilizar a mulher e obrigá-la a morrer aos poucos num martírio lento.

Dez anos fechada naquele inferno e sem um níquel ganho em troca dum labor de negra escrava![34]

As freiras não remuneravam as infelizes. Recebiam gordas esmolas, auxílio do estado, mas tudo era pouco para lhes sortir a mesa reservada.

Aquele asilo e outros eram teias de aranha estendidas para apanhar moscas. Recebia as tolas sob o falso manto da caridade e passava a explorar-lhes todas as energias. E quando, cansadas e doentes, as míseras reclamavam:

— Rua!

Cláudia instruiu algumas.

— Vocês lá fora, bordando como bordam, podem ganhar muito bem a vida.

— Sim. Mas nada sabemos do mundo. Não temos prática da vida. Só nos resta esperar aqui a morte.

Esperar a morte!

Cláudia é que o não faria nunca e portanto deliberou fugir.

Uma freira a pilhou quando saltava uma grade do jardim. Ao sentir-se presa, perdeu a cabeça e deu formidável pontapé no ventre seráfico da madre.

Foi um escândalo. Correrias, gritos, tombos, injúrias. Até a cabeça rapada de uma religiosa viu ainda uma vez a luz do sol da qual se despedira para sempre. Cláudia arrancou-lhe o véu e declarou terminantemente que não ficaria ali sob pena de destruir as imagens dos altares, cometendo quantos mais sacrilégios houvesse. Sob esta ameaça, telegrafaram à sua mãe e telefonaram para a polícia.

No dia seguinte mãe e filha se defrontavam no locutório e Cláudia deixou o antro.[35]

A mãe, mais envelhecida, mais cansada e indiferente, voltou logo para o seu oratório da cidadezinha natal, e Cláudia começou a subir o calvário da sua vida.

XI

O martírio mais leve que sofreu foi a fome.
O pouco dinheiro que trouxera acabou-se e viu-se obrigada a fazer o que toda a mulher faz quando tem fome: vender-se.
O primeiro focinho que se apresentou, embora pouco a seu gosto, foi aceito.
Quando o estômago reclama o coração não escolhe. A virtude não vai com a miséria.
Uma cançonetista de cabaret, encontrada por acaso, ilustrou-a um pouco acerca da vida, que ela só conhecia através dos romances para moças. A conselho da nova camarada estudou umas cançonetas, fez um contrato e foi viajar.
Perambulou por vários estados de Bocolândia, e esqueceu a sua miséria ao ver a desse país.
Estados de solo riquíssimo às portas da bancarrota, sob as garras ferozes da capangagem política. Eleições feitas a tiro. A cidade de Enseada, uma das mais belas topografias do mundo, capital de um estado maravilhosamente fértil, não tinha água, não tinha luz, e os bondes paravam nas ladeiras por falta de força. E os sinos das igrejas a badalarem dia e noite.
Foi então que conheceu a justeza da síntese popular: "Enseada de Todos os Santos, analfabetos por toda a parte, m...[36] por todos os cantos".
Isto no norte.
No sul idem, com exceção do Estado de S. Pedro,[37] um oásis na miséria geral.
Sem dinheiro, pois o que recebia apenas dava para os vestidos, não querendo mais vender-se, sem esperança de coisa nenhuma, a alma magoada por todas as desditas que a sua visão de mulher inteligente tornava maiores, vagou sem rumo pela pátria, com o coração negro de nojo e de tédio.
A primeira vez que entrou numa pensão de artistas, eufemismo que disfarça um certo tipo de bordel, teve que confessar que tudo quanto vira antes era nada em comparação daquele antro. Para cúmulo do azar uma pequena argentina com quem se simpatizava suicidara-se com cocaína depois da sua entrada. Agonizara dois dias, pálida e hirta no meio das sedas do leito e só se lhe ouviu durante vinte e quatro horas um único estribilho: "Machito, machito. Quiero el mio machito".
Pobre criança, murmurou Cláudia, querendo aquecer-lhe as mãozinhas geladas. Donde vieste? Estará por acaso viva nalgum canto da terra a mulher que te deu o ser? Meu Deus! Por que as mães têm filhas, se não as sabem educar para a vida feliz?

Um dia uma grande surpresa lhe fez bater o coração. Juju Valério em pessoa apareceu no bordel. Ao dar com Cláudia atirou-se-lhe nos braços, contendo a custo as lágrimas.

— Claudinha, minha querida! Quem havia de dizer! Vem ao meu quarto. Tenho tanta coisa a te contar!... Ah! se soubesses como tenho sofrido!...

Ao entrarem para o quarto um homem de cara mole erugueu-se de um divã. Sem o apresentar a Cláudia, Juju disse-lhe baixo duas palavras, entregou-lhe o chapéu e fê-lo sair.

E foi então uma torrente de confidências.

Juju, de natureza menos enérgica que Cláudia, caíra na prostituição em cheio. Vendera-se por atacado, a retalho, a saldos, conforme se lhe ofereciam as ocasiões. Não tendo saído do seu estado natal como Cláudia, mantinha-se ao par da vida das antigas colegas e relações da infância. E desfiou para Cláudia um rosário de novidades, algumas bem tristes.

— Lembras-te da Carlinda, aquela grande que se casou quando estávamos no colégio?

— Sim, sim, uma que recitava bem e um ano depois de casada apareceu no colégio para mostrar o primeiro filho, uma criancinha feridenta?

— Esta mesmo. Pois divorciou-se! E como ela era rica, o marido com o fito de apanhar o dinheiro que cabia às crianças, que já eram quatro, roubou-as e intentou processo contra a mulher, alegando que se portava mal. O juiz julgou a favor dele e a pobre da Carlinda teve que voltar para a companhia dos pais. O pior é que o divórcio entre nós, sendo apenas uma separação de corpos, ela não pôde casar-se de novo. O marido, um crápula de marca, que legou toda a sífilis que tinha ao primeiro filho, está agora com uma espanholita. Terei ocasião de apresentá-la a ti, pois prometeu vir jantar cá.

— Que horror!

— Ainda não sabes nada. Para conhecer as infâmias dos homens só mesmo nesta vida. No seio das famílias estes hipócritas são mais famílias que elas próprias. Mas fora, que porcos! Outra que não foi feliz: a filha do coronel Matos. O marido tem posto fora um dinheirão com uma belgazinha que veio na Bataclan.[38] Lembras-te da Marta? Com esta ainda foi pior. Imagina que no dia seguinte ao casamento o pai requereu falência. O noivo, fulo de raiva com o logro que lhe pregavam, alegou que não tendo achado o... (aqui Juju, com uns restos de pudicícia, baixou a voz) mas Cláudia a interrompeu:

— Por que não pronunciaste em tom natural essa palavra? Achas feio dizer o que é?

— Ora, deixa-me, Cláudia, concluir a história. Como ia dizendo, o marido alegou para anular o casamento que a mulher não estava a seu gosto.

— Pudera! No colégio a preocupação da Marta era fechar-se no gabinete com a Glória.
— E o que elas faziam fechadas ninguém o sabia.
— Ninguém é um modo de dizer, porque uma vez a Glória fechou-se comigo para a mesma coisa.
— Não me diga! E fez-te?
— Não quiz que o fizesse em mim, mas o fiz nela.[39]
Juju soltou uma gargalhada.
— Mas eras uma criança e Glória moça feita!
— Queres que te diga francamente? Foi das mais curiosas sensações de minha vida. Nunca fui uma viciada, mas aquela grande a tremer sob minhas mãos de criança me perturbou singularmente.
A Juju ria-se de chorar.
—Ah, Claudinha! Não mudaste nada! És a mesma, parece-me estar a ver-te no recreio do colégio!
Cláudia suspirou.
— É o que pensas, Juju. Mas então, se o pai da pobre Marta não tivesse falido... Que mundo! Forjam-se ou atassalham-se reputações conforme o dinheiro aumenta ou diminui! Que coisa infame a sociedade!
Bateram levemente à porta.
— Ah! é o Jorge. Vais ver que belezinha. Entre! Cláudia, apresento-te o meu amiguinho Jorge, filho do Ministro dos Negócios Encrencados.
Cláudia cumprimentou-o, mas pediu licença para sair.
O frangote que entrara era um desses filhos famílias aos quais, ao contrário do que sucede às meninas suas irmãs e primas, tudo é permitido. Bancam o gigolô, gozando o corpo das mulheres sem pagá-las até o dia em que, cansados e impotentes, vendem-se por um bom dote para dar nome aos filhos de uma burguesinha.
Cláudia nutria horror por aqueles macaquitos de cabeça vazia, nádegas arrebitadas, olheirudos e imbecis.
Juju fez tromba quando a viu levantar-se, mas conhecia a sua língua ferina e deixou-a ir receosa de que o almofadinha dissesse alguma asneira e Cláudia o debicasse.
O suicídio da pequena argentina fizera mal a Cláudia. Não lhe saía da mente a carinha branca de cera e os olhos arregalados e imensos que a morte não conseguira fechar.
Ah! E ela vira suicídios na sua peregrinação!...
Lembrava-se ainda da Escobar, uma pobre patrícia, que encontrara certa manhã estendida na cama, no meio da fumaceira do disparo da velha garrucha. Não podendo pagar oito semanas de pensão, descoroçoada da vida, dera cabo de si. Cláudia só lhe conseguira uma frase explicativa daquele ato de loucura: estou cansada de sofrer!

Cansada!...

Pelos seus papéis, tinha apenas vinte e três anos...

Veio o médico, pensou-a[40] e deu esperanças de salvá-la; mas deixada só, a mísera arrancou a gaze dos curativos, depois de ter escrito com sua letra disforme de quem apenas sabia escrever: "Deixem-me morrer por favor!"

Outra patrícia embebeu de álcool a roupa, morrendo assada.

Outra, recusando-se a seguir o marido que a caftinizava, recebeu seis punhaladas nas costas.

Outra, uma pequena de dezesseis anos, vendida por dois contos e quinhentos pelo pai, a um politicão provinciano, foi assassinada com um tiro de carabina a mandado da esposa do comprador. A bala ofendeu-lhe a espinha, e a misérrima criatura, grávida de seis meses, agonizou paralítica da parte inferior do corpo durante três dias, gemendo continuamente: "Meu Deus, meu Deus, que sofrimento, que sofrimento!"

O assassino, um preto, fizera aquilo por duzentos mil réis. O pai da mandante gastou dez contos e conseguiu pô-lo na rua.

Ah! Cláudia podia gabar-se de ter visto coisas!... Se descrevesse metade, metade só, se tivesse a coragem de contar um pouco do que vira, encontraria também um emboscado à esquina para a balear pelas costas.

No bordel onde então residia conversava-se de todos os assuntos. Às vezes com finura, às vezes em linguagem de pasmar em homens que pelos modos pareciam pertencer à melhor sociedade.

Cláudia mirava-os com os seus olhos claros e pensava nas mulheres e filhas que eles tinham algures e nas petas que elas tinham de engulir. Eram os cavalheiros citados pelos jornais! Os grandes políticos, os comerciantes, os médicos notáveis...

Até padres apareciam por ali. Os mesmos aos quais sua mãe queria que todos beijassem as mãos.

Deus do céu! Era isto o mundo?

Esta cloaca, toda podridões e vícios?

E o amor, onde estava o amor?

XII

Um dia alguém bateu-lhe à noite na porta do seu quarto. Era uma das suas companheiras de mesa, uma linda francesinha.

— Vem ver uma coisa, disse ela.

Saíram juntas.

Em frente a uma porta, onde um vulto já estacionava curvado, espiando pela fechadura, pararam.

— Espie! ciciou a francesinha.

Cláudia obedeceu. Curvou-se para o buraco da chave.

Dentro da alcova passava-se uma belíssima invenção dos homens. Um desses quadros vivos que certos entes nos limites da abjeção humana executam para ganhar o pão que lhes mitigue a fome. A única diferença que havia era o prazer notado no comparsa masculino e o fato de ser ele um figurão conhecido. Estava em evidência na alta política e só aparecia nos noticiários como "um fino cavalheiro de alto valor social".

A francesinha e a outra criatura que também espiava ficaram a abafar o riso enquanto Cláudia voltava para o seu quarto, repetindo o estribilho favorito:

— É aquele o homem, o herói, o pai, o chefe!

Benevolente para com as fraquezas humanas, como todas as criaturas sensuais, Cláudia não se indignava ante as cenas fisiológicas que estava farta de assistir praticadas pelos irracionais.

O que lhe dava assomo de ódio era a injustiça que por toda a parte tomava foros de lei, permitindo ao homem que satisfizesse todos os seus caprichos, mas anatematizando a mulher que lhe servia de comparsa nos seu prazeres libidinosos. Dava-se largas aos instintos do homem e abafava-se os da mulher, fazendo do homem um senhor onipotente, um déspota a quem nada ficava feio, sem explicar o porquê desta regalia, sem citar uma razão lógica que desculpasse tal perrogativa, destoante do liberalismo duma época em que os reis se viam expulsos dos tronos.

O homem deitava-se com a meretriz, e no dia seguinte, muito lampeiro, continuava a ser um homem digno, ao passo que a sua companheira noturna era mantida fora da lei.

Por quê?

De duas, uma. Ou ela é uma necessidade social, uma operária com função reconhecida pela lei e como tal uma criatura livre; ou ela é uma praga social devendo ser impedida de exercer a profissão.

O que não se pode permitir é a barbaridade vigente: usá-las como escarradeiras.

É justo? É humano? É cristão?

O justo seria argumentar como Cristo: "Quem não tiver culpas, lance-lhe a primeira pedra".[41]

Os moralistas tiram a mulher do lugar que lhe pertence na escala dos seres, ao lado do homem, seu companheiro segundo a lei da natureza e a escravizam.

Para fazer viver uma moral de pura convenção humana, que varia conforme a latitude, criam-se duas categorias de mártires: a das solteironas e a das prostitutas.

Mas os homens gozam de toda a liberdade. O que para a mulher é infame, para eles é apenas natural.

Quanta indignidade!

Naquele momento, em todos os quartos do bordel havia um homem, em geral casado, que iludira a esposa dizendo ter àquela hora uma importante reunião política.

Muito natural e aceito, isto.

Mas se as esposas respectivas, cansadas de os esperar, saíssem para a rua em busca de "sucedâneos", ah! então aos maridos assitiria o direito de pular do leito dos prostíbulos de revólver em punho para irem massacrar as esposas cruelmente!

Interessante! Num século onde nem sequer mais se admitem reis liberais, adota-se em relação à mulher a mesma legislação do despótico e cruel império romano! E completamente ignorante sem conhecer o seu próprio valor, sem analisar as leis que a governam, a mulher curva a cabeça!

Os homens reconhecem a cruel injustiça, mas, egoístas que são, uma vez que tal injustiça só lhes proporciona vantagens, calam-se e para disfarce acatam uma religião ad hoc inventada para manter ferreamente a dolorosa escravização da mulher. Vendam-lhe os olhos e soltam-nas assim cegas pelo mundo semeado de precipícios. E querem que elas não tropecem e não caiam!

Eduquem os homens à maneira das mulheres, e verão o que disso resulta. Fechem-nos em convento a fazer crochês e a rezar e verão em que tristes imbecis e histéricos se tornarão eles.

O que mais fazia pasmar a Cláudia era observar o abismo de ignorância em que viviam as prostitutas.[42] Na maioria analfabetas e de uma estupidez crassa, falando como papagaios, imitando e reproduzindo o que ouviam os homens dizer. Supersticiosas até à loucura, chegavam a mandar rezar missas para que conseguissem bons "michés". Colocavam oleografias de santos sob o travesseiro para que o "miché" fosse generoso e não se demorasse muito.

Jamais conseguira Cláudia encontrar entre estas desgraçadas uma livre pensadora ou uma protestante.[43]

Os preconceitos cegavam-nas de tal modo que a si mesmas todas se chamavam perdidas, como se isto fosse a coisa mais natural do mundo.

Tinham-se como coisas podres, almas deterioradas e nem sequer indagavam por um instante se aquele estado de infâmia era ou não justo, nem por que razão se achavam metidas nele, quando podiam ser, naturalmente, advogadas, médicas, condutoras de autos, parteiras, deputadas, funcionárias públicas -- as coisas que os homens são, nem suma. Não tratavam de saber qual a superioridade que tinham sobre elas os homens que lhes compravam o corpo. Consideravam-se como utilidades econômicas, semoventes insensíveis, sujeitos a rebates de preços à proporção que se lhe ia deteriorando o físico. Mercadorias que ao envelhecer só podem ter um destino: a lata de lixo.

É tal a educação da mulher que ela passa pela vida de olhos fechados, sofre todas as ignomínias sem jamais sentir a menor veleidade de se defender.

A solteirona padece todos os martírios, desde o ridículo duma falsa situação social, alvo permanente da chacota das outras mulheres que conseguiram dote para comprar marido, até os horríveis ataques de histerismo, lógicos num sistema nervoso em pandarecos por força de recalque.

Vive só, em abandono completo, sem um carinho na vida e cala-se.

Vive morta, e antes de conhecer a solidão do túmulo, onde ao menos descansará, morre aos poucos em plena vida, sem nunca dar expansão ao mais forte dos seus instintos, o sexual.

Torna-se ente completamente nulo que vive aguado a contemplar o gozo dos outros. Tudo lhe é negado, e todos se riem da sua "virtude".

Só um poeta pode ter a intuição e compreender o quanto é triste o sono eterno destas infelizes, perturbado pelo rumor dos beijos que não tiveram.[44]

Namorados que andais, com a boca
      transbordando.
De beijos, perturbado o campo sossegado.
E o casto coração das flores inflamando
Piedade! Elas vêm tudo entre as moitas
      escuras...
Piedade! esse impudor ofende o olhar
      gelado
Das que viveram sós, das que morreram
      puras!

  Deus te guarde, Bilac!

A prostituta sofre outro gênero de humilhações, e todos os desprezos, e todas as torturas. Tem um corpo que não é seu mas de quem o paga, corpo enterrado vivo no lamaçal de uma volúpia de que ela é apenas parte mecânica. Esta volúpia, fonte de gozo para ou outros, só lhe produz cansaço físico e martírio moral.

Sente a alma espezinhada morrer dia a dia até sumir-se de todo, deixando vazio um corpo de megera gasta, coberto de rugas e cicatrizes — hieróglifos que escondem a história dos mais horrendos martirológios.

Na velhice a mão implacável do tempo confunde a virgindade intacta da solteirona com a carne triturada da rameira. As rugas de ambas denunciam as duas pontas do mesmo crime social, da monstruosidade que cria tais vítimas, e lá vão as duas para pasto dos vermes indiferentes. Esses filósofos comem com igual gula a carne das virgens intactas e a pelanca das que em vida gemeram sob a mão de ferro do egoísmo do macho.

Cláudia, às vezes, ao contemplar nos cabarets uma ou outra prostituta velha que por lá aparecia, lembrava-se das solteironas da sua terra. Tinham a mesma fisionomia cansada, o mesmo ar de amargura nos cantos da boca, as mesmas pálpebras caídas e murchas. E o que mais a impressionava naquelas caras era o desgosto, a decepção da vida...

Os homens podiam gabar-se das suas criações! Estes dois entes, fora das leis da natureza, eram puras invenções suas. Foram eles que criaram a idéia de obrigar a mulher a conservar-se virgem após a puberdade. Foram eles que lançaram o anátema sobre as que fugiam de submeter-se à inominável exigência, quando por serem pobres não podiam adquirir marido. Foram eles os inventores da mulher pária. Eles, os histéricos criadores de religões anti-naturais, hostis à saúde e à higiene, fonte de martírios, sofrimentos e lágrimas. Eles, os legisladores que só legislam para si.

Para o sexo do legislador, tudo, tudo! Flores, risos, honras, alegrias, ambições e glórias!

Para o sexo legislado, nada, nada! Espinhos, lágrimas, indignidades, amarguras, prostíbulos!

XIII

Na pensão onde morava e nas que freqüentava, Cláudia via coisas espantosas. Uma a uma as ilusões da sua infância se despetalavam como rosas emurchecidas.

A sociedade que lhe haviam ensinado a respeitar, aparecia-lhe como era, renda sórdida e suja, de malhas arrebentadas, pendendo aos trapos, mas querendo ainda simular o Alençon.[45]

Todas as regalias que um punhado de espertalhões gozadores outrora se outorgara caíram diante da cólera do povo farto de ser tosquiado em nome de ume religião cuja mira única é enganar a plebe. A resignação de antanho fora-se, acossada pela miséria das classes pobres. A fidalguia, vivedoira de pensões pagas pelos reis tão inúteis quanto ela, desaparecera, tragada pela crítica e pela revolução. Por que, então, só havia de permanecer escrava a mulher? A educação retrógrada dada às moças põe-nas sujeitas a todas as reviravoltas da fortuna do homem. Hoje milionárias, amanhã vítimas das prodigalidades de um marido imbecil, pobres e sujeitas a todas as contingências da miséria!

A aristocracia moderna, perdendo o apoio da realeza ausente, procura subsistir à custa de títulos ridículos comprados ao Águia Mór que se convencionou chamar Papa. Mas só se conserva numa geração. A balela de nobreza do sangue com hereditariedade das qualidades fidalgas desapareceu com os tronos.

Só um valor ficará de pé: o individual. Sobre quem pode subir, pela inteligência, pela astúcia, pelo dote da mulher. As heranças deixadas a herdeiros inúteis apenas vinham aumentar o número dos pobres, uma vez que o filho na maioria dos casos só herdava o dinheiro e o dissipava sem saber recompor o capital.

Era esta sociedade mutilada que Cláudia contemplava nos chás, nos teatros e nos "Cabarets chics".

Os chás elegantes eram para ela um encanto. Pelas pequenas mesas espalhadas pelo salão, os casais, não raro adicionados de mais um tercius — cuja relação com a mulher era sabida — se exibiam. Formavam os casais legítimos, cuja parte feminina, mencionada nas folhas mundanas, era "a digna senhora".

Havia também os casais formados por almofadinhas audaciosos que desprezavam as virgens casadoiras pela cortesã, enquanto não se viam obrigados a casar para resolver o problema das dívidas.

Não raro, um impudente velho casado que levara sua amiga. Nesse caso, para respeito das conveniências sociais ou para prevenir um divórcio que o deixaria em má situação, sentava-se longe da querida, ficando a observar-lhe os saracoteios nos braços dum galã ousado.

Os olhos dos convivas brilhavam como aço a procura dum ímã. Quando o encontravam era um "flirt" que se não sabia onde iria ter.

O jazz uivava às vezes como o vento pela frincha das portas; outras repipocava os seus pandeiros e banjos, fazendo lembrar a música dos pretos d'África.

O compasso da melodia, ora apenas delineado, ora exageradamente sublinhado por chocalho brandido por mão senhora de rítimo impecável, tornava a música de um sensualismo bestial.

O contato dos corpos era exasperante.

Alguns pares mais ousados enclavinhavam as pernas, dos joelhos às coxas, movendo-se em rítimo nitidamente sexual.

Nos intervalos do mexe-mexe, alguns rapazes, receosos de indiscrição, ausentavam-se por um instante a fim de se recomporem. E logo tornavam à orgia...

Como eram modestas as bacanais romanas ao lado da farra moderna, apimentada com hipocrisia que cobre de suas vestes anatomias[46] raquíticas, banhas molengas, das que fazem o desejo fugir às léguas! Os antigos ao menos eram coerentes nas suas bacanais, visto que consideravam os prazeres da carne por igual consentidos ao homem e à mulher. Mas hoje, como ajustar os preceitos da moral em uso com a sua prática? Como compreender que uma mulher rica faça impunemente coisas que lançariam a mulher pobre no monturo do prositíbulo?

Este "chique" de uma virtude ausente não será para avivar o paladar cansado dos gozadores?

Aquelas bambochatas de chás e outras formas de aproximação sexual davam como resultado a concorrência que a mulher casada e rica fazia à cocote. Concorrência desleal porque entrava no mercado como mercadoria grátis e ainda por cima abarrotava a praça, obrigando a prostituta profissional a aceitar o preço que lhe impusessem.

Depois da excitação das danças a casada saciava o seu apetite, mas à solteira só lhe restava o recurso do auto apaisement.[47]

E os médicos que se arranjassem com as virgens excitadas e nervosas, acalmando-lhes os ataques com bromuretos![48]

E era para salvar do perigo da sedução aquele punhado de mulheres, cuja única virtude consistia no dinheiro, que se permitia a inominável barbaridade do bordel disseminado pela cidade inteira!

Segundo os velhos moralistas gagás, os bordéis constituíam o único meio de livrar da concupiscência feroz do macho solteiro a jovem, dita inocente,[49] e a mulher casada. Mas raras vezes Cláudia via nos bordéis homens solteiros. Ao contrário, o que ali pululava eram os casados. O solteiro não é tão tolo para pagar mulheres quando, sendo ainda jovem, possui bastante encanto para seduzir meninas pobres e mulheres casadas.

A menina pobre seduzida e abandonanda vai alimentar o bordel, para que mulheres ricas e bem dotadas fiquem ilesas no seu pedestal de virtude aparente.

Ah! a moral dos moralistas velhos e impotentes, que não comem mais carne por que lhes faltam os dentes!

Que ganas de rir lhe dava a moral!

O que mais a fazia sofrer era ser obrigada a conservar-se naquela vida odiosa de açougueira de carne viva a fim de sustentar a linha de uma posição falsa e infame, mas da qual não podia fugir mercê da falta de habilitações para o exercício de uma profissão limpa.

As vezes abria um pequeno estojo de desenho, única recordação da sua infância e recordava-se da sua vocação para a pintura. E brandia no ar o punho cerrado, em gesto de ameaça contra a família que lhe negara aquela senda. Na opinião dos seus ela era mulher, e não lhe ficava bem outra profissão a não ser a de anjo do lar. O lar fugira com o dote e a menina à qual eles achavam impróprio que fosse uma pintora e convivesse com artistas era agora uma prostituta!

Sim, o dilema fôra cruel. Ou solteirona ou prostituta!...

Oh, Deus! Mas ser solteirona é ainda mil vezes mais triste do que ser prostituta! Mal por mal, o menor. Ao menos, como prostituta, vivia. Perdia aos poucos a alma estraçalhada pelo desgosto moral, mas vivia. Sua carne, se não conhecia ainda o amor, o estremecimento divino de um beijo apaixonado, já gozara momentos de volúpia que não eram de desprezar. Pelo menos seguira a lei da natureza, que se não submeteu o desejo humano a uma época fixa de excitação, como entre os irracionais, foi porque adivinhou o vazio da vida do racional sem o gozo livre.

A natureza permitia-lhe gozar diariamente as sensações deliciosas do beijo. Porque havia então de, por vontade própria submeter-se ao ascetismo impostos por uma sociedade hipócrita? Se o homem tinha o direito de beijar quantas vezes quisesse, por que havia ela de pôr um cadeado nos seus desejos?

Os homens dividiram a mulher em duas categorias de servas: prostitutas obrigadas pela fome a dar-lhes gozo; esposas para lhes trazer o dote e lhe servir de dona de casa e enfermeira.

Que coisa interessantíssima se vê no recesso dos lares à noite! Em casa nenhum homem, mas senhoras de fisionomias cansadas, muitas na flor dos anos, ainda crianças e já com filhos e ares de matronas envelhecidas.

Cláudia reparara sempre na cara das mulheres. Raramente vira entre as realmente honestas um ar feliz. Todas tinham no rosto cansado escrita a palavra desilusão. A salafrarice do marido egoísta que nelas procurara apenas um meio de subir depressa, muitas vezes lhes aparecia, ai delas! logo no primeiro ano de casadas. Para algumas a lua de mel, esperada tão ansiosamente, apenas fora uma farça. Orgulhosas na maioria, tudo calavam, mas o sinal indelével do desgosto estampava-se-lhes no rosto entristecido.

Não, a vida da mulher nada tinha de agradável!

Vivem num inferno de exigências estúpidas, privadas de tudo, e jamais refletem nisto, jamais ponderam que a natureza não criou nenhum ser para a escravidão e a dor.

A dor natural é apenas uma proteção ao organismo, um sinal de alarme.

Até a vantagem que a natureza concedeu aos racionais de poderem acrescentar ao amor sensual um sentimento afetivo foi deturpada pelo homem com a invenção do dote. O que devia ser expontâneo e desinteressado transformou-se em negociata. Viam-se muitas vezes rapazes apaixonados por raparigas pobres abandonarem-nas por um bom cheque trazido por uma mulher que só lhes despertara na alma a cobiça.

Era destes casamentos malditos que nasciam seres como ela, Cláudia, filha da paixão de sua mãe e da ganância de seu pai.

E tudo isto por que?

73

Porque uma mentira secular dizia ao homem: "Comerás teu pão com o suor do teu rosto" e à mulher: "Parirás na dor".

Mentiras que caem à mais leve análise uma vez que quem come o melhor pão são os parasitas que jamais suaram, e que as cortesãs, rainhas do mundo, jamais conhecem a dor do parto.

Mentira! mentira! mentira!

Demais, o parto doloroso é ainda uma invenção do homem que tem por hábito falar com ousadia de assuntos que por natureza jamais poderá conhecer praticamente.

A mulher grita quando dá à luz? Grande admiração! Se urra por causa de uma barata! Se tem ataque quando espeta um espinho no dedo! Nem outra coisa é de esperar já que a criam como boneca.

Observam a mulher da roça. Vejam se grita e se no dia seguinte não está firme no trabalho. Vejam as desgraçadas ao léu que têm filho às ocultas em W.C. para que os patrões não o percebam e não as ponham na rua.

Sórdidos machos, inventores de baboseiras! Vejam se elas gritam e exigem médico, parteira, enfermeira.

A natureza não seria tão néscia que fosse fazer doloroso o ato da reprodução da espécie. Ela, que espalhou o prazer a mancheias, fazendo nascer do instinto de conservação a fome, prazer que se renova algumas vezes por dia.

Se o parto fosse doloroso o mundo estaria deserto, os pobrezinhos que extendem as mãos à caridade seriam menos numerosos e a carne mais rara em nossas mesas.

O que há de interessante nesta mania do homem querer a todo o transe definir a mulher de maneira que a definição se coadune com as exigências dos seus preconceitos são as contradições em que caem. Nada pior que a mentira, porque uma puxa outra por necessidade de coerência. Assim é o homem. Ora diz que a dôr do parto é sobreumana e que a mulher que a suporta é heróica, santa e forte (isto sem nunca ter provado do guizado). Ora assevera que a mulher é um ente fragílimo (v. g. as enceradeiras de casa e as abanadeiras de café nas fazendas). Compreenda-se! Eles só dizem o que lhes convém e de modo que o cetro de senhores do mundo não passe para as mãos das mulheres.

Mas que sosseguem. A evolução que já permitiu o banimento da fidalguia russa e o assassínio do czar e seus filhotes, há de surripiar das mãos do homem este cetro. E a humanidade será mais feliz nesse dia, porque as feras nas florestas são mais felizes do que nós, pelo menos mais livres, e nas florestas quem manda nos filhos é a mãe, pois o macho ainda não conseguiu implantar lá o regime do dote.

Por motivos irrisórios excluem a mulher dos jogos esportivos e depois vêm a campo a dizer que ela é inferior ao homem na arena!

Troquem os papéis. Eduquem a mulher no esporte desde pequena, ponham o homem no crochê e veremos qual é o queixo que sai ileso da luta. Não venham com o argumento dos órgãos femininos e do cuidado que merecem, pois que se existisse algum zelo por esses orgãos fechar-se-iam os bordéis.

Ninguém poderá provar que num belo torneio de qualquer esporte os órgãos femininos sofram mais do que num leito de prostíbulo onde há mulheres que às vezes satisfazem o desejo de uma dúzia de homens por dia, e não escolhem...

Os ilustres gozadores que aproveitem o seu triste fim de reinado. A escrava já está abrindo os olhos. O 89 das mulheres não tarda. A Bastilha dos preconceitos já começa a estremecer pela base. Mais um esforço e ruirá.

As mães que até hoje têm atado lacinhos de fita nos cabelos das filhas, já começam a pôr de lado o enfeite, substituindo-o por penteados mais simples que permitam à criança prestar menos atenção ao espelho e mais ao livro.

A prova do egoismo masculino já está tirada e as mães sabem que no futuro as filhas só terão apoio num diploma. A imagem das jovens abandonadas a baterem nas portas dos prostíbulos para se socorrerem das caftinas, dá força e audácia às mães modernas, fazendo-as repudiar os preconceitos e dar uma edução prática às filhas.

XIV

Mas, Cláudia fora educada à moda antiga e não sabendo como fugir ao horror da sua vida, deu de pensar no suicídio. Uma náusea imensa a mantinha na cama noite e dia, sem coragem de coisa nenhuma. A vida odiosa incompatível com seu temperamento de mulher inteligente, ainda mais cruel se tornava em Flumen, no meio de seus patrícios.

Emigrou.[50]

Buenos Aires com sua população de grande metrópole, pareceu-lhe o melhor refúgio. Organizou um pequeno repertório de canções e embarcou.

E foi dois anos depois de chegada a Buenos Aires que conheceu o amor.

Era noite. Estavam reunidos num cabaret lindos homens e lindas mulheres.

Uma camarada lhe dissera certa vez em Flumen que Buenos Aires era meio impróprio para uma mulher fazer vida. Havia homens tão belos às portas dos cinemas e nas casas de chá, que a mulher saía à procura de "miché" e voltava com gigolô.

E de fato, os argentinos lhe pareceram muito sedutores, verdadeiras tentações.

O salão resplandecia. Smokings impecáveis nos homens, toilettes maravilhosas nas mulheres. Carnes macias de colos e braços nus. Cabeças deliciosas de adolescentes. Olhos negros, lânguidos. Corpos esbeltos, cinturas flexíveis, bem marcadas nos ternos de talho perfeito.

Jazz soluçante. Champanha, flores e pelo ar um perfume tão vivo de vida encantadora que sobrevinha a vontade de deter o minuto que passava.

Cláudia delirou. A vida sorria-lhe como a manhã de primavera sorri à rosa em botão. Momentos havia em que a sensação de bem estar lhe era tão intensa que seu corpo parecia planar. A realidade desaparecera... Bom momento para aparecer o amor!

E o amor surgiu e envolveu-a no seu manto de fantasias e sonhos.

Fantasias e sonhos do amor, que lindos são para quem ainda desconhece a miragem!

Da primeira vez que amamos o indivíduo que nos impressiona parece um deus e todos os seus atos divinos. Tudo que lhe sai da boca é gracioso. A primeira resultante do amor é o fanatismo.

Cláudia amava pela primeira vez.

Que beleza o primeiro amor!

O primeiro amor é sempre provocado por um gentil adolescente de cintura delgada e olhos maravilhosos como duas pérolas raras, etc., etc.

Interessante que a tal cintura de adolescente não raro corresponde a uma simples barriga e os olhos, em vez de pérolas, só merecem ser comparados a duas reles contas de vidro.

Cláudia amava pela primeria vez, mas o homem que a fascinava era de fato um belo homem. Corpo flexível de efebo, deixando perceber a sua forma perfeita através do terno elegantíssimo. Olhos meigos, límpidos.

Se ela tivesse escolhido a dedo os traços do homem que seria o seu primeiro amor, não acertaria tão bem.

Estava fascinada.

No fundo do seu ser o coração lhe batia contente num rítimo dulcíssimo, fazendo-a entrever o paraíso.

Após dois anos de peregrinações pelas pensões e hotéis elegantes, convivendo com artistas, Cláudia perdera seus modos acaipirados, tão comuns nas moças do interior do estado de S. Pedro, modos que lhe davam um sainete especial, bastante procurado por amadores de variedades.

Em compensação ganhou elegância uns langues de sensualismo discreto que faziam dela um bom bocado.

Os escrúpulos que a punham desconsolada à beira da cama, sem coragem de se vender, haviam desaparecido com as suas ilusões. Era agora uma destas cortesãs que prometem. Para ganhar uma jóia que a agradasse, Deus sabe o que não seria capaz de fazer! Deixara a categoria das meretrizes, e passara à das cortesãs que possuem pérolas e magnífico guarda-roupa.

De pequena estatura, mas de proporções perfeitas, morena de olhos verdes, era tida como linda mulher.

Naquela noite, trajada de rendas verdadeiras, com as espáduas e peito descobertos, deixava ver, apenas velados pela escumilha, as pontas dos seios, rosadas como duas flores de "durazno".[51]

O rapaz que a fascinava notou a impressão causada e agiu de modo a dançar com ela o terceiro shimmy[52] que o Jazz atacava, apesar da tromba do marchante que a seguia.

Durante o fugidio minuto do enlace Cláudia conheceu o céu.

À despedida já um encontro se marcara para o dia seguinte.

Uma semana depois Cláudia abandonava o coronel para instalar-se com o seu querido num magnífico apartamento de grande hotel.

A primeira vez que o moço a possuiu Cláudia achou-se transportada às regiões de ouro das lendas. Ao seu lado, no leito, vendo a sua divina cabeça repousar sobre a almofada, os olhos brilhando meigamente como duas estrelas em noite sem luar, caiu em êxtase, com os dentes cerrados, a língua presa à garganta seca, os nervos tensos como sob a ação de um excitante poderoso. Cláudia bebia-lhe o olhar.

A claridade do quebra luz iluminava a alcova com a delicadeza de um crepúsculo. Aos poucos as cabeças se aproximaram e os lábios se uniram num beijo de amor.

Beijos de amor! beijos de amor! Sois como a esponja que limpa os quadros negros: num instante apagais da mente todas as tristezas que a brutalidade da vida nela gizou.

A nudez dos corpos se confundia em doce amplexo, a cumprir um sagrado e eterno rito.

Um perfume de carne excitada pelo delírio sexual espalhava-se pelo ar de mistura às essências exóticas que embalsamavam o aposento.

Durante um mês a vida dos dois apaixonados correu regular como uma bebida cara que da garrafa deflui para a taça. Nada os perturbava.

Mas aos poucos, apesar da paixão que a cegava, Cláudia começou a ter a impressão de que estava tratando com um amante profissional.

Um dia não apareceu ele à hora combinada para o aperitivo. Cansada de esperar, a moça foi para casa com o coração triste. Ao entrar no elevador deu de rosto com o amigo que abandonara para seguir o querido. Chamava-se André Calvente e era o diretor de um grande banco platino. Cavalheiro finíssimo, apesar de bastante entrado em anos, conseguira manter Cláudia fiel durante muitos meses, usando com ela do subterfúgio que os velhos usam com as amantes moças: cansá-la de longas carícias, esgotar-lhe as energias com beijos que a deixavam exausta...

— Até que enfim te encontro! exclamou ele logo que a viu.

— Tens algo importante para mim? perguntou Cláudia.

— Tenho. Preciso conversar contigo. Não aqui. Se me dás licença subirei ao teu apartamento.

— Pois vamos.

Subiram.

Uma tristeza inexplicável se apossara da alma de Cláudia.

Entraram e sentaram-se.

— Então, começou o banqueiro sem preâmbulos, todo o dinheiro que te dei escoou-se nesta farra de um mês, heim Claudinha?

Sem compreender perfeitamente a que dinheiro ele se referia, pois não gastara um níquel durante o mês inteiro, a moça abespinhou-se com a pergunta, levando-a a mal.

— Se vens aqui pedir contas do destino que dei ao que é meu, começas mal!

— Por favor, Cláudia, deixa-me primeiro explicar com calma o motivo da minha vinda e depois zangar-te-ás à vontade. Há oito dias no meu escritório falou-se por acaso em teu nome; comentou-se o modo de vida que tens levado nestes últimos tempos em companhia de um homem conhecido por toda a gente como caften...

— Nem mais uma palavra! Se vieste aqui para injuriar o meu amante, não te posso ouvir!

— Criança! Deixa-me ao menos concluir. Falou-se em teu nome por causa duns cheques falsos, infelizmente tão perfeitos que quando o caixa do banco deu por eles já não havia um níquel do depósito que eu fiz em teu nome ao me deixares.

Sem querer confessar que não tocara no dinheiro, pois já começava a desconfiar do querido e tinha medo de o comprometer, Cláudia lembrou-se dum cheque que assinara e deixara no cofre. Mas fingiu estar a par dos saques repetidos e respondeu com aspereza:

— O dinheiro era meu, gastei-o, não tenho que dar satisfações a ninguém.

— Mas, pequena da minha alma, os cheques eram falsos!

— Como falsos, se eu os assinei a todos? disse ela com firmeza, querendo ainda aparentar uma calma que estava longe de sentir.

Mas a voz lhe tremia. O golpe fora rude em excesso, apanhando-a em pleno sonho de felicidade. Sentia o coração pequenino dentro do peito e tão apertado que estava a sufocar. Tudo mudara num segundo em redor dela. A linda sala de palestra onde gostava tanto de estar no meio de flores

e objetos d'arte, apareceu-lhe fria e triste. Amara um falsário! Enquanto com a mão esquerda a acariciava, com a direita imitava-lhe a assinatura e lhe arrombava o cofre!...
    A voz do banqueiro de novo se fez ouvir:
    — E ele te enganava ainda quanto ao nome. Não se chama Emiliano Estroeva, mas sim Ivan Stronvask. A policia já fez investigações. Podes estar certa de que caíste em boas mãos!
    Cláudia não respondeu. Na sua mente desorientada as idéias perdiam o nexo. Chamava-se Ivan e não Emiliano! Mentira-lhe até o nome!... Como podia ser possível? Mentira-lhe! Os seus lindos olhos mentiram-lhe! Os seus abraços apaixonados, os seus beijos divinos, os seus delírios de paixão eram falsos como os cheques apresentados ao banco...
    Tudo mentira!
    — Vais perdoar-me, caro amigo, disse ela ao banqueiro. Estou indisposta. Peço-te deixar este caso para amanhã. Todavia vais prometer-me nada resolver sem conversar comigo ainda uma vez, sim?
    — Pois não, Cláudia. Sabes que em mim tens não só um amante apaixonado, mas um amigo verdadeiro, afeito a perdoar as tuas ingratidões. Ficarei à espera de ordens e se me deres licença telefonarei amanhã de manhã para saber notícias.
    — Obrigada.
    O ex-amigo saiu e Cláudia ficou como alguém que houvesse levado uma pancada na cabeça: imóvel e de olhar vago.
    Bateram na porta: a criada entrou com um telegrama. Entregou-lhe perguntando se não queria o jantar.
    — Não, respondeu Cláudia. Estou indisposta, deixa-me só.
    O telegrama era de Emiliano e dizia apenas:
"Perdoa-me. Sou muito desgraçado".
    Era então verdade tudo quanto dissera André Calvente! E ele não reaparecera para o aperitivo porque tivera receio do primeiro ímpeto de Cláudia ao saber do seu procedimento!
    Depois de reler o telegrama seu rosto contraiu-se num ríctus amargo. Debalde tentou chorar, desabafar a mágoa que a oprimia. Os olhos, desabituados do pranto graças ao ceticismo que de há muito neles extinguira as lágrimas, continuaram secos.
    A idéia da ingratidão daquele homem que a traíra tão cruelmente transformava o seu amor em ódio.
    Abriu uma gaveta da secretária onde havia um retrato do amante. Mas diante da imagem querida de novo o amor venceu.
    — Ah! os meus lindos olhos, a minha boca bem amada! É possível ser-se mau com um olhar tão meigo?

XV

Tarde já da noite, exausta, foi deitar-se no leito solitário onde gozara os melhores momentos da sua vida.

E ia alto o dia seguinte quando a criada a despertou, anunciando que Emiliano voltara.

Logo depois entrou ele, pálido, mas calmo. Ajoelhou-se à beira da cama e tomando-lhe as mãos beijou-as simultaneamente num gesto que lhe era habitual, cheio de carinhosa unção.

Cláudia, ao vê-lo tão calmo, estourou.

— Em primeiro lugar é preciso que te diga que sei tudo, Calvente aqui esteve ontem.

— Meu amor, respondeu ele sentando-se na cama. Onde querias que eu fosse encontrar coragem para te dizer que era pobre e estava sem dinheiro para sustentar este luxo em que temos vivido?

— Tens a audácia de alegar esta desculpa? Tu, a quem dei todas as provas de amor?

— Como poderia eu saber se eram verdadeiras?

— Por isto preferiste descer à categoria de...

— Peço-te, minha querida Cláudia, que não me injuries. Procurarei ser digno de ti. Mas precisamos deixar esta terra. Tenho inimigos cá.

— E ir para onde? Tu nada sabes fazer e eu não tenho profissão.

— Fica descansada. Ganhei muito esta noite. Se não gastarmos demasiadamente poderemos viver alguns meses muito bem.

Neste momento o telefone tocou.

— Deve ser Calvente, disse Cláudia. Que maçada! Que lhe devo dizer?

— Diz-lhe umas banalidades; se ele quiser vir cá, pede-lhe que deixe para amanhã a visita. Mas não o trates mal.

— Precisas por acaso dele para que eu o não trate mal?

— Nunca se deve tratar mal à gente rica, foi a sua resposta.

Era de fato Calvente.

Cláudia empalideceu ao ouvir o que ele dizia. A questão complicara-se. Um dos caixas dera com a língua nos dentes. A polícia estava a procura de Emiliano. Mas com a maior calma Cláudia disse ao ex-amigo que o amante não aparecera desde a véspera e pediu-lhe que empregasse sua influência para que não a viessem incomodar. Depois afetando voz dolente, declarou que passaria o dia deitada visto não sentir-se bem.

Desligado o fone, tomou-se de receio de que tivessem visto o amante entrar.

Emiliano tranquilizou-a. Ninguém o vira, a não ser o moço do elevador, habituado às suas boas gorgetas e incapaz de o denunciar.

Esperaria a noite para sair e trataria de arranjar passagens para a fuga imediata.
Cláudia abraçou-o, trêmula. Ao seu lado todo o ódio passara. Tinha fé na regeneração do amante. As desculpas dadas entre beijos lhe apaziguaram o coração. Levantou-se para o banho e quando voltou todo o aborrecimento havia fugido.
O almoço correu delicioso, perfumado por um belo ramo de flores que Calvente enviara. Sob a mesinha os joelhos tocavam-se. Era de novo o céu para Cláudia. Os olhos do amante tinham cintilações macias de estrelas ao alvorecer.
Ao café a paz era completa e o charuto fumado a dois misturava seus novelos aos dum queima-perfumes.
A sesta foi divina.
Emiliano nunca a beijara assim.
Tomara-a nos braços como uma ânfora preciosa e depositara-a no leito com cuidados de artista.
Os seus lábios macios de apaixonado percorreram-lhe o corpo com a delicadeza de pétalas de rosas. Cláudia vibrava em suas mãos como a harpa nas do virtuose aplaudido.
E quando à noite Emiliano saiu estava ela de novo reintegrada na felicidade.
Escolheu o mais lindo vestido, aquele bordado de pérolas que tinha como o da princesa das lendas o reflexo do céu e do mar.
Para realce do maravilhoso vestido não pôs jóias. Procurou apenas no cofre um anel raro que poucas vezes usava. Mas não o encontrou...
De novo sentiu o coração opresso. Teve a intuição nítida de que tornava a ser desgraçada. Ninguém entrara no quarto e ainda na véspera, segundo seu hábito, examinara todas as jóias e vira o anel. Emiliano o roubara, certamente! Não havia dúvida possível. Era um gatuno relapso! E talvez só o medo de que o roubo desse logo na vista o fizera contentar-se só com o anel. Mas revelara mão de mestre! Era uma jóia magnífica que valia só por si todo o resto com exceção do colar.
Correu ao telefone, pediu ligação para o clube e disse ao banqueiro que viesse imediatamente.
Depois, a passos largos pelo quarto, tentou em vão conter a agitação em que se encontrava.
Uma onda de amargura subia-lhe do coração.
O que a desesperava mais não era o furto em si, mas a pouca vergonha do amante. Roubá-la e beijá-la, alternativamente!
O banqueiro chegou, informou-se de tudo e deu parte à polícia.
Horas depois o ladrão era preso quando disfarçadamente embarcava para a Austrália. Apreenderam-lhe a pedra do anel já desmontada e

costurada na lapela dum casaco. Mas um pedido de Cláudia fez Calvente[53] abafar o negócio, permitindo-se que Emiliano se fosse.

Uma piedade inexplicável nascera-lhe na alma por aquele infeliz. Nem sabia ao certo agora se ainda o amava ou se apenas o lamentava. Às vezes arrependia-se de o ter denunciado. Outras, odiava-o de morte por tê-la ludibriado tanto.

De novo o desgosto da vida entrou no seu coração. O vazio duma existência sem ideal de novo veio martirizá-la.

Nas horas de se entregar ao banqueiro, com o qual se ligara outra vez, fechava os olhos e lembrava-se de Emilano com saudade e raiva.

XVI

Para o esquecer meteu-se num rodamoinho de orgias desenfreadas. Nem as mulheres lhe escapavam. Atirou-se a aventuras com uma certa Clariska Montero, espanhola ou que tal. Quase da mesma estatura ambas, pequeninas e nervosas, mergulharam-se[54] num safismo[55] que não tinha fim, e começava nos shimmys trepidantes onde os seios eletrizados se esfrolavam e terminava no leito, com escalas pelo quarto de banho.

O banqueiro, já meio encanecido, ficou de todo branco com os novos caprichos da amiga.

Mas um dia, cansada enfim da espanhola, atirou-se a ele, fazendo-o delirar numa epilepsia de volúpia que o punha semi-morto.

Cláudia sentia que aqueles transportes não eram normais, mas por excitação mórbida do vício não fugia a eles, antes os acirrava e exasperava.

Por fim, certa manhã, três meses depois da partida de Emiliano, percebeu que estava grávida. O primeiro pensamento foi abortar, mas reconsiderou e lembrando-se da caderneta do banco e do cofre das jóias já bem cheio, admitiu a necessidade de um herdeiro. Recostou-se nas altas almofadas do leito e ficou pensativa à espera do café e jornais.

Uma grande emoção aos poucos foi-se apossando da sua alma, sempre tão só apesar do reboliço em que vivia. Ia ter afinal no mundo alguém que a amasse, uma vez que sua pobre mãe, algemada aos preconceitos, não o podia fazer. Filho ou filha que tivesse educá-lo-ia com carinho e conforto. Mas que sonho dourado se fosse uma menina! Criá-la para a alegria, para a vida, para o amor! Vê-la gozar de tudo o que à mãe não fora dado! Seria livre, instruída, audaz, vencedora. Dar-lhe-ía uma profissão sólida a mais linda das profissões liberais. Fá-la-ia advogada para que defendesse a causa das mulheres infelizes, e explicasse à sociedade que o infanticídio que leva ao cárcere tantas desgraçadas não é crime em face da organização atual das leis, mas sim conseqüência dela, já que a estúpida ordem de coisas coloca a honra da mulher no seu aparelho sexual, órgão tãe exigente como o estômago.

A criada entrou com a bandeja e encontrou Cláudia com os olhos brilhantes, um sorriso nos lábios e os lindos cabelos à Rodolpho Valentino[56] em desordem. Resplandecia. O coração pulsava-lhe mais rápido enquanto na sua mente, como um badalar alegre de sino, a frase: "Vou ter uma filhinha!" repetia-se mil vezes.[57]

Apesar da criada ser uma velha companheira de muitos anos, nada lhe disse. Conhecia-lhe a língua de trapo, ávida de propalar novidades. Tinha a certeza de que iria incontinente contá-la a Calvente, que logo julgaria seu o filho. De quem tinha ela pegado a criança? Não o sabia. Demais, que lhe importava isto? O pai só quer ao filho quando a mãe possui dote. Mas sabia que o filho era dela. Seria um autêntico filho de sua mãe, um ser que pisaria aos pés todos os falsos preconceitos que a fizeram sofrer.

Passaram-se os dias. Ao sétimo mês receou que Calvente desconfiasse de algo. Simulou visita a parentes e foi para uma vila que às ocultas comprara a beira mar. Queria ter a criança em paz e em segredo.

Levou livros para matar o tempo e o necessário para pintar aquarelas.

E no terraço do seu lindo atelier, posto no alto do prédio, todo fechado de largas vidraças, os seus dias se passaram deliciosos.

Nas manhãs chuvosas e úmidas saía na sua baratinha e com a alma leve percorria as largas estradas. Nas manhãs quentes cavalgava uma linda égua alazã, que apelidou de Clariska em virtude de ser muito fogosa.

E que linda era a vida!

Que boa, que esplêndida coisa era a vida!

A filha, como já ela chamava ao bebê do seu ventre, fizera-lhe esquecer o amante e cada vez que a sentia mover-se dentro de si um prazer infinito inundava-lhe a alma.

Como a haviam iludido em pequena aquelas malditas histórias do diabo e de um deus vingativo e cruel! Deus, ela o sentia ao seu lado, sorrindo com bondade de amigo. Como se fosse possível atribuir picuinhas e vinganças infernais a um ente que, a existir, seria por força formidavelmente inteligente e ipso facto: bom. Não vai a maldade com a inteligência.

Todo os livros que tinha em mão, escritos pelos maiores gênios humanos, só encerravam palavras de piedade para com os infelizes; quando muito tais espíritos, notando a extrema estupidez da humanidade, considerada em seu conjunto, davam-se ao prazer da ironia. Mas era a ironia que trabalha pela justiça. Haveria, de fato, coisa mais estúpida e visível do que as cenas de[58] fanatismo que vemos diariamente? Cláudia lembrava-se da Juju Valério, cuja tia, para desagravar a oleografia de um coração espetado de espadas que havia na parede da sala de jantar, atirara[59] com ela no olho da rua, obrigando-a a vender-se para comer!

Se houvesse de fato um satanás e um deus, essa megera sim é que seria assada na fogueira purificadora. Na religião dessa megera um deus barbaçudo e cruel dava vícios, paixões e maldades às criaturas para depois deliciar-se com as exalações de torresmos que eternamente evolam das caldeiras de Belzebu.

Debruçado sobre as nuvens, o Deus barbado espia o frigir das Jujus no inferno...

O passo da égua, macio e ligeiro, ressoava nos campos que Cláudia percorria a filosofar. Um perfume capitoso vinha das moitas floridas sobre as quais borboletas planavam silenciosas.

Pouco a pouco um desejo de amor invadiu o organismo de Cláudia. Calculava como seriam deliciosos os beijos dados e tomados naquela solidão. Habituada aos jogos do amor estranhava muito aquele jejum forçado; mas era preciso, pois só a custa dele manteria o seu segredo.

A criança nasceu de repente, ao voltar de uma das suas habituais cavalgatas.

Para não inutilizar um tapete magnífico, única lembrança de Emiliano, correu ao quarto de banho onde a criada às pressas estendera meia dúzia de panos felpudos. E ela que sentira um medo horrível do momento extremo, riu a valer quando o médico chegou precedido da parteira, encontrou-a já recostada na cama. Tivera uma menina e ali mesmo a batizou com o nome de Liberdade apesar dos protestos dos presentes. Diziam que tal nome, não sendo de santo do calendário, não podia ser adotado. Mas Cláudia manteve-se na sua idéia rebelde.

Já agora não havia mais motivos de estar reclusa e a solidão começou a pesar-lhe n'alma. Sentia falta no amor.[60] E é lá possível vida sem amor para a criatura jovem e forte?

Voltou para a cidade e levou consigo um quadro pintado na solidão. Representava duas velhas abandonadas na sarjeta. Apenas os trapos indicavam que o calvário de ambas fôra diferente. As fisionomias eram as mesmas: olhos cansados e sem cor, boca de cantos decaídos e tão tristes que pareciam soluçar. Dera-lhe o título de: "As mártires sociais".

Quem primeiro o viu foi Calvente exclamando impressionado:

— Que coisa sinistra! Onde foste desencavar estes modelos?

— Ora, que inocentes os homens! Isto é um pedaço de vida, meu filho! Vê-se a todo momento este quadro pelas ruas, pelas igrejas, pelos bordéis, pelos conventilhos. Achas sinistro? É a obra social. É o retrato de uma meretriz e de uma solteirona na velhice. Pintei o que vi, e não tenho culpa de que a realidade seja sinistra. É a obra da moral; a moral, pois, é que é sinistra. Se educassem a mulher para a vida e para o trabalho esta tela não poderia ser pintada.

Calvente ouvia-a calado. Conhecia-lhe as longas tiradas contra a moral e a sociedade. Homem que era, porém, feliz gozador de todas as prerrogativas que os homens conseguiram açambarcar para o seu sexo, para que discutir?

Mas arriscou uma pergunta:

— Que educação queres que se dê à mulher?

— Ora, uma educação racional como a têm os homens, de acordo com as leis da natureza, para que não se dê o que se dá num país muito macaqueado, o qual tendo há séculos adotado o sistema de educar as mulheres como bonecas vê a sua população ameaçada de desaparecer! Puseram a canga nas mulheres, extinguiram-lhes os músculos e estão em caminho de extinguir-lhes os instintos genésicos,[61] mas a natureza vinga-se e ai da raça latina se não abrir os olhos! Verá a obra do seu preconceito impressa no físico raquitizado da mulher despeitada e desancada, apresentando um busto completamente chato e umas nádegas, que com o tempo nem lhe permitirão mais sentar-se. Veja-se a estética das latinas em comparação com a das norte-americanas. Aí estão as fitas yankees mostrando aos milhares as suas ninfas, mulheres de formas perfeitas, sem os ossos de fora ou sem as banhas que desgraçam a latina.

— E a família?

— A família é coisa muito boa quando se trata de moças ricas, privilegiadas, que têm dinheiro para comprar maridos. Quando falo, refiro-me às classes média e pobre, fonte donde saem a solteirona e a prostituta. Como a imposição de guardar uma virgindade inútil é[62] fora das leis naturais, criam-se as moças como bonecas e só lhes ensinam a olhar ao espelho. Largam-nas depois sós no mundo, sem dinheiro, sem posição e sem apoio de qualquer espécie, uma vez que os homens, despidos dos preconceitos que impõem à mulher, gozam as pobres mas só casam com as ricas.

— Mas se as moças fossem deixadas em completa liberdade como os homens, teriam filhos, e quem os sustentaria já que achas os homens tão maus?

— Meu caro, tu não me compreendes ou não me queres compreender. Falo em dar liberdade à mulher com a condição de ser ela educada de maneira completamente diversa, de modo a poder viver por si, com o sentimento da sua responsabilidade. Hoje a mulher põe filhos no mundo com a mesma inocente simplicidade da galinha a pôr o seu ovo. Não cogita se tem meios de dar de comer ao bebê. E em geral confia no papai, mas este, conforme atestam as folhas no noticiário dos inúmeros infanticídios e abandonos de crianças, só se revelam protetores da mulher quando ela tem dote. Quando inventou a moral social que lhe dá ampla liberdade de ação, o homem fê-la a seu gosto. Pudera! Demais, digam o que disserem, o filho pertence à mãe.[63] A leoa e a fêmea do tigre do deserto não criam perfeitamente os seus filhotes? São elas por acaso menos hábeis que os leões e os tigres? Entrega a boa galinha ao galo os seus pintos?

O amigo não respondeu. Estabeleceu-se um silêncio, durante o qual Cláudia refletiu no lamaçal que era sua vida.

Lama! Só lama! Nem a sombra de ideal! nada!

Como seria bom ser fera no deserto longe de tantas convenções hipócritas, de tanto rastejar nojento!

Esperar a caça, rasgá-la nos dentes, sentir-lhe jorrar do coração o sangue quente...

E depois entregar-se às carícias de um tigre...

Aos poucos o vazio da vida começou a pesar-lhe.

O seu temperamento de mulher em plena força e cheia de saúde exigia alguma coisa mais que a bocejante monotonia dos chás e dos shimmys.

XVII

Ao passar por Flumen uma grande emoção se apossou de sua alma, ao rever a baía encantadora orlada de avenidas por onde tantas vezes passeara o seu desconsolo de revoltada. Ao chegar ao Passeio Público desceu do auto, como sempre fizera outrora, e foi rever as velhas árvores, suas antigas camaradas.

Achou tudo diferente, com grande mágoa sua. Apesar de não ser amiga do passado e detestar tudo quanto é tradição, pois vem da época em que a mulher era ainda mais escrava do que hoje, gostava das velhas árvores que não têm culpa da estupidezes dos homens. Mas as suas mãos cruéis não haviam hesitado em cometer o sacrilégio de derrubar uma porção delas. Que pena, serem tão estúpidos os homens!

Pobres árvores, tão lindas, tão amigas do pobre, e sempre sacrificadas na Bocolândia!

Mas dos morros os bocós se esqueciam. Nunca lhes occorreu a idéia de os transformar em bairros, jardins, com acesso aos automóveis, por meio de ruas em espiral.

O dia da passagem do transatlântico pelo porto de Flumen era um sábado. O céu estava luminoso e azul e os passeios crivados de mendigos e de vendedores de loteria.

Que belos expoentes de um país!

O pior era que muitos mendigos, sobretudo as mulheres, tinham o ar perfeitamente saudável, embora a imundice das vestes acusassem uma preguiça atávica. Acompanhavam-nas rabadas de crianças que se espalhavam em perseguição aos transeuntes.

Cláudia acercou-se de uma delas e deu-lhe uma pratinha; depois a interrogou com jeito:

— Por que tem tantos filhos?

A fisionomia da mendiga, ao ver a prata, abriu-se num sorriso, e ela respondeu pudicamente baixando as pálpebras:

— Deus dá.

— Chama-se Deus o seu homem? perguntou Cláudia.

— Jesus, Maria! não, moça, meu marido chama-se Manoel.

— Então por que diz que Deus é quem lhe dá os filhos? insistiu Cláudia.

De novo a mulher sorriu com ar velhaco:

— Que é que a senhora quer que a gente faça?

— Ora! Que tenha apenas os filhos que pode sustentar. Não lhe faz pena ver estas crianças passando necessidade? Ande com os homens, se isto lhe dá ganas, mas não tenha filhos. Isso é até um pecado! Nossa Senhora que era casada com S. José e concebeu do Espírito Santo, só teve um filho. Nem sequer se atreveu a ter uma filha. E a senhora me vem logo com quatro! Quatro filhas! quatro miseráveis, quatro bocas com fome, quatro corpos para o lixo das sarjetas! Que abominável perversidade![64]

Ainda se houvesse assistência infantil... Mas o governo lá se lembra da infância metido até às orelhas nos casos políticos?

Os particulares, o que querem é fetiche, imagem, igreja.

Logo ao chegar lera nos jornais que só para erguer um Cristo no morro do Corcunda havia subscrição com mais de mil contos subscritos. Mas os doentes sentavam-se no portão da Santa Casa e morriam ao relento diariamente, como cães, por falta de acomodações. Julgam talvez que Cristo no céu está longe demais para ver a miséria da Bocolândia.

Pobre e incompreendido Cristo! Filosofo bendito, de coração magnânimo, que tanto bem quis fazer e só fez mal! Quantos crimes em seu nome! Quanto manipanso africano espalhado pelos altares, espetado de setas, coroado de espinhos, trespassado de espadas, rodeado de figuras de pesadelo para em seu nome imbecilizar-se ainda mais o pobre povo, já de si supersticioso mercê dum analfabetismo pluri-secular!

Ao passar pelo Estado de S. Pedro Cláudia verificou o progresso daquele pedaço da Bocolândia. Os casebres infetos que infestavam os arredores de Flumen lá não existiam. Construíam-se escolas por toda a parte. Mas também que diferença assombrosa na população! Parecia um outro país. Cinemas confortáveis e limpos. Gente ativa pelas ruas. Nelas ainda, porém, impedindo o trânsito, alguns basbaques imbecis, mas em menor número e menos ousados do que em Flumen, peritos em de tal modo se atracarem ao calcanhar das mulheres que só lhes deixam um recurso: o suicídio.

Mas, na capital do Estado de S. Pedro, uma coisa impressionou Cláudia e a deixou vacilante entre uma gargalhada e um suspiro de piedade. Em pleno coração da cidade estava erguida uma catedral gótica.

Impagáveis os bocós. E danam-se quando os chamam de macacos. Havia dinheiro para erguer aquela montanha de pedra mas não o havia para asilos onde se recolhessem os pobres doentes do sangue que apodrecem pelas estradas, com perigo de toda a população entre a qual vivem soltos.

E nem aos jornais era permitido falar nos infelizes doentes porque os leaders do patriotismo achavam que falar neste assunto era desmoralizar o país. E a imprensa, sempre de freio, emudecia, já tão habituada ao rebenque que nada mais lhe causava mossa.

Que diferença dos Estados Unidos, onde as igrejas eram simples e modestas, mas as instituições de assistência verdadeiros templos, onde de fato se obedecia à palavra de Cristo dando mão aos infelizes!

Os bocós fazem questão fechada, como os povos da Idade Média, de catedrais, procissões, ídolos. Não compreendem que a treva, a miséria, a podridão, a ignorância daquelas épocas de pestes, fomes, guerras e mil horrores era conseqüência do hebetamento[65] pela superstição.

Mas, Deus do céu, como pode ainda hoje em dia haver complacência para estes remanescentes de paganismo, com passeatas de andores pelas ruas, expondo à luz do sol manequins de cera pintada muito bons para ficarem no escuro das igrejas onde ao menos ninguém pode lhes analisar as carantonhas mal achavascadas!

XVIII

Ao continuar a viagem Cláudia teve uma boa surpresa. Havia a bordo uma patrícia, quase conterrânea. Chamava-se Cecília Amargo. Logo no primeiro dia fizeram camaradagem e a palestra entre ambas era tudo quanto havia de mais interessante. A Cláudia, apesar de não possuir a cultura de Cecília, não faltava inteligência e espírito observador. Como metiam a riso a estupidez dos preconceitos que tentam obrigar as virgens a ignorar as sensações de um órgão que traziam no corpo! Órgão que eram obrigadas a manipular e muitas vezes, ai delas! a mostrar aos médicos, porque a virgindade, longe de se conservar, deteriora-se, quando mantida contra as leis da natureza depois da puberdade:

A virgindade, segundo o egoismo masculino, é uma coisa santa, mas havemos de convir que nem sempre as coisas santas soam bem.

Às vezes debatiam política ou questões sociais.

Cecília, amiga de ler e de observar, conhecia algo dos bastidores de onde os espertos dirigiam a Bocolândia. Conhecia a sordidez dos interesses mesquinhos de que resultava a política tão nociva à nação. No bar à noite havia sempre uma boa ceia para aperitivo das farras. Então só se discutia amor. Que bom que é falar de amor quando se tem um delicioso charuto entre os lábios e alegres camaradas em redor! As frases brotam espontâneas, às vezes com graça, às vezes insulsas,[66] mas o auditório ri sempre.

Quando às sós no camarote de Cláudia, onde se reuniam por ser um esplêndido apartamento, continuavam as pilhérias.

Um dia Cláudia invectivou Cecília:

— Não posso compreender-te, cara amiga! Passaste os almofadinhas de bordo, passaste os almofadas, e agora estacas num almofadão. Gostas de coisas velhas?

— Formosa Cláudia, respondeu[67] Cecília, em amor não ha coisa moça nem velha. Há coisa gostosa. Um velho pode ser muito mais saboroso que um jovem. Demais, aprecio os pratos "faisandés". Temperamento? Capricho? Sei lá! Este velho, que injustamente chamaste almofadão, produz no meu ser sensação equivalente à produzida em meu paladar por um bom presunto regado de vinho generoso. Não quer isto dizer que eu despreze os bifes à inglesa e os vinhos verdes, quando bons. A natureza deu-nos com a inteligência o poder de variarmos as nosas sensações ao infinito. Por que havemos de desprezar sua dádiva?

— Já que estamos no terreno das impressões, muito desejava saber como perdeste a tua virgindade.

— Ah! a minha virgindade! Queres saber de uma coisa, Cláudia? Eu lidei tão cedo com os meninos que para falar francamente nem sei se fui virgem. Educada sem luxos, qual uma selvagem que segue todos os instintos da natureza bondosa, quando aos dezesseis anos tive de fato relações carnais com um pequeno da minha idade, nada mais sentia além da deliciosa revelação do prazer.

— Como se explica, disse Cláudia, que eu não tenha tido essa revelação ao iniciar-me?

É que, ou ele não era proporcionado a ti ou por defeito de posição não houve o contato necessário.[68] Essa proporcionalidade dos parceiros é, apesar de pouco atendida, a base da vida feliz de um casal. O casamento como é feito está errado. Vê-se mesmo que é obra do homem. Ele nada perde! Se não há proporções adequadas, a sociedade lhe dá direito de procurar fora o prazer que o casamento lhe nega. A mulher que se dane. No caso de excesso masculino, logo nos primeiros dias do casamento a mulher fica inutilizada. A família sabe, o médico sabe, mas calam-se todos. A igreja que instituiu o casamento eterno... para a mulher, não tem culpa, se lhe coube quinhão excessivo. Tivesse sorte! E há assim pelo mundo, aos milhares, mártires desgraçadas em conseqüência da desproporção. E desta necessidade de satisfação sexual em que vive a mulher constantemente é que nasce o seu nervosismo, histerismo, beatismo, visionismo. Santa Tereza de Jesus, Joanna D'Arc, Bernadette e outras visionárias eram histéricas. Por mim quando vejo uma mulher com ataques, tenho ímpeto de chamar um labrego e dá-lo à mísera em vez de bromureto, pois é de homem que ela precisa.

Os médicos sabem-no[69] perfeitamente, mas não são tolos de tocar no assunto para não meterem a mão em combuca. Demais são homens e nada lhes falta.

Com as mulheres dá-se o mesmo que se deu com os pretos. A fim de lhe terem o serviço de graça, os aguiões espalharam que eles eram uma raça inferior, amaldiçoada como Caim. Vieram os libertadores e aí estão eles hoje nivelando-se em inteligência com os brancos.

— Como tens razão, Cecília! murmurou Cláudia.

Houve uma pausa. Um balbuciar de criança fez-se ouvir atrás da porta.

— Há criança aqui por perto?

— Há sim! Por sinal que é minha filha.

— Então tens uma filha e ainda não me apresentaste?

— Falta de tempo, cara amiga. Vou já remediar a falta, mas aviso-te de que vais ver uma autêntica filha só da mãe.

— Ora, Cláudia, filha só de mãe são todos os entes do mundo. Já viste por acaso um homem, um touro ou um cão dar à luz filhos?

Cláudia saiu para logo depois voltar com a pequena. Era uma linda criança, muito dada e graciosa, sabendo sorrir com infinito encanto, a mostrar dois dentinhos que repontavam.

— Então, não tens a certeza quanto ao pai? perguntou Cecília.

— É verdade.

— Mas a criança não se parece contigo, Cláudia; é facil, pois, observar com quem ela se parece.

— Parece-se com uma espanhola chamada Clariska.

— Não hás de querer convencer-me que esta espanhola foi o progenitor de tua filha?...

Cláudia desferiu uma gargalhada.

— Não, por certo. Mas apesar de não ser uma viciada, em certa época de grande desgosto procurei esquecê-lo nos braços dessa espanhola e de tal modo que a criança lhe tomou os traços.[70]

Dizendo isto Cláudia foi buscar um retrato da Clariska e mostrou-o a Cecília.

De fato, a semelhança era perfeita!
Cláudia beijou a menina com infinita ternura, murmurando:
— Tu serás feliz, serás feliz! Teu nome, ainda não poluído por nenhuma das inumeráveis escravas que se chamam mulheres, será como um símbolo, jóia de minha alma!
Cláudia representava bem a verdadeira mãe adorando a carne da sua carne, sem receio da intervenção de um macho brutal.
Separaram-se já altas horas da noite.
— Vem almoçar comigo, amanhã, Cecília. Sempre se está melhor do que no salão.
Assim as duas amigas passavam os dias a conversar e trocar idéias.
Cecília gostava de falar sobre política, embora Cláudia não a compreendesse muito bem em tal assunto.
— O pior que se passa no país vem por culpa da imprensa. Os jornais, nas mãos de potentados ou sujeitos sem escrúpulos, só fazem oposição de achincalhe com o fim único de atraírem leitores e enriquecerem depressa. Não discutem idéias. Basta te dizer que num país de trinta milhões de habitantes só há um jornal limpo, "O Estado de S. Pedro".[71] É o único que procura guiar o leitor, esclarecê-lo com calma e educá-lo. Os outros só cuidam de injuriar e sujar a zona, e de tal maneira o conseguem que ao cabo ninguém mais sabe quem é o cidadão digno ou o indigno. Muitas vezes ocupam colunas da folha diária para dizer que a filha do milionário X vai ser desfolhada pelo almofadinha Y. Isto com ditirambos entusiastas como se fosse um caso nacional. Outras vezes, com pormenores irritantes, contam de uma princesa de além mar, que nove meses depois de desfolhada deixou sair sólido o que entrara líquido... E com fatos assim insignificantes enchem suas colunas. O cronista à falta de tema freqüentemente põe a ridículo as mulheres feias e a solteirona, usando das mesmas chalaças de cem anos atrás.
O voto é o meio de vida do capanga que apenas sabe assinar o nome. E um juiz pedrista teve o desplante de negar o direito de o exercer a uma senhora diplomada por um curso superior!
Para este país medieval a mulher bocó nasceu apenas para serva. Quando muito, se algum dia cair ela ao desamparo, poderá ser prostituta.
Pobre Bocolândia!
Na época em que o feudalismo desaparece da memória dos povos civilizados, tu perseveras nele e curvas aos seus grilhões o teu dorso de gigante, cego pelo analfabetismo secular!
Quem te salvará, pátria querida?
Quem terá a coragem de fugir ao agachamento geral e erguer a voz que desperte as energias do povo?

XIX

As águas azuis do Atlântico, as mesmas que embalaram as caravelas, beijavam o casco da nave moderna, refulgente sob os raios do sol.
Como é linda a vida!
— Cecília, disse Cláudia olhando para o mar, estamos próximas do termo da nossa viagem, pois creio que também segues para Paris.
— É verdade.
— E que pretendes fazer lá?
— Ora, Cláudia, tu ainda o perguntas? Vou imitar nossos patrícios, fazer amor na capital do mundo.
— Caramba, Cecília! És um sátiro! exclamou Cláudia.
— Uma sátira, deves dizer, Cláudia.
Riram-se.
— Deixemos, porém, de pilhérias, disse Cecília. O que vou é trabalhar. Só se pode gozar a vida quando se trabalha. Depois do amor, a melhor invenção da natureza foi a atividade do cérebro e dos músculos. O vadio ou indolente morre neurastênico. A vida é boa, os prazeres são divinos mas, para gozar a vida e saborear os prazeres é preciso uma coisa, Cláudia: sentir a necessidade do repouso. E isto só nos pode proporcionar o trabalho. Ao trabalho, pois, cara amiga!
— Cecília, por que antes de partir não pregaste um pouco das tuas idéias? perguntou Cláudia.
— Para que, Cláudia? Para quem? Não podes calcular, cara amiga, a que ponto de imbecilidade chegou a mulher na Bocolândia. Negam-lhe todos os direitos e os jornalistas, talvez por ironia, para elas reclamam de vez em quando... o banco dos bondes! A civilização de um país mede-se pelo valor das suas mulheres.[72] Veja os Estados Unidos, veja a Inglaterra. Lá a mulher é livre. Escravas só podem criar escravos. Há oito mulheres na Câmara da Inglaterra e no Brasil os juízes negam o direito de voto a uma diplomada enquanto o concedem a milhares de capangas analfabetos![73]

As bocós, imbecilizadas pelo fetichismo de uma religião que adora ídolos nas igrejas, só sabem uma coisa: rezar.

Ah, fica certa, se as preces valessem de alguma coisa, se os manipansos tivessem poder, a Bocolândia seria hoje o primeiro país do Universo!

Mas como poderá um país com oitenta por cento de analfabetos ser alguma coisa?

O povo rural, o eterno pagante, pita de cócoras[74] à porta das taperas, enquanto a mulher, com uma rabada de crianças opiladas, faz mandinga para que o marido não se perca com as raparigas.

Os maridos com as raparigas, as mulheres com os padres e está salva a pátria!

A prostituição alastrou-se como chaga num corpo indefeso. A mulher deixada completamente sem instrução, supersticiosa e crédula como as pretas do centro africano, quando se vê nas aperturas da fome atira-se a vender o corpo, único recurso que a moral lhe deixa.

— Cecília, como é que tu defines a nossa moral?

— A moral é tudo quanto é imoral na natureza, e vice-versa. Parece paradoxo mas não é. Exemplifiquemos: A moral sendo uma coleção de preconceitos tendentes a escravizar os instintos humanos, especialmente os femininos, cria ipso facto, pela compressão desses instintos a prostituição e o infanticídio. Ora como a prostituição e o infanticídio são atos contrários às leis da natureza e imorais portanto, a moral que os cria é imoral.[75]

— Tens razão, Cecília. Mas que fazem os senadores e deputados que não estabelecem leis tendentes a corrigir a educação da mulher?

— Ora, estes ilustres senhores passam tempo a discutir casos pessoais e a tramar a escolha do futuro presidente. O tempo que lhes sobra empregam-no em farras. Há um sábio artigo na Constituição que indica um planalto no centro do país para nele ser erguida a capital.[76] Mas os nossos camaristas, meninos cheirosos ou velhos mimosos, têm medo de estrepes e do bicho de pé. O que querem é a Flumen bataclanizada para que possam gozar as francesas longe das queridas esposas. Uma cidade como Flumen não pode ser a capital de um país. Capital é uma espécie de cérebro e Flumen quando muito pode ser o sexo. E todos sabem que o sexo longe de governar, desgoverna.

XX

Em Paris Cláudia teve uma grande consolação. Logo depois de chegada viu numa frisa de teatro, meio dissimulado na sombra, o médico que a requestara em seu tempo de rica. Estava na companhia de uma cortesã luxuosa.

Num dos intervalos reconheceu-a e veio cumprimentá-la.

Depois das exclamações usuais em tais encontros, Cláudia, que estava doida por saber quem fora a vítima que permitia ao médico pobre aquele prazer caro, interrogou-o com jeito. E riu-se intimamente ao ouvi-lo dizer que fora a irmã da Joaninha Matos.

Assim o papai trabalhava na roça para os genros gozarem a vida em Paris!

Ah! Pecado contra o pecador!

Davam educação idiota às filhas e a consqüência era os genros deixa-rem-nas em casa enquanto se gozavam dos cobres com outras. Bem feito!

— Então, realizou afinal o seu sonho dourado, doutor: gozar as francesas!
O médico sorriu, satisfeito.
— E onde está sua mulher? continuou ela.
— Está no hotel. Pretextei um negócio e saí.
E voltando-se para Cláudia, com os olhos brilhantes de desejos:
— Você está deslumbrante, filhinha!
Mas Cláudia sacudiu os ombros e despediu-se. Já sabia o que queria saber.
Do que escapara!
Se tivesse dote cairia nas garras daquele miserável e seria ela quem a tais horas estaria fechada num quarto de hotel, sozinha numa cidade estranha, enquanto o marido se regalava com o seu dinheiro!
Sim, minhas senhoras! É para casar com tipos daqueles que as mulheres guardam a castidade e conservam-se como botões fechados a vida inteira — quando possuem dote...
Virgindade idiota!

NOTAS

[1] É possível que a autora se refira ao engenheiro Guilherme Guinle (1882-1960), empresário fundador da Cia. Brasileira de Energia Elétrica em 1907, diretor e presidente da Cia. Docas de Santos (1914-1960) e um dos fundadores e eventual presidente, da Cia. Siderúrgica Nacional. Esta citação de Guinle pode ser interpretada como uma convocação ao leitor para que se impregne de um espírito de compaixão pelo bem alheio que leve à compreensão do outro. Deste modo, a analogia que se manifesta seria: o leitor de Nogueira Cobra deve posicionar-se em relação à mulher brasileira do mesmo modo como Guinle se posiciona em relação aos operários do Brasil.

[2] Logo de início, Ercília Nogueira Cobra lança uma de suas teses centrais: as mulheres têm necessidades sexuais iguais às dos homens. Critica a educação tradicional por usar a virgindade como mediadora artificial para reforçar a posição subalterna e a desvantagem econômica das jovens brasileiras. Mostra-se a favor de direitos iguais entre os dois gêneros no que diz respeito a assuntos como, por exemplo, a variedade na escolha do parceiro sexual, obedecendo ao instinto erótico ao invés de regras impostas pela sociedade. Estabelece a necessidade de livre escolha e experimentação sexual e reconhece a existência de problemas sexuais decorrentes de incompatibilidades anatômicas. Revela assim um conhecimento profundo da filosofia e da psicologia, incluindo as teorias freudianas populares na época para explicar a histeria feminina.

[3] Na versão original do romance, algumas palavras estrangeiras aparecem em negrito e outras entre aspas. Mantivemos a forma original da apresentação das palavras estrangeiras e fornecemos a tradução portuguesa quando necessária.

[4] A autora extende suas observações às mulheres de todas as raças e classes sociais e assim estabelece uma linha anti-elitista de análise, radical para a época.
[5] A edição posterior editada na França transcreve este número como 8.550.000km².
[6] Note-se o uso de águia, como sinónimo de velhaco tratante ou espertalhão, indicado pela colocação desta palavra no masculino. A autora subverte a imagem nacional criando um país infantil, Bocolândia (Brasil) cuja capital, Flumen (Rio de Janeiro), se caracteriza pelo analfabetismo, o amarelão e o jogo do bicho. Estabelece um contraste entre a imagem negativa do Rio de Janeiro e a visão progressista de São Paulo mencionado posteriormente quando a protagonista, ao voltar de Argentina por navio, aponta certas características da cidade que lembram o Brasil futurístico paulistano de Bittencourt.
[7] A estrutura de Bocolândia pode ser vista como piramidal, com três classes sociais: no ápice, encontra-se a dos piratas que formam a elite; logo abaixo, a dos que não questionam o poder, consentindo assim com a ordem vigente; finalmente, na base, está a dos que não progridem por serem explorados pelas outras duas. Observe-se que nas três obras compreendidas nesta edição, a classe "humilde" sempre sofre de um estigma social.
[8] Para uma análise crítica do papel histórico do dote no Brasil desde o século XVII até a metade do século XIX, ver *Disappearance of the Dowry* de Muriel Nazzari (Stanford, Stanford University Press, 1991).
[9] Nogueira Cobra critica a educação tradicional religiosa da Igreja Católica Apostólica Romana por seu papel de "normalização" do papel das mulheres na sociedade, por não prepará-las profissionalmente para o mercado de trabalho e, conseqüentemente, por não oferecer-lhes opções de vida além de esposa, governanta, freira ou prostituta.
[10] A educação protestante privilegiava uma ética de trabalho, economia, disciplina, concorrência e lucro ligada à expansão capitalista na Europa e nos Estados Unidos. Com a imigração alemã no início do século XIX, os luteranos fundaram comunidades e escolas que difundiam esses novos valores e o protestante passou a ser visto como livre pensador no Brasil onde a pedagogia tradicional católica ainda dominava a educação de primeiro e segundo graus. Para estudos posteriores a respeito do pensamento protestante no Brasil, ver Virginia Garrard-Burnett e David Stoll, eds., *Rethinking Protestantism in Latin America* (Philadelphia, Temple University Press, 1993).
[11] Refere-se ao historiador romano, Publius Cornelius Tácitus (55 d.C?- 120 d.C.?), cuja obra inclui tratados sobre a vida de Cristo, relatos a respeito do começo da igreja e outras obras sobre a metodologia historiográfica.
[12] Desde o século XVIII, escritoras como Mary Wollstonecraft enfatizavam a necessidade da educação feminina, não como proteção a eventualidades como o abandono, mas como um direito adquirido pela condição humana.
[13] Elizabeth K.C. de Magalhães e Sônia Maria Giacomini documentam a fundação em 1738 da Casa da Roda, conhecida também como a Casa dos

Enjeitados ou simplesmente a Roda, como uma instituição que visava o recolhimento de crianças abandonadas pelas mães escravas: "O nome de roda, pelo qual tornou-se mais conhecida, deve-se à assimilação da Instituição ao dispositivo onde eram colocadas as crianças. A Roda era um cilindro de madeira que girava em torno de um eixo, com uma parte da superfície lateral aberta, por onde eram introduzidos os 'expostos', sem que quem os deixasse pudesse ser visto de dentro". Ver "A Escrava Ama-de-Leite: Anjo ou Demônio?" *Mulher mulheres*, Carmen Barroso, Albertina Oliveira Costa, organizadoras, (São Paulo, Cortez: Fundação Carlos Chagas, 1983), p. 80.

[14] Na reformulação educacional que Nogueira Cobra sugere há uma crítica implícita da atitude de tratar os sintomas da doença social através de atos hipócritas de caridade por parte da elite, ao invés de se optar por uma reestruturação socio-política a nível nacional.

[15] Do latim, *quantum* refere ao valor da moça como objeto de troca através da prática cultural do dote.

[16] michê em português.

[17] Esta crítica à ideologia e moral da ficção popular da virada do século vai, mais adiante neste mesmo romance, tomar a forma de uma reivindicação à sociedade pelo ressarcimento às vítimas dessa "imoralidade".

[18] As similaridades entre as aventuras da protagonista e a situação de Nogueira Cobra após a morte do pai sugerem alguns traços autobiográficos entre o romance e a vida da autora. Ver os dois artigos excelentes de Mott (1982 e 1986) para detalhes biográficos sobre Nogueira Cobra.

[19] Diferente de outros países onde houve barreiras ao plataforma feminista, organizações educativas religiosas da elite brasileira nos anos 20, como "Nossa Senhora de Sion", terminaram por se agregar à Federação Brasileira pelo Progresso Feminino sem por isso incorrer em censura da Igreja Católica Apostólica Romana. Ver Hahner, p. 155.

[20] Observe-se que a propagação da quimera do romantismo pelo cinema norte-americano desta época envolvia a espectadora numa espécie de anseio de fuga, semelhante ao fenômeno satirizado por Flaubert em *Madame Bovary* (ver nota 17 acima e 48 em *Virgindade anti-higiênica*).

[21] No exemplar deste romance no arquivo da Biblioteca Nacional, estão faltando os primeiros três parágrafos do capítulo V. Transcrevemos este trecho da edição francesa. Notemos que a passagem censurada trata da gravidez de Juju Valério e o desaparecimento do namorado que, mais adiante, será acolhido com braços abertos pela sociedade, enquanto que a honra de Juju fica permanentemente manchada.

[22] A imagem do almofada, na época, era parecida à do dândi ou do *flaneur* do final do século XIX na literatura européia.

[23] O exemplar da Biblioteca Nacional continua, na página 35, a partir da segunda sílaba da palavra todo: "do".

[24] Note-se a relação entre a tenra idade das prostitutas e a "infantilidade" de um país de bocós. Ver dois estudos excelentes a respeito da prostituição na virada do século: *Os prazeres da noite: Prostituição e códigos da sexualidade*

feminina em São Paulo, 1890-1930 (Rio de Janeiro: Paz e Terra, 1991) de Margareth Rago; e *Meninas Perdidas: Os populares e o cotidiano do amor no Rio de Janeiro da 'Belle Époque'*, de Martha de Abreu Esteves (Rio de Janeiro, Paz e Terra, 1989).

[25] Molok (Moloch), malévolo deus pagão do folclore judaico, aparece no *Velho Testamento* como um deus que exigia, dentre outros, sacrifícios de crianças vivas.

[26] Nota-se o uso sutil de ironia reminiscente às convenções literárias do "Siglo de Oro" tanto na península ibérica (a tradição vicentina) quanto no Brasil (na poesia de Gregório de Matos por exemplo) para indicar os excessos daqueles que abusavam do poder conferido pela sociedade e suas instituições.

[27] Segundo a leitura do romance oferecida por Mott, haveria semelhanças entre o sentimento de rebeldia de Juju ao fugir de casa para evitar o estrangulamento produzido pela falta de opções da sociedade tradicional e o estado emocional de Nogueira Cobra ao fugir de casa após a morte do pai. Mott (1986) oferece o seguinte comentário: "Estella e Ercília, mais velhas do casal, já mocinhas, acostumadas a viver com a avó, no elegante bairro dos Campos Elíseos em São Paulo, onde possuíam governanta estrangeira, foram obrigadas a viver confinadas na fazenda com a mãe, fazenda que como foi dito, não lhes pertencia mais, pois dentro de alguns anos, a penhora poderia ser executada" (p. 97). A internação de Juju, mais adiante, também correspondia, segundo Mott, às experiências de Nogueira Cobra.

[28] A passagem de César pelo rio Rubicão, contra as ordens do senado, marcou o início da guerra civil com Pompeu. Segundo o *Dicionário Aurélio*, a expressão "atravessar o Rubicão" hoje em dia significa tomar uma decisão temerária.

[29] Esta passagem do romance sugere mais uma relação autobiográfica possível entre a vida de Cláudia e a de Nogueira Cobra. Embora fosse proibido o uso das bibliotecas familiares na educação feminina ainda na época de Nogueira Cobra, Mott afirma que o pai de Ercília possuía um acervo excelente e a governanta européia da família utilizava-o frequentemente com a autora quando jovem. Nogueira Cobra une-se à crítica internacional da época que aponta as limitações do enfoque religioso na educação tradicional feminina em detrimento a uma abordagem humanística mais abrangente que prepararia as mulheres para o mercado de trabalho e para assumirem sua independência econômica.

[30] Refere-se ao Velho Testamento, *Josué*, 10, 12-15.

[31] Com a segunda sílaba da próxima oração (Al-), o restante do capítulo VII está faltando no exemplar do romance na Biblioteca Nacional. O assunto é ainda mais radical que o da primeira omissão: trata-se da perda da virgindade de Claúdia no banheiro do trem com um rapaz desconhecido. Transcrevemos este trecho da edição francesa.

[32] A protagonista já distingue entre o sentimento de amor numa relação íntima e a necessidade sexual, que, segundo a autora, não seria, obrigatoriamente, relacionada à primeira emoção.

[33] Segundo a pesquisa de Mott, esta experiência reverte-se à experiência pessoal da própria autora quando ela e a irmã fugiram de casa após a morte do pai. As irmãs (Ercília aos 17 anos e Estella aos 19) foram vistas num circo de cavalinhos por uma prima antes de serem apreendidas pela polícia, a pedido da mãe, e internadas no Asilo do Bom Pastor em São Paulo por ordem do secretário da Segurança Pública, Washington Luiz. Ver Mott (1986) pp. 89-104 para maiores detalhes biográficos.

[34] A crítica irônica de Nogueira Cobra sobre a noção de caridade e a necessidade de treinamento profissional para a população destituída aplica-se as atividades de asilos tais como o Asilo do Bom Pastor que, por volta de 1907, propunha-se, como muitos outros, a proteger, educar e preparar para a vida menores carentes, levando "a ovelha desgarrada" para o rebanho. Para tais fins a Congregação Religiosa Bom Pastor mantinha um colégio para meninas pobres, um asilo para órfãs, uma seção para reeducandas e um externato para crianças pobres além do convento com suas religiosas e noviças. O colégio era "subvencionado pela criação do bicho da seda, cujo tecido fabricado pelas educandas tornou-se afamado" (Mott, 1986, p. 97).

[35] Novamente observa-se um possível paralelo entre a vida de Cláudia e a de Ercília tal como documentada por Mott (1986). Segundo a biógrafa de Nogueira Cobra, os registros das internas do asilo na época indicam que Ercília saiu da chefatura de polícia com a mãe no dia 20-07-1909, e que a irmã de Ercília só sairia no dia 28 de julho para retornar, por vontade própria, em 13-08-1909, saindo novamente com a mãe a 12-05-1910 (p. 97).

[36] Na versão francesa, lê-se "merda".

[37] Observa-se o contraste entre a imagem de Bocolândia, metáfora para a infantilidade e atraso cultural não só do Rio de Janeiro mas do país inteiro com a superioridade da imagem progressista de São Paulo. No romance de Bittencourt, esse contraste ainda é mais marcante, chegando a ganhar proporções míticas de um Brasil futurístico.

[38] Originalmente, Bataclan era uma tropa de artistas de café-concerto gerida por Madame Rasini, que em 1923 trouxe para o Lírico do Rio de Janeiro a famosa Mistinguett.

[39] Embora a natureza audaciosa da narração destas experiências sexuais fosse escandalosa na época, lembremos que os dois livros de Nogueira Cobra foram vendidos livremente "em todo tipo de loja de varejo, de farmácia a padarias" e até para o exterior (Hallewell, 1985, p. 245, citado em Mott, 1986, p. 96).

[40] Pensar neste contexto significa cuidar ou tratar.

[41] Ver nota 44 de *Virgindade anti-higiênica*.

[42] Ver nota 24.

[43] Ver nota 10.

[44] A autora refere-se ao poema "Virgens mortas" de Olavo Bilac, publicado em *Alma inquieta*. Transcrevemos o início do poema:
Quando uma virgem morre uma estrêla aparece,
Nova, no velho engaste azul do firmamento:
E a alma da que morreu, de momento em momento,
Na luz da que nasceu palpita e resplandece.

Ó vós que, no silêncio e no recolhimento
Do campo, conversai a sós, quando anoitece,
Cuidado! -- o que dizeis, como um rumor de prece,
Vai sussurrar no céu, levado pelo vento...

[45] A edição francesa inclui a seguinte nota de rodapé: "Cidade da França, junto ao Sarthe. Afamada pelos tecidos, rendas, etc."

[46] A versão francesa transcreve "anatômicas".

[47] A palavra francesa refere-se ao apaziguamento através da auto-erotização.

[48] Brometos.

[49] Vírgula ausente no texto original.

[50] A emigração de Cláudia pode ser vista, por um lado, como fuga para um mundo mais liberal e, por outro lado, pode representar o castigo. Lembremos que é na Argentina que a protagonista passa pelas experiências dolorosas do engano amoroso, da crise existencial e finalmente da gravidez. Foi necessário sair não só do país mas do próprio continente da América do Sul para encontrar, na França, a liberdade que vinha procurando há tanto tempo.

[51] Espanhol para pêssego.

[52] O shimmy, o maxixe, o tango e foxtrot, danças introduzidas ao mesmo tempo que o Jazz no Brasil, segundo Susan Besse, serviram como veículo de expressão erótica, permitindo a subversão por parte das mulheres de padrões tradicionais de comportamento. Ver a tese de doutorado de Susan Besse: "Freedom and Bondage: The Impact of Capitalism on Women in São Paulo, Brazil, 1917-1937" (Yale University, 1983), p. 24.

[53] Grafa-se "Clavente" na edição original, provavelmente erro de impressão.

[54] A edição francesa grafa o verbo "mergulhavam-se".

[55] A referência à poeta grega do século VII-VI a.C. evidentemente sugere os excessos que caracterizaram a fuga existencial de Cláudia depois de ser enganada pelo primeiro amor, mas também pode referir-se a uma visão de autosuficiência feminina. Lembremos que Cláudia identifica na filha traços físicos da amante que a confortou durante a gravidez em vez de procurar características físicas que indicassem a paternidade da filha.

[56] Rodolpho Valentino (Rodolfo Afonso Guglielmi di Valentina d'Antonguolla, 1895-1926) emigrou da Itália para os Estados Unidos em 1913. Foi ator e bailarino do cinema de Hollywood e chegou a ser símbolo do *Latin lover* (*Don Juan*) a partir de 1921 quando estreou no filme *The Four Horsemen of the Apocalypse*. Sua morte repentina causou até suicídios entre as fãs.

[57] Em contraste com outros romances escritos por mulheres no final do século XIX e início do XX, como *Lutas do coração* de Inês Sabino, *Celeste* de Maria Benedita Bohrman e várias obras de Júlia Lopes de Almeida, onde as protagonistas mais audaciosas sofriam de algum castigo irreversível por não se conformarem com a ordem estabelecida, Cláudia encara sua gravidez com olhos positivos, sem ligá-la à idéia de um "castigo moral".

[58] A edição francesa grafa "do" fanatismo.

[59] "atira" na edição francesa.

[60] Nota-se que a idéia de ter um filho promete a ilusão de uma experiência profunda de amor mútuo marcada pela carência afetiva da protagonista.
[61] Variante de genéticos.
[62] A edição francesa grafa "e" sem acento.
[63] Nogueira Cobra distingue entre o direito da mulher utilizar seu corpo para o prazer ou para a maternidade. A maternidade deve ser um ato consciente e, em decorrência, o aborto e outras práticas contraceptivas pertenceriam à própria mulher e não à sociedade ou à igreja. Mott (1986) observa a crítica de Nogueira Cobra dirigida às "feministas" contemporâneas que pregavam a necessidade de uma lei para investigar a paternidade nos casos de filhos naturais (p. 94).
[64] Note-se a diferença entre a visão de Nogueira Cobra sobre a falta de interesse por parte da igreja e do governo no controle da natalidade e a proposta bittencourtiana de legislar a natalidade, isto é, o controle da raça, a nível federal.
[65] A edição francesa transcreve a variante "embotamento". A autora sugere com este termo a privação de raciocínio induzida pela educação religiosa.
[66] Insossas.
[67] A edição original transcreve "respondue", provavelmente erro de impressão. A edição francesa grafa "respondeu".
[68] A discussão franca sobre problemas sexuais, tais como a desproporção anatômica entre o casal, além de ser característica do discurso eugênico da época, provavelmente facilitou a exploração comercial dos livros de Nogueira Cobra, uma vez que são facilmente descontextualizados como literatura obscena ou pornográfica. Nesse sentido, é importante lembrar que Monteiro Lobato mantinha uma grande rede de distribuição de livros que incluía padarias, farmácias, e lojas varejistas. Vista da perspectiva comercial o comentário que escreve a respeito de *Virgindade anti-higiênica* ganha uma nova luz quando sabemos que para ele a única literatura que se vendeu no Brasil com algum lucro foi a pornográfica. Ao chamar atenção para o título que desperta "atenção aos mais despreocupados dos leitores" e para a linguagem do trabalho, que ele classifica como "crua" (citado em Mott, 1986, p. 95), Monteiro Lobato dá lugar a especulações sobre o que o motivaria a circular os livros da autora. Não está claro que ele o tenha feito por puros motivos estético-literários.
[69] A edição francesa transcreve "sabem-nos".
[70] Note-se o uso da palavra "viciada" em relação ao conceito de homossexualidade que persiste até hoje. Lembremos, com M. Foucault, que o fenômeno da homossexualidade não teria sido encarado como anormalidade antes do século XIX no mundo ocidental.
[71] Refere-se a *O Estado de São Paulo,* fundado por Júlio de Mesquita em janeiro de 1890 para substituir *A Província de S. Paulo,* fundado em 1875. Mantenedor, até hoje, de uma tradição liberal, o jornal lutou pela Abolição e pela República.

[72] Esta preocupação com o espaço da mulher na sociedade insere-se na mesma tradição da ensaísta Nísia Floresta que, em *Opúsculo humanitário* (São Paulo, Cortez Editora, 1989) esboça uma história intelectual da mulher na civilização ocidental, afirmando a grandeza das poucas culturas que valorizaram a mulher, em contraste com a brasileira.

[73] Nogueira Cobra refere-se provavelmente a Berta Lutz que serviu como líder no movimento sufragista brasileiro, viajando várias vezes a congressos no exterior durante sua luta para conseguir o voto feminino no Brasil. Para um resumo panorâmico da história do sufragismo no Brasil, ver "The Women's Suffrage Movement" em Hahner, pp. 120-180.

[74] A edição original grafa "cócaras".

[75] Enquanto Nogueira Cobra considera o infanticídio um pecado, apoiando, por tanto, o uso de práticas contraceptivas para evitar o aborto e promover a maternidade como opção consciente, Bittencourt, em seu romance, apoia a eutanasia e a idéia do controle estatal da maternidade.

[76] Havia referências ao projeto de construção de uma nova capital no centro do país desde a época da Inconfidência Mineira. Essa idéia foi formalizada em Lisboa em 1822 num in-fólio que estipulava a construção no centro do país da nova capital, a ser chamada Brasília. É provável que Nogueira Cobra se refira à Constituição de 1891 que, no art. 3º, estabelece a fixação dessa nova capital no planalto central do país. O projeto reapareceu na Constituição de 1934.

ERCILIA NOGUEIRA COBRA

VIRGINDADE ANTI-HYGIENICA

3.ª
EDIÇÃO DA AUTORA

A autora continua neste livro o seu libelo contra o egoísmo dos homens e revolta-se contra a educação errada que se vem ministrando à mulher.[1]

Ercilia Nogueira Cobra

VIRGINDADE ANTI-HYGIENICA

PRECONCEITOS E CONVENÇÕES HYPOCRITAS

o°o

EDIÇÃO DA AUTORA

*Divinum opus est
sedare dolore*[2]

PERMITA LEITOR!

Estive em Buenos Aires e notei na imprensa de lá uma forte rajada de idealismo e de vontade de educar o povo pela propaganda de idéias tendentes a melhorar a situação da mulher. Infelizmente a nossa imprensa ainda está no período de infantilidade, que consiste em encher páginas e páginas de jornais com elogios a personalidades que no momento estão com a chave do tesouro. Das nossas revistas "Revista da Semana" e de uma ou outra que deve existir, as outras entretêm os leitores com temas como estes "Está na berlinda a Sta. X... "Por causa dos olhos a Sta. Y... "Por causa da boca a Sta. A." etc.

Isto, páginas e páginas, colunas e colunas. Se se fala da mulher é para mandá-la fazer doces. Da alma, do espírito, da educação não se trata. "A mulher nasceu para ser mãe." Este é o chavão com que cabeças vazias de idéias enchem papéis impressos. Não será tempo do nosso jornalismo despertar e desviar os olhos das arcas do tesouro voltando-os para o povo que anda por aí completamente imbecilizado?

Olhem a China!

AO PÚBLICO

Foi apreendido o livro "Virgindade anti-higiênica".

Para que o público saiba do que se trata, dou um resumo do assunto.

A tese que defendo é a seguinte: noventa por cento das mulheres que estão nos prostíbulos ali não caíram por vício, mas por necessidade.

Se os pais destas desgraçadas em vez de as obrigarem a guardar uma virgindade contrária às leis da natureza lhes tivessem dado uma profissão com a qual elas pudessem viver honestamente, elas ali não estariam.

A honra da mulher não pode estar no seu sexo, parte material do corpo que não pode se submeter a leis; deve estar como a do homem no seu espírito, no seu moral, na parte honesta do seu ser, que é a consciência.

A mulher que teve intercurso com homens sem ser casada, é tão honrada como o homem nas mesmas condições, uma vez que ela tenha uma profissão e viva honestamente do seu trabalho.

O meu livro foi escrito com o único fito de mostrar o quanto é errada a educação que se vem ministrando à mulher. As milhares de infelizes que de Norte a Sul do país vendem o corpo para comer, foram levadas a este extremo pela própria imprevidência dos pais, que jamais pensam no futuro das filhas.

O meu livro foi escrito por piedade das escravas brancas.

O meu livro foi escrito pela indignação que me sufoca quando passo por estes antros espalhados pelas cidades onde as infelizes do meu sexo servem de pasto a concupiscência bestial do homem.

O meu livro foi escrito pelo horror que me causa ver as criancinhas enjeitadas pelas pobres mães que não têm coragem de enfrentar a sociedade bárbara que as querendo fazer santas, fá-las prostitutas.

O meu livro foi escrito pela revolta da minha alma diante do bárbaro assassínio das criancinhas esquartejadas na sombra pelas próprias mães que procuram fugir à uma desonra que só existe nas idéias dos homens egoístas e ferozes.

Peço às criaturas inteligentes que não façam coro com idiotas que dizem que o livro é imoral.

"O indivíduo mais inteligente deixa-se dominar pelos preconceitos, sem se lembrar que eles, os preconceitos, foram invenção dos imbecis."

O meu livro "Virgindade Anti-higiênica" só seria imoral se não houvesse prostíbulo no mundo.

Mulheres, despertai!

Tende piedade das vossas irmãs que se vendem para comer. Um olhar para elas! Se não é possível impedir a desgraça das que já caíram, educai as mulheres de amanhã.

Reclamemos nosso 13 de Maio.[3]

É tempo!

ERCÍLIA NOGUEIRA COBRA

NOTA:[4] Este artigo foi escrito ao ser apreendido o meu livro. Era destinado aos jornais, mas nenhum o aceitou, nem mesmo na "Seção Livre".[5]

NOTA DA SEGUNDA EDIÇÃO

Eis a segunda edição do meu livrinho. A primeira foi proibida pela polícia. Não me foi possível vir pelos jornais combater a arbitrariedade devido à situação anormal que atravessamos.[6] O meu livro foi simplesmente acoimado de pornográfico e apreendido. Não se disse porque ele era pornográfico...

E na cidade onde ele foi proibido por tal, circulam jornais imundos, verdadeiros diários de "cocottes", descrevendo festas de lupanares, fazendo reclame da frescura da carne das desgraçadas que são obrigadas a se venderem para a cópula, na ânsia de conseguirem um pedaço de pão!

Na mesma cidade circulam livremente livros da força de "Os Devassos", "A Carne", "O Arara", "Dona Dolorosa", "Como satisfazer os instintos", "O que é o fogo" etc., etc. Não me é possível enumerar todos. Dá-me náusea atolar a minha pena neste charco onde a mulher é transformada em fêmea do mais egoísta e porco dos machos criados pela natureza.[7]

Sou pornográfica! Sou pornográfica porque trato de mostrar qual é o papel representado há dois mil anos pela mulher. Mas, que culpa tenho eu dos homens terem estragado a natureza? Se eu por tratar destes fatos sou pornográfica, que diremos dos livros de medicina que por aí andam esparsos? São livros compostos nos países mais cultos. E quer o público que lhes conte um fato verídico, sucedido comigo?

Este fato mostrará que a única pornográfia que existe é o mistério que se lança sobre o mais natural e INOCENTE instinto da natureza humana. Senão vejamos. Era eu menina. Estava no colégio. Colégio de freiras, tudo quanto há de mais severo a respeito de sensações carnais. Apesar disto as educandas iludiam o cativeiro escrevendo-se mutuamente bilhetinhos amorosos e trocando pelos lugares escuros beijos avidíssimos que nem sempre eram depositados nos lábios... Mas voltemos ao caso. Uma das minhas camaradas, que pela estatura reduzida estava ainda na classe das pequenas, deliciava-me a mim e a umas três ou quatro amigas, no raconto de coisas vistas nas férias, na biblioteca do seu irmão médico. E o que mais divertia a pequena já taluda, eram os livros de obstetrícia onde se trata do capítulo "Partos".[8] Estes livros, abundantemente ilustrados, que faziam a sua delícia a avaliar pelos pormenores com que descreviam as gravuras, quer-me parecer eram seus livros de cabeceira.

Pois bem, esta palestra quente de sensualidade, feita com requinte pela menina de catorze anos, deixava-nos, a nós de onze a doze anos, na maior indiferença, quando éramos obrigadas por alguma "intempérie" a ouvirmos a conferencista durante todo um recreio.

Lembro-me perfeitamente a impressão que me deixavam aquelas descrições esquisitas. Era pura indiferença. E de tal grau estas indiferenças que eu, naquele tempo católica fervorosa, comungando todas as semanas, nem sequer me confessava ao padre daquelas reuniões clandestinas, quando é certo que uma vez, ao ter lesado por pura astúcia a uma freira que vendia imagens, dando-lhe duzentos réis por uma e surrupiando-lhe outra no valor de quinhentos, me ajoelhei aos pés do confessor e chorei de tal modo que o pobre padre, julgando estar em frente de algum pecado gravíssimo, ou mesmo dum fato escandaloso, fez-me as perguntas mais indiscretas possíveis, vendo-se obrigado, quando ouviu a confissão do crime, a pedir a mãe superiora que lhe mandasse as confessandas por turmas onde fosse indicada a idade das mesmas, para evitar perder tempo com puerilidades.

Para mim um beijo que "uma grande" me deu uma vez num corredor escuro, bem puxado e bem chupado, encheu-me mais de temor de Deus que as mil descrições exóticas de partos naturais e provocados. Porque o beijo me provocava alguma sensação aos dez anos, ao passo que o parto dava-me vontadae de rir. Em todo caso, tratando da pornografia e para mostrar o que pode ela influir na boa ou má conduta do indivíduo, digo que a tal mocinha irmã do médico saiu do colégio para se casar. Casou-se; é hoje uma senhora gorda, mãe de seis filhos. Ninguém lê no seu rosto mole a expressão do sensualismo que a fazia em pequena ler afogueada livros proibidos. O marido, com certeza, recebendo-a do colégio, julgou-a a mais pura e inocente das virgens. Deus me guarde! Os homens julgam-nos tolas e comem cada uma!...

Agora vejamos, influiu a pornografia dos livros no instinto reprodutor desta moça? Não. E por quê? Porque sendo uma moça rica, otimamente dotada, logo achou um homem que lhe quisesse satisfazer a natureza. E poderia ela ser a mais pura donzela, se fosse pobre, inocente e ingênua, que o conquistador mais indecente poderia com promessas de casamento atirá-la à prostituição depois de satisfazer seus instintos, ciente de que não havia dote para sustentar a prole.

Já se vê que o conhecimento da natureza não influi em nada nos escândalos sociais. Logo, o meu livro não pode ser fator de dissolução. Este fator é a indiferença com que são educadas as moças às quais são negadas profissões remuneradas e limpas.

A AUTORA

MAIS UMA PALAVRA...

Eu poderia, se quisesse, escrever um livro pornográfico. Para isto não precisava imaginação nem estudo. Bastar-me-ia um lápis, um caderno de notas e a freqüência de certos lugares — não pensem que tascas, "cabarets" e outros, não! Mas os grandes hotéis, os grandes chás, os grandes transatlânticos, isto é, o lugar da aristocracia do dinheiro, dos reis do café, açúcar, algodão, etc., que são também os reis do vício, da imoralidade, que muita gente só atribui às "cocottes", como se as "cocottes" não fossem regiamente pagas.

Mas não escrevo. Isto é, não escrevo já. Talvez colecione fichas. Talvez escreva mais tarde.

AOS LEITORES

> *Qu'est-ce que force l'individu à penser, à agir selon le mode du troupeau? Chez le plus grand nombre, c'est le goût des aises, la paresse. Les hommes sont encore plus paresseurx que craintifs et ce qu'ils craignent le plus ce sont les embarras que leur occasioneraient la sincerité et la loyauté absolues".*[9]
>
> Nietzsche[10]

Este livro não tem pretenções literárias. O seu fim único é dizer verdades.

Tendo que tratar de assuntos escabrosos e não encontrando em escritor nacional nada que se relacione com o que vou dizer, sou obrigada, para justificar minha opinião, a recorrer a uma das maiores, senão à maior glória literária da França moderna — Anatole France.[11]

Escudo-me nele e só da grandeza da causa e do valor do patrono tiro coragem para minha empresa.

Uma qualidade peço, porém, me reconheçam: sou sincera:

> "En matière de morale, les prescriptions qui ont perdu leur raison d'être, les obligations les plus inutiles, les contraintes les plus nuisibles, les plus cruelles, sont, à cause de leur antiquité profonde et du mystère de leur origine les moins contestées et les moins contestables, les moins examinées, les plus vénérées, les plus respectées et celles qu'on ne peut transgreser sans encourir[12] les blâmes les plus sévères. Toute la[13]

morale relative aux relations des sexes est fondée sur ce principe que la femme une fois acquise appartient à l'homme, qu'elle est son bien comme son cheval et ses armes. Et cela ayant cessé d'être vraie il en resulte des absurdités, telles que le mariage".

"L'obligation imposée à une fille d'apporter sa virginité à son époux vient des temps où les filles étaient epousées dès qu'elles étaient nubiles; il est ridicule qu'une fille qui marie à vingt cinq où trente ans soit soumise à cette obligation.

Vous direz que c'est un présent dont son mari, si elle en rencontre enfin un, sera flatté; mais nous voyons à chaque instant des hommes rechercher des femmes mariées et se montrer bien contents de les prendre[14] comme ils les trouvent".

"L'ile des Pingouins".
Anatole France[15]

I

"O ideal humano é fazer a felicidade de todos, é proporcionar a cada indivíduo a maior soma de bem estar, saúde e conforto econômico".

Mario Pinto Serva
Do livro "Virilização da raça".[16]

João Maria Guyau, filósofo-francês (1854-1888),[17] verberando sobretudo o catolicismo, cujos dogmas e práticas há tanto tempo constituem um regime terrorista com o fim de impôr-se à imaginação e à vontade, diz que o dogma religioso, tendendo sempre a enfraquecer, desaparecerá no futuro inteiramente. A religião estará para a moral futura, como a alquimia para a química, e a astrologia para a astronomia.

Ora, como a escravidão em que jaz a mulher tira toda sua razão de ser dos dogmas e preconceitos religiosos, temos que futuramente a mulher será um ente liberto. Sendo assim, este livro quase não teria razão de ser, não fosse o desejo meu de contribuir com um grãozinho de areia para que esta liberdade chegue o mais depressa possível.

II

A VIRTUDE DE AFIRMAR

"Tende a nobre coragem de desfraldar uma bandeira, de pelejar por ela, de vencer ou de morrer com ela...

113

> *Certo, para tanto não haveria mister, nem os lances de valentia, nem os prodígios[18] de tenacidade que fizeram a fama e teceram a epopéia grandiosa dos desbravadores de nossos sertões. Não; outras epopéias — outras idéias; outras gentes, outros processos.*
>
> *Afirmar sem bravata, mas afirmar com sinceridade. Afirmar pela palavra, mas principalmente afirmar pela ação".*
>
> Altino Arantes
Dum artigo da revista "Novissma"[19].

Em geral, o que se vê por aí em relação aos direitos humanos é o seguinte: para as mulheres, os deveres, os trabalhos mais irritantes, mais humilhantes. Para os homens, os prazeres, a figuração e os trabalhos mais delicados: empregos públicos, diretorias de escolas e de bancos, etc.

Às mulheres, quando conseguem casar e constituir família, incumbe zelar pela cozinha, pela lavanderia, pela rouparia, todos os serviços, enfim pequenos, mais exasperantes, de uma casa.

Serviços que uma boa governanta faz por módico preço. Serviços domésticos muito bons para quem não possui outros préstimos.

No meio operário é horrível o que se vê. A mulher, além de ir à fábrica, tem que cuidar da casa e dos filhos.

O marido ao chegar em casa acha a comida feita; come e vai sentar-se à fresca para fumar. Descansa, e a mulher não.

Mas na fábrica o ordenado da mulher é inferior ao do homem...

Nas fazendas o que se observa é de arrepiar.

O serviço sendo muito mais pesado, causa pasmo a contemplação de entes humanos cumprindo obrigações de bestas de carga.

Quem primeiro se levanta de madrugada, e quem se deita por último à noite é a mulher.

Mesmo grávida trabalha até à vespera de ter o filho.

III

O que mais horrível torna a dependência da mulher ao homem é a sua impossibilidade de trabalhar em indústrias lucrativas por falta de educação técnica.

E esta falta de preparo especial é uma das causas que mais contribuem para a inferioridade em que se encontra, em relação ao homem, em qualquer espécie de luta para a conquista do pão.

É também uma das grandes causas da prostituição.

Quem entra num bordel e cativa a confiança das mulheres consegue ouvir pequenas confidências que muito esclarecem o caso. Muita gente pensa que todas as mulheres que se encontram nesses lugares de infâmia são depravadas. É um puro engano. Há ali ótimas mães. Há muitas que envidam todos os esforços para bem educar os filhos, quando os têm, ou que estabelecem pensão para o sustento de irmãos menores. Muitas vezes consegui que algumas delas me contassem suas misérias e em conversa lhes perguntei porque não trocavam aquele ambiente de desmoralização pelo trabalho honesto. A resposta era sempre a mesma: "Não tenho ofício. Se sair daqui só poderei ser criada de servir. E talvez nem isto poderei ser com sossego. Sou muito moça e o deboche entre os criados é enorme, quase o mesmo que aqui. A única diferença é que é grátis".

Não têm ofício, eis a grande questão. Parece incrível, mas é verdade.

Essas moças são em grande parte filhas de pequenos lavradores, modestos comerciantes, cuja morte súbita ou falência reduz a família à pobreza.

Ora, como o critério seguido para a educação da mulher é o das poucas letras e nenhuma profissão, estas coitadas, encontrando-se da noite para o dia sem amparo, caem nos braços do primeiro libertino que encontram ou da primeira caftina que se apresenta.

IV

À educação que se vem dando à mulher desde a Idade Média deve-se atribuir o estado precário da sua saúde e a conseqüente degenerescência da raça humana, sobretudo no Brasil.

É lógico.

Ninguém se lembra de cuidar da árvore que dá o fruto humano.

Educa-se a musculatura masculina, fundam-se centenas de clubes esportivos para os homens, mas, se a mulher sai a campo para tomar parte em qualquer jogo, lá vêm os moralistas de chinó, sensualistas vermelhos, que não podem ver uma perna de mulher sem ficarem excitados, lá vêm eles, os tartufos[20] a berrar em nome da moral.

Em nome da moral praticam-se infinitas imoralidades!...

Cuida-se de tudo quanto diz respeito à elevação moral do homem e ao seu preparo para a luta pela existência; à mulher, quando se lhe escolhe um colégio, é um convento.

Ó curta mentalidade dos pais!

Mandar para um colégio de reclusas crianças que deverão mais tarde viver no torvelinho humano! Enviar para a casa mística, onde se sonha, crianças que deverão viver em plena vida, onde se luta e sofre!

Confiar a irmãs religiosas completamente desinteressadas do mundo, crianças que deverão palmilhar os ásperos caminhos da terra!

E estranham o nervosismo das mulheres...

E boquiabrem-se admirados diante da falta de tino prático das filhas de Eva...

Plantam flores de estufa e querem colher frutos vulgares de alimentação!

Querem que uma menina anêmica, resultado de uma reclusão de anos e anos em colégios completamente leigos em coisas práticas, entre para o mundo e seja capaz de compreender a engrenagem terra-a-terra e complicadíssima da vida.

E admiram-se da futilidade da mulher!

E riem-se da infantilidade com que ela se lambuza de pinturas.

Obrigam a mulher a permanecer menor durante toda a vida por falta de uma instrução que a faça conhecer o mundo. Fazem com que ela seja obrigada a se submeter a uma tutela aviltante por parte de homens que muitas vezes lhe são inferiores intelectualmente.

Mas, se já está mais que provado que o cérebro não tem sexo e que o indivíduo humano é um produto do meio e da educação, como exigir mentalidade consciente de um ser cujo cérebro é imbecilizado paulatinamente, mercê de uma educação que obedece aos mais estúpidos preconceitos?

Alegam a inferioridade da mulher.

Esta inferioridade só poderia ser provada se a mulher fosse educada em condições de igualdade com o homem.

Inferiordade na materia dos tecidos que formam o corpo humano, não há nenhuma.

A anatomia da mulher é perfeitamente igual à do homem. Nas escolas estuda-se anatomia humana e não anatomia feminina ou masculina, separadamente. A diferença única está no sexo.

Mas ninguém pensa com o sexo!

Pensa-se com o cérebro e este, está demonstrado à saciedade, é da mesma massa na mulher e no homem.[21]

Voltando a falar na diferença existente nas partes sexuais, podemos argumentar contra os homens com as mesmas palavras de que eles se servem para argumentar contra a mulher. Assim, erigindo esta em padrão de superiordade da obra da natureza, diremos: o homem é sexualmente diferente da mulher, logo ele lhe é inferior. Como vêem, é uma lâmina de dois gumes.

Dando como exemplo os mamíferos domésticos, fáceis de serem observados, vê-se que, em virtude de sua criação livre de preconceitos, feita nos campos, em perfeita igualdade de condições, são eles perfeitamente iguais em tamanho e inteligência, só se distingüindo pelo sexo. Exemplo: o touro e a vaca, o cavalo e a égua.

Só podemos distinguir-lhes os sexos examinando as respectivas partes sexuais.

Em tudo mais são perfeitamente iguais, nos ossos, nos músculos, nos nervos, na massa encefálica, etc.

E o homem das cavernas não devia ser mais diferente da mulher coeva que hoje o macaco da macaca.

Ainda agora as pernas cabeludas de algumas mulheres e o bigode quase impossível de disfarçar, assim como um princípio de barba rebelde à pinça, são os melhores testemunhos e os únicos insuspeitos, porque materiais.

Hoje, a diferença que há entre uma mulher e um homem, devida à educação, já é notável nos países quentes, sobretudo no Brasil. O músculo da mulher latina tende a desaparecer. Quem pega num braço de mulher gorda tem a sensação de estar pegando uma posta de carne. Não sente resistência nenhuma.

A natureza faz tudo muito bem. O homem estragou tudo com o seu egoísmo.

Senão, vejamos:

A natureza fez o macho muito mais belo que a fêmea. O fim que ela tinha em vista era conservar a beleza da raça. Assim, vemos o leão, o pavão, o peru e outros, muito mais atraentes que as fêmeas respectivas.

As fêmeas dos animais têm horror aos machos que não apresentem garbo especial. Um galo de penas já um tanto duvidosas é tratado com o máximo desprezo pelas galinhas.[22]

Tanto assim que a seleção é rigorosa por parte dos criadores. Como a maior parte dos animais machos vai para o açougue, o que é escolhido para dar a raça é o mais forte, o mais sadio possível.

Em caso contrário as fêmeas negam-se a se lhes submeter.

Mas o homem achou que o belo devia ser apanágio da fêmea e qualificou as mulheres de belo sexo, sexo frágil.[23]

Interessantes, os homens! Gritam por aí em todos os tons que a mulher é o sexo frágil e não pode submeter-se às duras lutas da vida. Depois, falando da propriedade gestadora da mulher, propriedade que a faz, quase só, arcar com o mister de povoar o solo, desdizem-se de tudo e afirmam que sendo o parto o suprasumo das dores suportáveis pela humanidade, a mulher é uma heroína, uma santa e um ente forte. É o caso de se lhes perguntar, em vista do conhecimento com que falam da causa, se algum dia já pariram.

Por falar de força e de luta pela vida é bom observar que entre os animais a fêmea se desencarrega perfeitamente bem da missão de sustentar seus rebentos. As carnívoras vão à caça. A leoa é tão feroz como o leão e a tigre como o tigre.

A gata ensina seus pimpolhos a caçar. Mas não lhes ergue o rabo para ver a que sexo pertencem e fazer com que a fêmea fique em casa. A galinha cria seus pintos sozinha. Só entre os homens é que se estabeleceu, graças a mil convenções estúpidas, a supremacia do macho.

Estou citando os animais como exemplo, para chamar a atenção de certos beócios que gostam de falar das coisas mais materiais, de nariz para o ar, fitando as estrelas e inventando os maiores disparates. Mas aqui deixo escrito e bem alto o proclamo, que se de fato a mulher fosse fisicamente inferior ao homem, e tivesse igual a ele apenas o cérebro, eu não esmoreceria, e pregaria a sua independência do mesmo modo, com o mesmo entusiasmo, com o mesmo ardor.

Não é a força que governa o mundo. É a inteligência. E neste ponto ninguém poderá erguer a voz contra a mulher. Apesar dos constrangimentos e da inferioridade de educação que durante séculos ela vem recebendo, não faltam nomes de mulheres ilustres no campo das artes, campo único onde elas têm podido competir com os homens, e assim mesmo só em tempos relativamente modernos, pois que em outras eras nem educação artística lhes era dada.

Se fosse a força que governasse o mundo, o poder estaria no casco das bestas.

David matando Golias é um símbolo.

As mártires cristãs, frágeis como lírios, iam para o suplício com a mesma coragem com que os legionários, cobertos de armas, marchavam para a guerra.

Por falar em guerra, a desculpa com que os homens fogem da discussão ao negar à mulher direitos iguais, é a da dívida de sangue.

Mas algum dia alguém chamou as mulheres às armas? Houve em alguma parte do Brasil a lei do sorteio militar para as mulheres? E quem diz que se vier esta lei a brasileira fugirá de cumpri-la, como têm feito os homens, segundo atestam os jornais.

Há alguém que se atreva a acoimar a mulher de covarde, depois das milhares de provas dadas nos campos de batalha da Europa, conduzindo caminhões cheios de feridos e mantendo-se firme no posto de enfermeira, apesar do estourar das bombas? E note-se que tudo isto ela fez por pura dedicação, pois, nada mais fácil lhe seria que cruzar os braços e dizer que, não sendo eleitora, isto é, cidadão com direitos de intervir na política do país, nada tinha com a guerra, produto da diplomacia masculina...

Quando em 1920 estive em França, vi mulheres dando o braço a verdadeiros monstros, figuras horrendas criadas pela explosão das granadas. Mas, ao lado deles, como se estivessem em contacto com Adonis, elas caminhavam cheias de ternura.

Tanto deu na vista a generosidade destas mulheres, que é hoje quase geral na Europa a aceitação da mulher eleitora. Cuida-se da sua elevação moral. Trata-se de prepará-las para a vida e de dar-lhes uma profissão, com a qual possam sustentar-se e aos filhos, caso os tenham. Há ainda um grande movimento para dar ao filho o nome da mãe.

A significação injuriosa da frase "filho da mãe" tem que desaparecer. É injusta. É cruel. É anti-humana. É perversa. E tudo quanto é perverso, anti-humano,[24] cruel, injusto, cairá.

Pouco a pouco a humanidade desperta e começa a ver claro. Não está longe o dia em que outro critério será seguido para educar a mulher. Causa espanto *observar* que sua educação é, com pouca diferença, a mesma de muitos séculos atrás. Ela tem, a pear-lhe o surto progressita, as mais duras amarras, compostas das convenções mais odiosas.

Quem aceitará hoje, no conforto moderno da sua casa, uma iluminação feita com a antiga lâmpada de azeite ou com o detestável candieiro de querosene?[25]

Estamos na época da ciência, na época da higiene, na época do asseio, tanto físico como moral. O livre exame campeia universalmente.

Abaixo, pois, a hipocrisia beata da Idade-Média! Abaixo as cabeleiras caspentas e mal cheirosas! Para trás com a treva. O homem já se libertou. Chegue a vez da mulher. Queremos o nosso 89! Queremos o nosso 13 de maio!

Basta de resignação! Basta de humilhações! Queremos ser gente! Queremos ocupar nosso lugar na terra!

A mulher precisa aprender a trabalhar em coisas rendosas. Precisa compreender que a colocação de um indivíduo no mundo é coisa muito séria. Não se trata só de satisfazer um prazer. Essa pequena massa de carne, que ao nascer apenas se move será o cidadão de amanhã, será, se não tiver proteção na infância, o galé, o deportado, o ladrão, a prostituta, que irão encher as cadeias, os prostíbulos e os hospitais. A mulher precisa saber que o ato de abandonar o filho é o mais perverso que possa ser praticado por uma criatura humana. O enjeitado é o expoente vivo da maior iniqüidade que se pode praticar na terra.

Nada justifica o abandono de uma criança.

A mulher que não tem meios de vida não deve ter filhos.[26] Se o homem a solicita e se ela quer corresponder ao seu afeto, ou se ela é uma sensual e deseja descarregar certos eflúvios malsãos que a incomodam, sirva-se do homem com cautela. Há milhares de meios de evitar a concepção. Hoje em dia só concebe quem quer. Ora, a criança, não tendo pedido para vir ao mundo, é uma perversidade obrigá-la a tomar parte na vida como um pária. Pôr um ente no mundo, só para sofrer, é um crime. A criança não deve nada à mãe. Quem afirma o contrário tem uma idéia errônea da justiça.

Nas fazendas onde as proles são de espantar, chegando muitas mulheres a terem um filho por ano, a idéia predominante é a dos tempos romanos. Os pais têm todos os direitos sobre os filhos. O pai chega em casa bêbado e espanca a mulher. Esta, não tendo no que descarregar a raiva, por sua vez, bate nas crianças.

Conheci um colono, viúvo, com duas filhas, que pegava uma delas, amarrava-lhe os pulsos e a pendurava da trave do teto, a fim de castigá-la por infantilidades mínimas. Essa moça encontrei-a depois de muitos anos num prostíbulo. Fugira aos maus tratos do progenitor.

Observando os hábitos que em geral reinam nas camadas inferiores, entre as mulheres[27] do povo, lembro-me das vacas.

Já viram como fazem as vacas com os bezerros? Quando os bezerros nascem as vacas lhes dão todo o carinho: lambidelas, cheirade-las e o mais.

Passam-se uns meses e um belo dia as carinhosas mães começam a negar-lhes tudo e a dar-lhes de chifre se eles insistem em segui-las e vão fazer outro bezerro. É por isto que os açougues têm carne.

Dizem que a missão da mulher é santa.

Antes de nos pormos de acordo com esta opinião devíamos fazer a estatística de quantos prostíbulos, de quantas cadeias, de quantos enjeitados há no Brasil.

Não! e não!

A missão da mulher só será santa no dia em que ela, colocando um novo ente no mundo, possa ser como o seu anjo da guarda. No dia em que ela tiver a certeza de que se por acaso faltar à sociedade, esta cuidará do órfão; no dia em que ela, cansada de esperar uma proteção que o homem sempre lhe negou, puder levantar a cabeça e tomar sobre si o encargo de criar os filhos. Enquanto houver um prostíbulo no Brasil, a missão da mulher não será santa. É impossível à mãe adivinhar se aquela menina linda que com suas mãozinhas a acaricia, não será mais tarde uma desgraçada na vida...

Toda criança do sexo feminino que nasce é uma escrava futura. Escrava do pai, do marido ou do irmão. Poucas mulheres de espírito forte resistem aos preconceitos. Quase todas curvam-se medrosamente diante deles.

E as poucas que resistem vivem em guerra aberta com a sociedade.

V

Até hoje, que tem sido a mulher?

— Um dote, um engodo para os homens alcançarem altas posições, quando são ricas; carne para os homens cevarem seus apetites bestiais, quando pobres e belas; solteironas votadas a todos os ridículos, à ironia dos caricaturistas e dos humoristas faltos de assunto, quando pobres e feias.

Mas a mulher é um ente humano! Tem direitos naturais, sofre e não pode continuar a servir de tapete para os pés dos homens.

Os preconceitos bolorentos têm que cair. É forçoso que caiam. O mundo não vai sem piedade para com a mulher, a secular escrava branca. O adiantamento da civilização não permite que se continue a seguir uma moral podre em seus fundamentos.

A lei que rege os destinos humanos baseia-se na evolução, na mudança, no progresso. O que era moral há séculos, é hoje[28] puro atentado aos princípios liberais da época em que vivemos.

Quem admitirá hoje um escravo em sua casa?

Quem consentirá hoje que se queime uma criatura humana na praça pública? Quem admitirá hoje uma instituição inquisitorial? Ninguém! Ninguém!

Mas a moral que rege os destinos da mulher é a mesma desses tempos bárbaros. A mesmíssima.

Materializemos com un exemplo as nossas afirmações. Falemos da honra da mulher.

Todo o mundo sabe onde está colocada a honra da mulher.

Não é segredo para ninguém que a honra da mulher, o seu caráter, o seu idealismo, a sua consciênca, todos os sentimentos, enfim, que a distinguem da vaca ou da cadela, foram colocados, por convenção do homem, justamente na parte do corpo que mais a aproxima desses animais.

Sim, senhores! Os homens, no afã de conseguirem um meio prático de dominar a mulher, colocam-lhe a honra entre as pernas, perto do ânus, num lugar que, quando bem lavado, não digo que não seja limpo e até delicioso para certos misteres, mas que nunca jámais poderá ser sede de uma consciência.

Nunca!!!

Não se controlam sensações físicas.

Não se pode colocar a honra, uma coisa abstrata e ideal, no lugar menos nobre do animal racional.

Seria absurdo! Seria ridículo, se não fosse perverso.

A mulher não pensa com a vagina nem com o útero.

Com estes órgãos ela sente sensações agradabilíssimas, é verdade. Com estes órgãos, quando os faz funcionar, ela goza os prazeres únicos que dão forças ao indivíduo para suportar as tristezas da vida. Por meio destes órgãos ela desfalece de prazer, mas justamente porque são sede de sensações físicas, sobre eles não pode pesar lei nenhuma alheia à lei da natureza.

VI

O ente humano pode conseguir pela educação chegar a não matar, não roubar, não meter o dedo no nariz; nunca poderá, porém, deixar de comer, de beber ou de satisfazer seus desejos sexuais sem grave risco para a saúde.

As sensações de fome, de sede e de necessidade de gozo, justamente porque são as que garantem a conservação do indivíduo e da espécie, são de uma violência contra a qual as leis morais, os anátemas e as convenções nada podem.

Diz A. Wistrand, na sua[29] "História das casas de tolerância":[30] "Il faut bien souvent attribuer le suicide, l'onanisme, l'aliénation mentale, la folie, les accès de fueur, l'imbécillité, l'hystérie, les spasmes, etc., au besoin sexuel non satisfait".[31] Os expedientes absurdos, os meios nojentos de que servem para enganar os desejos sexuais não satisfeitos, outro médico, doutor Binet-Sanglé[32] os denuncia francamente: "Combien de foi n'ai-je pas été tenté d'arracher le masque de certaines femmes reputées vertueuses et de crier aux injaussées:[33] Vous n'avez pas d'amant, Angèle, mais chaque soir, sur un siège différent — ainsi le veut votre fantaisie — vous donnez à vous même le plaisir que donne un amant.

Vou n'avez pas d'amant, Julie, aux pupilles dilatées[34] aux paupières eternellement battues, mais jusqu'à cinq fois par jour, vous chevauchez,[35] dans le même l'accondoir d'un petit fauteil.

Vous n'avez pas d'amant, Hélene, mais un jour parlant à Mme. X. de votre amie Agnès qui porte un grand nom vous avez en riant, prononcé cette phrase: "Agnès a de vilaines lièvres, mais elles collent si bien"!

Vous n'avez pas d'amant, Jeannette, mais si les chiens savaient parler la langue de notre King Charles nous en dirait long sur votre vertu.

Vous n'avez pas d'amant, Elise, mais au cours d'une traversée, une dame entrant dans votre cabine et soulevant le couverole d'un coffre fut suffoquée en constatant que vos dix-huit ans s'amusaient d'un phallus artificiel.

Elise qui n'a point d'amant n'est ainsi plus viérge, mais vous, Yvonne, qui est intacte, vous avez pourtant un amant. Vous vous avez épuisez réciproquement à vous donner la phtisie. Oh, c'est bien un bacille qu'on trouva dans votre salive. Yvonne à la bouche si petite qu'on la comparait à vos yeux".[36]

Tais são os fatos autênticos, diz Binet-Sanglé, que me vêm à memoria cada vez que mulheres casadas, reputadas virtuosas porque tiveram dote para comprar um marido, estigmatizam diante de mim as corajosas que aceitaram o amor livre.

VII

Em geral as moças ricas casam-se aos dezesete ou dezoito anos.

Hoje em dia todo homem que se casa faz questão do dote e os que são abastados, para os quais o dote não é necessidade, preferem ter amantes. Seguem a natureza. Damos-lhes razão.

O casamento como está instituido é uma coisa bárbara, pois é entregar uma moça a um homem que ela apenas conhece de vista. Vamos dar um exemplo que concretize o fato: se alguém recebe de outrem um fruto desconhecido, mas de bela aparência, prova-o e se não gosta ou lhe acha sabor enjoativo, atira-o fora.

A mulher casa-se sem provar o noivo e muitas vezes convence-se, já tarde, de que não era ele o seu ideal. Não lhe é possível, porém, atirar o marido fora.

Fica com ele. E aí temos sua vida inutilizada.

Quando a mulher é rica, há o remédio da anulação do casamento. Mas se é pobre, uma vez anulado o casamento, do que vai viver, se não tem profissão? O remédio é sofrer toda a sorte de humilhações.

Os engraçados, para quem pimenta nos olhos dos outros não arde, aconselham a resignação...

Sim, senhores! Aconselham que a mulher sacrifique toda a sua vida, todos os seus ideais para que se não desmanche o edifício social construído com o fim único de favorecer o comodismo, a depravação, as paixões baixas dos senhores homens!

Uma pobre moça, completamente desconhecedora da perversidade dos machos, acredita-lhes nas juras e entrega-se-lhes sob promessas de casamento. Dois ou três meses depois é abandonada ignobilmente, quase sempre grávida, e atirada aos enxurros da vida, tudo para satisfação do miserável preconceito de que a mulher que coabitar com um homem sem ser casada se desonra.

O ato sexual se passa da mesma forma, sendo ela casada ou não; mas os grandes pândegos moralistas inventaram que não sendo casada está ela desonrada e acabou-se. Os moralistas o proclamaram e está fechada a questão.

O que torna mais cruel o abandono da mulher seduzida é o encarniçamento dos pais. Transformam-se em feras. Expulsam de casa a filha, como se não fossem eles, com a educação inepta que lhe deram, os verdadeiros culpados. Em vez de ensinarem-na a trabalhar, em vez de lhe mostrarem a vida tal qual é, encheram-lhe a cabeça de idiotices e noções errôneas, incapacitando-as para a vida independente. E, depois, como a moça não pode e não sabe lutar contra a corrente...rua! Que se fomente!

É uma infâmia este procedimento; é de uma iniqüidade, que clama aos céus!

O que mais faz crescer nossa indignação, é o fato da criança, que nasce completamente inocente, ter de pagar toda a culpa que não cometeu.

Para meter remendos e disfarçar tanta tristeza, criam-se os asilos; criam-se casas de caridade, que as mais das vezes são antros onde a fome reina.

A mulher não precisa de caridade!

A mulher precisa de justiça, de eqüidade e educação. Dêem-lhe isto, e podem depois deixá-la sozinha no mundo, que ela saberá defender-se e, se tiver filhos, cuidará deles muito melhor do que atualmente, sob o odioso regime vigente no qual o homem lhe dá uma magra proteção em troca de desgostos e humilhações incontáveis.

Milhares de anos de servidão deixam marcas no caráter e o deprimem. Não foram os escravos no Brasil que proclamaram a sua liberdade; foram os homens livres.

No Brasil, o desprezo pela mulher e pela criança chegou ao auge. Não pode ir mais adiante. Para prova disto citamos os jornais, cuja linguagem benevolente finge um liberalismo que os nossos homens estão longe de possuir. Eles não trepidam em falar da mulher e da criança como se esses dois entes, que representam importantíssima parte da nação, não fossem mais que meros trapos.

Tenho aqui à frente, sobre a secretária, recortes de notícias com tais desaforos a respeito da mulher que me dão vontade de esbofetear quem os escreveu.

Assim, por exemplo, tratando da greve dos tecelões, que está deixando na maior apertura e miséria pobres operários cheios de filhos, um jornal teve o desplante de dizer: *Os grevistas são na maioria mulheres e crianças*, como se quisesse com isso acalmar os industriais. Como se dissesse — são mulheres e crianças, não há perigo; são seres fracos que morrerão de fome antes de cometer qualquer violência.

Outra folha, em letras garrafais, estampa: *Mais um infanticídio! Mãe desnaturada! Até onde pode ir a perversidade da mulher!* Como se não tivesse sido melhor para a própria criminosa que sua mãe a tivesse matado logo em pequenina...

O sofrimento da mulher cansada pela fereza dos preconceitos é tal, que o acertado seria que as mães matassem as crianças do sexo feminino logo ao nascer. Ao menos assim a desgraçada morreria só uma vez.

Façam isso todas as mães e deixe-se o mundo para os homens, uma vez que só a eles pertencem todos os bens terrenos...

Outro jornal narra, com requinte de crueldade e grandes títulos ilustrativos: *Mulher assassinada. Paixão funesta. A decaída Sebastiana Carlos Magno farta de receber maus tratos de seu amante José Fontainha, abandonou-o. Ontem, tendo ela ido a um teatro, o amante esperou-a numa esquina e deu-lhe cinco tiros de revólver, deixando-a morta. Feito isto entrou num café sendo então preso por um guarda que assistira à cena.*

Alguém pode objetar que ele foi preso. Sim, foi preso, mas o juri, composto só de homens, o absolverá firmado na dirimente da privação de sentidos, a grande porta falsa da impunidade entre nós. Os jurados são homens e camaradas. Demais, todos os homens, por mais instruídos que sejam, vêem sempre na mulher um ente inferior a eles.

A humanidade para o homem não é composta de seres de sexos diferentes mas de mentalidade e sensibilidade perfeitamente iguais; a humanidade para o homem é, em primeiro lugar e sempre o homem; com o fito de distrai-lo, a natureza inventou a mulher, as flores e a música, coisas deliciosas que o pachá goza enquanto lhe apetece e depois deita fora.

Da criança, então, nem se cogita. É nula a sua importância hoje.

Leia-se este caso triste publicado pelos jornais: *Uma menina para não separar-se da mãe suicidou-se!*

— *Há anos é casado com Maria da Silva Gomes o operário Manoel Gomes, tendo o casal vários filhos menores.*

Manoel, de certo tempo para cá começou a beber e abandonou a família.

A pobre esposa, lutando com mil dificuldades, começou a trabalhar para a manutenção dos seus. Há dias recebeu recado do esposo dizendo estar resolvido a ir buscar a sua filha Adélia de 14 anos de idade.

A pobre mãe, com medo do perverso, mudou-se para o Meyer, pensando ficar lá mais segura. Mas tendo sido descoberta pelo marido, que insistia em tirar a menina, esta, horrorizada com a idéia de ser obrigada a seguir o pai, fechou-se no quarto e ateando fogo às vestes embebidas de querosene suicidou-se, deixando o seguinte bilhete apreendido pela polícia: "Mamãe. Não chore por mim. Mato-me lembrando-me que me ia separar da senhora. Adeus, querida mãe! Adelaide".

A autora possui uma coleção destes recortes, verdadeiros espelhos onde bem se reflete a alma perversa e completamente corrompida do homem. A mulher para ele é apenas a taça por onde sorve o prazer bestial, e se por acaso a mulher se lhe recusa, ou ele dela se enfara, o punhal, o revólver ou a navalha entram em cena, com um desembaraço inaudito.

As leis que regem o destino da mulher são as mais iníquas possíveis. Leiam:

"Na vigência do casamento, exerce o pátrio poder o marido, como chefe da sociedade conjugal.

— A mulher que abandona *voluntariamente* o lar conjugal não pode socorrer-se da "separação de fato, para conservar em sua companhia *os filhos do casal*".

Aquele "voluntariamente" dá-me vontade de rir e chorar ao mesmo tempo.

É odioso!

Como se uma mulher que tem filhos pudesse abandonar o lar, não obrigada pela força dos sofrimentos mais terríveis, mas apenas por capricho!

Os homens erigem-se em juízes e legislam do alto do seu egoísmo, transformando os códigos em cadeias de ferro contra a independência da mulher.

VIII

Os homens endeusam a mulher como mãe e esposa, exaltando nelas justamente as partes mais materiais, as partes que são comuns a todos os irracionais.

E quando querem injuriá-la é ainda a este ponto de ligação entre o racional e o irracional que recorrem.

Exemplo, as expressões: — cadela, vaca, égua, que têm o sentido mais pejorativo possível. Inventaram os homens uma série de preconceitos dos mais iníquos, os quais vêm desde séculos imbecilizando a mulher, que, (coitada!) coisa nenhuma pode fazer nem dizer. Colocando-lhe a honra na parte menos nobre do corpo, tornaram-na uma espécie de fantoche, em completa dependência do homem e sem nenhum direito natural.

Fizeram dela um ente completamente separado das leis naturais que regem todos os seres da criação. De tal modo a manietaram que a mulher hoje em dia, salvo escassas exceções, é obrigada a viver de hipocrisias, disfaçando todas as suas sensações naturais debaixo de um disfarce que seria imbecil se não fosse monstruoso.

IX

Uma mania que me revolta nas feministas é a de pregar a necessidade de uma lei que permita investigar a paternidade nos casos dos filhos naturais.

Ora, o melhor é deixar os homens em paz! Já está mais que provado que eles têm um caráter perverso; que só procuram satisfazer seus apetites, e que fogem das responsabilidades que da satisfação desses apetites lhes possam advir. O que se deve fazer é educar as meninas nas realidades duras da vida prática. O que é preciso é acabar com o ridículo costume de vendar os olhos das moças, atirando-as indefesas a um mundo que só conhecem através de romances lamechas, imbecis e piegas. O que é necessário é mostrar-lhes o homem tal qual é. O essencial é falar bem claro às moças; quando ricas, apontando-lhes os "almofadas" nulos, explicando-lhes que o que eles querem é o seu dote; quando pobres, dizer-lhes sem rodeios que o que eles querem é o seu corpo, a sua mocidade, mas que se desse gozo resultar um filho, uma responsabilidade, eles fugirão. O que se deve pregar, é que se acabe de vez com esses romances mentirosos que andam por aí enchendo de vento as cabeças das levianas; que se dê um "basta" aos idiotizantes folhetins dos jornais. Realidade, senhores! Franqueza! Mostrem à mulher o mundo como ele é, e não como devia ser...

Expliquem-lhes que, uma vez seduzidas e grávidas, se não quiserem cometer o crime inqualificável de abandonar o filho, terão que mendigar, já que não sabem trabalhar. Ou então, que terão de ir aumentar o número dessas infelizes que, para viver, vendem nos alcouces a sua pobre carne, à hora, como os táxis...

É esta a obrigação das mães: esclarecer as filhas. Deixem os homens em paz!

Basta de tanto rastejar aos pés da insensibilidade e da covardia!

Poltrões, os homens que sem coragem de colocar-se no mesmo pé de igualdade com as mulheres, com receio de serem vencidos, encorajaram-se de leis e, amparados pela força armada, cometem as maiores barbaridades contra suas próprias mães e filhas!

Mulheres, despertai!

Abri os olhos e vede ao redor de vós as milhares de companheiras, as que sofrem os maiores martírios!

Piedade para tantas infelizes.

E se nada é possível fazer para libertar as que já se acham no lodo dos bordéis, preparai as mulheres do futuro. Fazei da mulher um ser consciente, que saiba resistir ao homem e pelo trabalho seja livre.

X

Li há dias a transcrição dum artigo de revista sobre a vida da mulher chinesa. Dizia que a mulher chinesa é uma escrava e que o casamento na China consiste na compra da moça. Não sei se é verdade; se for, as chinesas são mais felizes do que as brasileiras. São escravas, mas compradas, ao passo que aqui as mulheres compram maridos com o dote e ainda se escravizam a eles. Pagam para servir...

E o pior é que há "almofadas" que exigem fortunas para consentirem que as mulheres lhes gozem a insípida companhia.

Todos os dias vemos homens saídos do nada se arvorarem em milionários da noite para o dia, à custa do dote de uma ingênua menina a quem juraram paixão eterna, revirando romanticamente os olhos. A pequena, recém-saída do convento, com a cabeça cheia de cavalarias andantes e "Princes Charmants", cai como patinha, e quem lucra são as cortesãs a quem os homems distribuem com largueza jóias e dinheiro.

E assim vivem as mulheres.

E numa população feminina já bastante numerosa como é a nossa, vê-se esta coisa prodigiosamente injusta: para os homens, todas as proteções morais, escolas, ginásios, etc., para as mulheres, nada.

XI

A autora, que tem uma antipatia formidável pelas reuniões mundanas, pois é onde mais sobressai a humilhação da mulher, freqüentou as nossas célebres corridas...

Coisa repelente! Dum lado, *cocottes* escandalosas, e do outro, casadas e solteiras tolíssimas. As duas hostes rivais passeiam no intervalo,[37] e devoram-se com os olhos, não se podendo devorar com os dentes. Exposição ridícula, faltando apenas do lado das cortezãs cartazes com os dizeres — "Valho tantos mil réis..." E do lado das candidatas ao casamento: — "Dote no valor de tantos contos..."

Em toda a cidade é isto que se vê.

No "triângulo", das quatro da tarde em diante, é o rodar do préstito da oferta e da procura. É o "compra-se" e o "vende-se" descarado.[38]

Coisa imunda!

Dividem as mulheres em classes. Em tropas, como bestas. Obrigam as mulheres, por falta de educação profissional, a viverem do próprio corpo. A venderem o gozo. A sentirem na pele o contacto de criaturas que às vezes, ou na maioria dos casos elas odeiam.

XII

Ah! os filósofos têm razão!

Eis o que diz Nietzsche no seu livro *Além do bem e do mal*: "La puissance des préjugés moraux a pénétré profondément dans le monde le plus intellectuel, le plus froid en apparence, le plus depourvun d'hypocrisie — et comme il va de soi, cette influence a eu les effets les plus nuisibles, car elle l'a entravé et denaturé".[39] Sempre! o maldito preconceito!

Agora ouçamos Schopenhauer, o inimigo implacável da mulher.[40]

"Le nombre de femmes mariés est bien restreint et il y a un nombre infini de vieilles filles végétantes tristement dans les classes élévées de la société, pauvres créatures soumises aux plus dures restrictions, et dans les rangs inferieures, pauvres creatures soumises à des rudes et penibles travaux. Où bien encore, elles deviennent des misérables prostituées, amenées par la force des choses à former une sorte de classe publique et reconnue, dont le but spécial est de préserver des dangers et des seductions, les femmes plus heureuses qui ont trouvé des maris ou qui en peuvent espérer. Dans la seule ville de Londres il y a quatre-vingt mille filles publiques: vraies victimes, cruellement immolées sur l'autel du mariage".[41]

E Schopenhauer odiava as mulheres. Odiava-as e desprezava-as, negando-lhes todos os direitos e reputando-as inferiores aos homens. Era ele um ser superior, mas, conforme o dizer de Nietzsche, a força dos preconceitos exerce uma influência das mais tirânicas e torna hipócritas e maus observadores até os homens mais intelectuais e mais frios na aparência.

Muitos homens inteligentes negam os direitos à liberdade da mulher, mas outros muitos também negaram o direito dos escravos à liberdade. A escravidão no Brasil é de ontem, pode-se dizer. Nossos avós foram proprietários de escravos. Muitos destes escravos ainda vivem. Não são lendas o que nos narram das perversidades que se praticavam e um dos nossos melhores escritores, justamente o que tem uma enorme facilidade de descrição, conta histórias desse tempo bárbaro que fazem arrepiar os cabelos da pessoa mais decidida.

Falo de Monteiro Lobato, o qual não tem papas na língua para reviver duma maneira clara e vibrante as cenas mais trágicas e desumanas.

Pois bem, naquele tempo havia homens inteligentes como os há hoje, e muitos deles eram contrários à liberdade dos escravos. Exemplo: Clemente Pereira.[42]

Havia o fatal preconceito de que o negro tinha sido criado para apanhar de relho. Este preconceito infame tinha, como todos os preconceitos, a sua raiz na religião.

Os negros eram descendentes de Caim. Caim era amaldiçoado: logo, os negros também o eram.

Sempre a praga dos preconceitos, e todos eles com as raízes atoladas em religião.

Sempre o dogma. Sempre a religião aconselhando uma resignação que Deus, que era Deus, não teve, pois que inventou o inferno para punir seus inimigos.

Mas, como o dogma e a lei são invenções da cachola do homem, o dogma e a lei só tratam de proteger o homem.

A mulher que se dane.

Todas as religiões escravizam a mulher. Todas! Maria é a serva do Senhor. Deus aconselha aos homens que sejam monógamos, mas ele polígamo, e com medo da sífilis só aceita esposa virgem.

Maomé, mais descarado, não pôde resistir ao seu sensualismo e decretou audazmente a poligamia.[43]

Não vou aqui tratar de analisar as religiões. Falta-me competência e tenho mais o que fazer. Estou apenas fazendo ligeiras referências.

Cristo, o meigo filósofo, foi o único homem deveras feminista, foi o único homem que teve pena da mulher.[44]

Aos fariseus, que para o atrapalharem lhe perguntaram: "Que fará no céu a mulher que no mundo copulou com vários homens"? respondeu com a serenidade que hoje em dia se chama serenidade cristã (como se fosse possível encontrar um cristão nestas feras que andam soltas pelo mundo!):[45] "O mesmo que fizer o homem que na terra copulou com várias mulheres".

Dizemos que Cristo foi o único homem verdadeiramente feminista, mas fomos injustas.[46] Temos que colocar ao seu lado Victor Margueritte, o grande escritor francês, autor dos célebres livros: *Prostituée, La Garçonne, Le compagnon.*[47]

Este ilustre escritor não trepidou em dizer verdades tão duras que despertaram a cólera dos ignóbeis tartufos, descendentes dos que perseguiram Gustavo Flaubert e Émile Zola.[48]

Mas nada como um dia depois do outro. As mulheres francesas já adquiriram o direito do voto. Tendo voltado à discussão na Câmara dos Deputados o voto das mulheres, o projeto, relativo, que fora aprovado em sessão de 20 de Maio de 1919 por 344 votos contra 97, ficou retido por algum tempo no Senado, onde, posto na ordem do dia, depois de um trabalho insano dos feministas não conseguiu ser referendado pelos senadores.[49]

A sua rejeição em novembro de 1922, por uma grande maioria, não diminui a propaganda tenaz do voto às mulheres.

Mais tarde o deputado Justin Godard,[50] campeão da causa das sufragistas, apresenatava à Câmara uma nova proposição. E afinal, após inúmeras discussões, foi aprovada a proposição seguinte, por 440 votos contra 135:

"Art. 1.º — O direito de sufrágio pelo qual se manifesta a soberania do povo, sendo ao mesmo tempo a conseqüência lógica e a garantia dos direitos dos cidadãos, será exercido por todos os franceses não indignos, que gozem dos direitos civis, sem distinção de sexo, nem de idade.

Art 2.º — O exercício pessoal do direito de sufrágio pertence a todos os franceses, homens e mulheres maiores de 21 anos completos".

Ha ainda três artigos que não copio, pois não interessam ao assunto de que estou tratando.

Conforme disse acima, nada como um dia depois do outro.

O projeto citado, estava dormindo no fundo duma gaveta desde maio de 1919. Ninguém poderá contestar que foi em grande parte por influência dos célebres romances de Victor Margueritte,[51] saídos ultimamente à luz, que ele voltou a ser estudado.

E uma vez que falei em Victor Margueritte e no seu romance *Prostituée*,[52] vou transcrever uma parte dum discurso de Clemenceau, quando ministro do Interior em 1906, citado na primeira página do dito romance.

* * *

"Hélas! je viens me heurter maintenant à la pire déchéance humaine, au plus abominable reste du sauvage bestial, à l'effroyable problème devant lequel les théoriciens socialistes reculent eux-mêmes épouvantés. Je veux parler de la prostitution.

Le Ministre de l'Intérieur est chargé d'assurer l'implacable, l'immorale réglementation d'un état de choses inavouable. Pour les vices de l'homme, c'est la femme qui expie. Ah! si vous pouviez défiler[53] devant vous ce qu'on appelle le tribunal administratif de la Préfecture de Police, l'effroyable procession de ces créatures dégradées, de quinze à soixante ans et plus, qui résument en elles tout l'excès du malheur humain, peut-être penseriez-vous avec moi que ce n'est pas assez faire pour la morale publique de les tenir emprisionées, pour l'inobservation de réglements qu'on n'a pas le droit d'edicter et de cultiver, au petit bonheur, leur avilissement de chaque jour.

On me charge théoriquement de veiller à la santé publique menacée par cette légion redoutable. Je dois dire que cet office, mon administration s'en acquite avec une parfaite inefficacité, et cela au moyen de pratiques contraires aux lois, contraires même aux principes de tout gouvernement humain. Je suis bien loin de nier que ce mal soit témperé par l'humanité des fonctionnaires, mais là encore il y a de grandes reparations, de grandes organisations de relèvement à réparer".[54]

* * *

Aproveito a ocasião para transcrever tambem uma pagina do mesmo livro "Prostituée".

Quem fala é Victor Margueritte:

"Avant-propos.

Cette étude, où mène nécessairement toute enquête approfondiée sur la condition de la femme dans la société actuelle, je tiens à déclarer qu'elle n'instruit pas un procès de personnes.

L'auteur a pu, grâce à la complaisance[55] de la Préfecture de Police, surprendre sur le vif le fonctionnement du régime des moeurs. Le portrait qu'on en trouvera ici est transposé, mais fidèle.

Ce n'est pas, sous des traits fictifs, tel ou tel que je cite à la barre, c'est tout un odieux système, résultant de coutumes et de lois iniques, dont la survie, au vingtième siècle, étonnera sans doute, un jour, la conscience nationale, lorsque la science aura fait, petit à petit, son oeuvre éducatrice. La santé physique et morale de la race est à ce prix.

Conséquence fatale de la guerre, la corruption des moeurs bourgeoises c'est empirée encore...

La syphilis s'est propagée avec telle virulence qu'elle a contaminée la population, dans la proportion d'un sur deux...

Osons regarder la plaie au grand jour! Un abcès qu'on débride est à demi curé.

Il n'y a de maladie honteuse que celle dont une societé hypocrite ne chercherait pas à guérir".[56]

XIII

> *"O calor do combate ao feminismo não arrefeceu com as camadas de neve, que lhe vêm pondo exaustivas dissertações cientiíicas sobre a questão da igualdade intelectual dos dois sexos."*
>
> *Fernando de Azevedo*
> *Dos "Jardins de Salústio".*[57]

"O calor do combate ao feminismo" tenderá, como diz muito bem o distinto escritor, a aumentar em razão direta da resistência que se lhe opuser.

O despertar da mulher é um fato. E fiquem cientes os homens que este despertar foi provocado pelo ruído produzido por eles mesmos; foi ocasionado pela disparidade da educação ao homem. Assim, vemos esta última continuar a ser educada pelos moldes das escolas aristocratas das idades mortas, ao passo que o homem, dando um passo de gigante para a frente, deixou num atraso de séculos a ingênua companheira a quem outrora dizia madrigais de joelhos.

O indivíduo humano sendo um produto da educação e do meio (já o disse e não me canso de repeti-lo), é claro que o homem educado da maneira mais liberal e progressista possível, mandou bugiar os dogmas, as convenções e os pudores falsos, incompatíveis com a vida moderna. A mulher que de cretina e falta de inteligência só tem a fama, começou a observar, começou a analisar, começou a comparar, começou a descobrir que no imenso e delicioso banquete da vida ela não passava do manjar, petisco, da isca (como diz Júlia Lopes de Almeida)[58] e desde esse dia começou a debandada, que aumentará até à completa realização dos seus justíssimos ideais de liberdade.

As cadeias formadas pelas convenções e preconceitos já estão sendo torcidas; mais um esforço e elas terão de quebrar-se.

Apesar de fundamentalmente materialista, e de achar que o romantismo está reduzido a cinzas, muito veneráveis, é verdade, não deixo de alongar os meus olhos pelo passado para compará-lo com o presente e sou obrigada a reconhecer que devia ser uma sensação deliciosa, a causada pela declaração de amor de um cavalheiro coberto de suas heróicas armaduras.

Apesar de pouco tradicionalista, pois ninguém me poderá garantir que se eu nascesse em épocas lendárias não seria mais que uma camponesa boçal, privada até do simples alfabeto; apesar dos pesares, eu cismo que devia ser um prazer forte o de se ver surgir debaixo duma viseira, com o garbo das elegâncias de outrora, os olhos aveludados e a boca sensual de um lindo pajem fidalgo.

Com certeza é fantasia e caprichoso vício da minha alma de mulher moderna, mas a poesia exerce sobre esta alma um poder tirânico.

Na passada estação teatral do Rio, fui três vezes ouvir Pierre Magnier declamar o Cyrano de Bergerac; porém confesso que saí depois do primeiro ato do *"Maître des Forges"*.[59]

Mas, nesta digressão pelas eras desaparecidas perdi o fio do assunto. Voltando, pois, a ele, que era o comentário sobre a teimosia dos pruridos *reivindicadores* da mulher, continuarei a chamar a atenção para o abismo que a educação abre entre ela e o seu companheiro de jornada.

Chega a tal ponto, que são os próprios homens que condenam este sistema já sem razão de ser em nosso século.

Assim, diz o Sr. Alexandre Mercereau, num inquérito feito por uma revista parisiense sobre os direitos da mulher:[60]

"Je voudrais que la jeune fille ne fût pas férocement condamnée a une chasteté mauvaise conseillère, malsaine et cruelle, mère de beaucoup de vices répugnants, depuis la puberté jusqu'à l'âge souvent très avancé ou un Monsieur veut bien consentir, après une usure à peu près complète avec toutes sortes de femmes moins farouchement pures, à l'épouser. Je voudrais que la jeune fille, la femme qui a obéi à la voix impérieuse du coeur et de la chair en dehors du mariage, fût considerée exactement comme l'homme dans les mêmes circonstances. Que le fiancé attache à sa virginité exactement la même importance qu'à celle de sa fiancée, ou vice-versa. Que l'individu qui abandonne la femme séduite, avec ou sans enfant, soit mis au ban de la société, et non la victime!

Enfin que l'enfant dit "naturel" ne soit pas traité de façon dénaturé, et lesé dans tous ses droits, moralement et materiellement"![61]

Agora, quem vai falar é um médico. O Dr. Toulouse, no livro "La question sexuelle et la femme", escreve:[62]

"Il y a, chez la garçonne comme chez le garçon, des tempéraments, des curiosités, qui aplanissent bien des obstacles dressés sur les routes les plus traditionellement façonnées. Et quand les tendances instinctives parlent un peu haut, elles trouvent souvent des volontés toutes orientées. Et d'une manière ou d'une autre, la question est posée dans l'esprit, après l'avoir éte dans le coeur: Pourquoi l'expérience amoureuse est-elle si libèralement accordée au garçon et strictement interdicte à la garçonne?... Le problème de l'inégalité des conventions sexuelles se pose à elle dans toute sa force... J'ai connu des garçonnes de bonne éducation qui allaient jusqu'à revendiquer pour elles, la même liberté, le même droit en matière sexuelle que la morale courante accorde à leurs frères.

Je pense qu'elles avaient tort et qu'elle auraient dû plutôt demander pour les garçons les mêmes sévères obligations que pour elles. Mais sur ce terrain il n'était pas possible en verité de leur donner une raison décisive, légitimant cette enormité de la morale mondaine à double face, qui permet à l'un tout ce qu'elle refuse à l'autre. La religion a été impuissante à justifier cette inégalité, comme aussi à l'empêcher.

Cette inégalité, une solide convention la cachait jadis, et empêchait le débat.

Aujourd'hui elle se dresse dans la conscience des femmes jeunes et elle est discutée. Tous nos désirs, tous nos intérêts d'hommes ne peuvent plus faire que la question ne soit posée, et quant à la manière dont elle sera résolue, elle nous échappe...

La femme est en train de se demander pourquoi ce qui valait pour l'homme ne voudrait pas aussi pour elle".[63]

XIV

A democracia cria o individualismo na dupla aristocracia atualista: plutocracia e intelectualidade. O novo espírito social assentou um chinês de cartola no sólio que tinha por escadas de marfim os crâneos pelados do mandarinato. Um turco de fraque expulsou as armiladas sultanas do harém e põe virilidades de carabina nos quartéis dos janizaros. O burgo é hoje o quarteirão da fábrica. O castelo do feudo, o escritório central, com pajens de cabelos *"a la garçonne"* martelando máquinas datilográficas".

Menotti del Picchia.[64]

Salta aos olhos a inépcia com a qual hoje, em pleno torvelinho do modernismo, em plena realidade de lutas individualistas, onde o grito de guerra é: "Cada um por si!" moralistas retrógados venham nos buzinar aos ouvidos preconceitos que já não têm mais razão de ser.

O preconceito da virgindade tem, como todos os outros, e como já disse acima, os seus alicerces na religião.

Quem estudou, ou, por outra, quem correu os olhos pelas histórias dos povos antigos, oberva logo que as leis eram escritas em livros chamados divinos.

Os demagogos, profetas daqueles tempos, eram já ótimos psicólogos. Sabiam perfeitamente que se dessem ao povo uma lei e lhe dissessem que ela tinha que ser seguida porque assim o pedia a higiene e a solidariedade humana, garantia única das agremiações, o povo rir-se-ia.

E o profeta, manhoso, falava em nome da divindade, ser tanto mais temível, quanto invisível.

Foi assim instituída a primeira lei da higiene:

"Deus ordena que depois da satisfação de certos atos materiais o indivíduo faça abluções purificadoras".

Foi assim que surgiu a primeira lei de solidariedade:

"Quem dá ao pobre, empresta a Deus".

Todas as outras leis apareceram do mesmo modo: Não matarás; não roubarás, etc., etc.

E isso tudo porque Deus não queria que se praticassem esses atos.

Naquele tempo em que a razão era luz incipiente e apenas começava a brilhar no cérebro duma elite ou duma casta, não era possível proceder de outra maneira.

Eis como surgiu a virgem:

O legislador verificou que a freqüência dos estupros era desoladora.

Uma menina ainda impúbere, mas já de "pito aceso" como dizemos na nossa gíria, tomava um púcaro e ia buscar água. (Naqueles tempos homéricos ia-se buscar água, como hoje se vai às compras no triângulo. Quem lê os poetas antigos vê que as filhas dos chefes e dos reis não se julgavam humilhadas por isto. Bons tempos!)

Mas sigamos a gíria.

É pequenina, tem só doze anos, mas já sabe requebrar o corpo.

Requebrava tão bem, que um carreteiro que vinha a guiar uns bois, animado pelo crepúsculo, que já vai invadindo a terra e pela solidão reinante, salta em cima daquele pedaço de mulher e... pronto!

É verdade que a vítima o tinha provocado, mas como ela é ainda muito novinha "dá os pregos" depois de ter provado o tal amplexo.

Conta ao papai, conta à mamãe; e como não há remédio fica tudo na mesma.

Mas, ao milésimo caso igual ao que vai narrado, o chefe da tribo começou a ver que o negócio era sério. Ninguém queria esperar a puberdade para casar.

Pensou, refletiu, e um belo dia avisou o povo de que ia ficar de retiro na montanha, pois necessitava indagar qual era nesse caso a vontade do Senhor.

E o Senhor tendo falado, voltou ele a anunciar a nova lei:

"Toda mulher impúbere é sagrada. Aquele que a tocar será criminoso e se ela for tocada a desonra recairá não só sobre sua cabeça, como sobre a de seus pais, seus irmãos e suas irmãs".

Eis aí a orgiem do preconceito sobre a virgindade.

Formularemos uma pergunta, agora:

É justo que na nossa época policiada, onde só em caso de anormalidade um homem violenta uma criança, é justo conservar este preconceito?

Não é preferível educar a mulher com independência e com capacidade de ganhar sua vida?

Voltando ainda ao preconceito da virgindade, temos de acrescentar que ela era conservada apenas até à puberdade. Depois de púbere a mulher que morria virgem era por Zarathustra[65] enviada ao inferno. Após à puberdade a virgindade era tida como uma vergonha.

XV

Os poetas, os romancistas, os idealistas que vivem a contemplar a lua, cantam em todos os tons, até mesmo desafinando às vezes, que a mulher virgem, intacta, não conhece nenhuma sensação.

Quando leio um desses pândegos tenho vontade de lhes perguntar se já foram mulher algum dia.

E aqui vai um conselho que dou de bom coração aos homens: tratem de estudar bem as suas sensações e não abram o bico para falar das da mulher, nem mesmo quando baseados em suas confidências.

A mulher, pela sua educação, vem acumulando tal soma de hipocrisia dentro do crânio, que mente às próprias colegas do sexo. A mentira é um hábito inveterado nas filhas de Eva e tudo que elas dizem deve sofrer quarentena, quando não estiver provado matematicamente.

Posso assegurar aos meus leitores masculinos que nos jantares, chás, palestras dançantes, etc., as deliciosas figurinhas cujas barrigas macias eles sentem mexer ao compasso estonteador dum shimmy gozam tanto ou talvez mais do que eles, ao sentirem alguma coisa ereta e dura, a acariciar-lhes o ventre durante o remeleixo.[66]

Ó delícia das pálpebras descidas pudicamente sobre os olhos meigos, quando um adolescente de cabelos negros, e colados à cabeça passa-lhes a mão ao redor da cintura! Oh gozo estonteante do lânguido compasso dum tango nostálgico! Oh poder da natureza! Fazer[67] que pela simples sonoridade de um ruído harmônico o corpo humano se desmanche numa volúpia intensa e o cérebro desfaleça de prazer.

Ouça o "Jazz". Não é nada. Ou, por outra, é uma combinação de ruído; mas olhe para a fisionomia dos pares, enlaçados. Estão no paraíso!...

É a essas moçoilas freqüentadoras de salões de danças que eles querem impôr o regime monástico até o "Conjugo Vobis"![68]

O que se deve fazer é mudar o rumo da educação. É ensinar as mulheres a trabalhar e ganhar o pão com o suor do seu rosto, uma vez que a era bíblica já passou.

A virgindade é anti-fisiológica.

Escutem um médico — Jean Marestan:[69]

"Ce sont les filles vièrges et les veuves qui fournissent le plus fort contingent d'hystériques. Il en est de même pour ce qui a trait à l'alienation mentale.

On a compté à la Salpetrière, que sur 1.726 alienés, 1.276 étaient filles.

Chez les femmes hindoues qui sagement s'unissent à l'apparition des menstrues, l'hystérie est presque inconnue. D'autre part, pour cent femmes mariées qui meurent, il en meurt cent trente et une célibataires".[70]

Outro médico — Goy:[71]

"La femme, en raison de sa grande sensibilité, est soumise, le cas échéant, à des impulsions sexuelles plus imperieuses encore que l'homme".[72]

O Dr. Bourgas,[73] no seu livro "Le droit à l'amour pour la femme", trata de combater a tese absurda de que a mulher pode impunemente privar-se da função fisiológica sexual.

Os professores Erb, Brôse, Zanzoni, Descourtilz,[74] citam os efeitos desastrosos da continência na mulher.

Eles consideram como fora de dúvida que um grande número de mulheres não casadas, duma certa idade, educadas nos princípios duma moral severa, são doentias. As pertubações e moléstias que se manifestam com causa na continência são: a clorose, a irritabilidade nervosa, os caprichos, a histeria, a insônia, a epilepsia, as alucinações, a neurastenia, e as perturbações menstruais; em suma, toda sorte de moléstias nervosas, sendo a dor de cabeça a que predomina sobre todas.

Uma médica, a Dra. Helena Stocker,[75] aponta para o número das crianças ilegítimas, dos abortos clandestinos, dos infanticídios, e diz que cada um destes fatos tem em si material para provar que a despeito da proscrição iníqua pronunciada contra a mãe, esta esquece tudo para seguir a lei do amor. Este fato prova a importância do amor sexual na vida da mulher.

XVI

A natureza pôs tal soma de prazer no ato da reproducção da espécie que só esse gozo é o bastante para assegurar a perpetuação do gênero humano, mesmo quando o critério da educação da mulher for mais elevado e mais prático, permitindo-se-lhe usar à vontade do que é seu.

Entre os animais, nenhuma fêmea se conserva virgem.

E é de justiça constatar o fato de que apesar da completa liberdade e promiscuidade em que vivem no campo, respeitam muito mais que os racionais às leis de natureza.

Nunca se ouviu dizer que um touro houvesse violado uma bezerrinha.

Nunca se viu uma cabrinha impúbere perseguida por um bode.

Mas já li há uns dois anos que, numa localidade dos arredores da Capital, um menino, vejam bem! um[76] rapazinho de doze anos foi encontrado morto e violado.

Émile Zola trata de um caso idêntico num dos seus melhores romances: "Verité".[77] E quem já teve a felicidade de ler este grande escritor sabe a maestria com que descreve a besta humana.

Ah, a besta humana!

Ela manifesta-se bem cedo.

Deixai a sós duas crianças, duas meninas de sete e[78] oito anos, elas vão direitinho a um canto escuro examinar o sexo uma da outra.

Nas fazendas os capinzais têm uma serventia a mais além da usual.

O pessoalzinho miúdo aproveita a cumplicidade protetora de sua trama cerrada, para brincar de marido e mulher.

Quantas vezes em minhas meditações solitárias não surpreendi estes brinquedos inocentes! À minha presença, as culpadas levantavam-se de um salto, compunham as vestes em desordem e mutuamente se acusavam:

"Foi ela!" "É mentira, mentirosa! Mamãe bem me disse para não brincar com você".

Ah, humanidade!...

Ninguém tem culpa disto.

A natureza maliciosa deu aos racionais o poder de gozar também com o espírito, ao passo que os irracionais só gozam com o físico.

O gozo deles é um instinto, ao passo que entre os humanos mistura-se com o sentimento e vai ao infinito, podendo ser variado pela imaginação.

Uma mulher certa vez me confessou que quando seu homem a possuía, ela fazia questão de que fosse no escuro; quanto mais escuro o quarto, mais ela gozava. E visto porque, com a imaginação, fazia de conta que estava sendo coberta por um burrico...

Outra me dizia, suspirando, que só gozava até ao delírio quando conseguira ver bem clara na sua idéia a imagem de um padre, com todos os paramentos, o qual a beijava na sacristia, enquanto ela, debruçada apoiando-se numa cadeira, deixava-o fazer.

Produtos de imaginações viciosas e doentes, dirão. Quem sabe, talvez em tudo isto entre um pouco de culpa da civilização?

Mas, quem lê as crônicas antigas, vê logo que aquilo é que era a devassidão...

— Como o assunto deste livro é este, faço ponto.

CONCLUSÃO

A mulher, pela sua educação,[79] ficou reduzida a ser uma espécie de mão esquerda.

A mão esquerda é perfeitamente igual à direita. As crianças não fazem diferença alguma até o momento em que a mãe recomenda à ama que "tome cuidado,[80] senão o bebê torna-se canhoto".

Os macacos servem-se com a mesma perícia de ambas as mãos.

Mas eu que sou um ente humano fui obrigada a interromper a composição deste livro porque machuquei a mão direita.

Só se usa a mão esquerda em caso de não poder usar-se a direita; mas quando a isto se é obrigado vê-se que ela presta os mesmos serviços que a outra.

Questão de hábito, de preconceito e de educação.

A autora, de absoluto acordo com o fabulista, acha que o ente feliz neste mundo é o "pauvre petit grillon, caché dans l'herbe fleurie",[81] e para ser coerente com esta opinião, nunca se lembraria de publicar este livro.

Mas os assassinatos de mulheres se reproduzem com freqüência desoladora; a navalha, o punhal, o revólver têm trabalhado de tal forma contra a liberdade e segurança das suas colegas de sexo, nestes últimos tempos, que quem se cala, numa ocasião destas dá provas de covardia, e egoísmo.

Demais, sendo mulher, é muito natural que receie que um belo dia uma dessas feras que andam soltas pela cidade e respondem pelo nome de homens possam também atentar contra sua pessoa física.

Ora, considerando que a liberade da mulher já está reduzida a uma palavra, se ninguém protesta, se todas curvarem a cabeça, os senhores machos convencem-se de que estão com a faca e o queijo na mão e começam a nos massacrar pelo mínimo sorriso de ironia ou de desprezo com que por acaso os presenteemos numa hora de neurastenia.

Se um homem já teve a audácia de matar uma desgraçada indefesa, só porque ela lia romances, não é o caso de ficarmos todas com a pulga atrás da orelha?

FIM
Leiam:
Virgindade inútil

NOTAS

[1] Entre a primeira e a terceira publicação desse ensaio, Nogueira Cobra lançou o romance *Virgindade inútil,* onde aparece, na folha de rosto, o seguinte comentário: "A autora articula neste livro um verdadeiro libelo contra o egoísmo dos homens e diz, em linguagem crua, o que todos pensam". Embora a primeira edição do ensaio fôra publicada antes do romance, a inclusão desse comentário na terceira edição (da autora) de *Virgindade anti-higiênica* sugere que o ensaio dava continuidade ao discurso crítico iniciado no romance. Na presente edição crítica, apresentamos o romance antes do ensaio. Segundo Maria Lúcia de Barros Mott (1986), existia uma edição das obras de Nogueira Cobra publicada no Brasil em 1932 que incluia o romance e o ensaio em um volume sob o título *Virgindade Inútil e Anti-Hygiênica* (p. 90). A edição francesa (Paris: Societé D'Éditions Oeuvres des Maitres Célèbres, s.d.) também apresenta os dois textos em um volume, o ensaio seguido pelo romance: *Virgindade Inútil e Anti-Higiênica, Novela libelística contra a sensualidade egoísta dos homens.*

[2] Algumas palavras estrangeiras no ensaio aparecem em negrito e outras entre aspas. Mantivemos a forma original da apresentação das palavras estrangeiras, ainda que não haja consistência por parte da autora, e fornecemos a tradução portuguesa quando necessária. Na epígrafe, *"Divinum opus est sedare dolore"* (É poder divino acalmar a dor), Nogueira Cobra destaca a possibilidade de aliviar a dor humana, seja ela física ou mental, através da literatura.

[3] Foi só com a implementação da Constituinte de 1932 que a mulher obteve o direito de votar, tendo, deste modo, conquistado o seu 13 de maio.

[4] A edição francesa transcreve "NOTA" como P.S. do latim, *postscriptum* (Pós-escrito).

[5] A autora refere-se à defesa de suas idéias que escreveu contra os ataques depois da publicação da primeira edição deste ensaio. Infelizmente, os jornais de São Paulo não publicaram sua defesa, nem, como a autora diz, na "Seção Livre". Para mais informações, ver Mott (1986), pp. 89-104.

[6] Apesar da censura draconiana característica da presidência de Artur Bernardes, que entre 1922-1926 governou sob estado de sítio, Nogueira Cobra teve a tenacidade necessária para publicar essa defesa numa posterior edição do ensaio.

[7] O romance naturalista *A carne,* de Júlio Ribeiro, foi publicado em São Paulo, Teixeira e Cia. 1888; Romeu de Avellar publicou *Os devassos* no Rio de Janeiro, B. Costallat e Miccolis, 1923; Theotônio Freire publicou *Dona Dolorosa* no Rio de Janeiro, Editora L. Ribeiro, 1922. A referência aos romances deste gênero aponta para a representação da mulher no discurso científico na virada do século. Ver o excelente trabalho de Magali Gouveia

Engel, "Imagens Femininas em Romances Naturalistas Brasileiros (1881-1903)", em *A mulher e o espaço público* (*Revista Brasileira de História*, 18, São Paulo, ANPUH e Editora Marco Zero, 1989), pp. 237-258.

[8] No original, sem aspas de entrada: partos".

[9] Ao longo do ensaio, padronizamos o uso do ponto final nas citações em francês e em português de modo a seguir as normas do uso das línguas respectivas, já que a autora não segue nenhum padrão fixo.

[10] Ao longo do ensaio corrigimos as citações em francês que no texto original se encontram com múltiplos erros de grafia e gramática. É possível que nas traduções publicadas no início do século pela editora de Artur Vecchi, Ercília Nogueira Cobra tenha lido algumas obras de filósofos e escritores famosos da época, tais como Maurois, Ibsen, Gide, Schopenhauer, e Nietzsche. Como Darwin, Nietzsche concebia o homem como parte do mundo natural rejeitando, portanto, o cristianismo por valorizar a morte e a vida eterna mais do que a vida terrena. Deus está morto e o homem passa a ser o criador de valores. A mulher, por outro lado, assumia um papel apenas passivo na sociedade, buscando no homem pouco mais do que segurança e prole. O filósofo alemão concebia a mulher como parecida aos escravos, ambos dignos apenas de desprezo por aceitar passivamente, segundo ele, os valores criados pelo homem. É interessante que Nogueira Cobra, ao citar Nietzsche, apropria-se de sua dicotomia senhor-escravo para descrever a situação na qual a brasileira abre mão da busca de seus direitos individuais para submeter-se à economia do sistema patriarcal, conformando-se assim a fazer parte do "rebanho". A pesar de não ter sido possível identificar a fonte exata dessa citação de Nietzsche, referimos o leitor ao livro *Vontade de Potência* (Trad. por D. Ferreira Santos, Rio de Janeiro, Tecnoprint, 1986), uma coletânea de ensaios escritos entre 1883 e 1888, onde encontrará várias seções que tratam da questão da mentalidade de rebanho. Dentre elas, destacam-se as de número 285 e 335, por sua proximidade temática no que tange a dicotomia indivíduo-sociedade. A tradução que se segue da citação é nossa: "O que é que força o indivíduo a pensar, a agir com mentalidade de rebanho? Para a maioria é a preferência pelo conforto, a preguiça. Os homens são ainda mais preguiçosos do que medrosos; e o que eles mais temem são os constrangimentos que sentiriam se fossem absolutamente sinceros e leais."

[11] Junto com Eça de Queirós e Zola, Anatole France (1844-1924), ganhador do prêmio Nobel em 1921, foi um dos escritores europeus mais populares no Brasil no início do século XX. Sua obra, lida no original pela elite no Brasil, foi traduzida ao português, vendida por Antonio Feliciano de Castilho, cujo filho, Antônio Joaquim Castilho, também publicou traduções de Balzac, France, Tagore e Dostoievsky. Em *Jardin d'Épicure*, o autor francês observa "Para fazer de vós a terrível maravilha que sois hoje, para tornar-vos a causa indiferente e soberana do sacrifício e do crime, foram necessárias duas coisas: a civilização, que vos dá véus, e a religião, que vos dá escrúpulos. Desde então é o que se vê sois *(sic)* um segredo e sois um pecado. Respirais o desejo e o medo: a loucura do amor entrou no mundo" (citado em Fernando de

Azevedo, *Jardins de Salústio*, São Paulo, Irmãos Marrano Editores, 1924, p. 124).

[12] "encoursir" no texto original.

[13] "le morale" no texto original.

[14] "pendre" no texto original.

[15] Um dos livros que marca a transição de Anatole France para o socialismo, *L'île des pingouins* foi publicado em Paris, Calmann-Lévy, 1908. A citação é do Livro VII: "Les Temps Modernes," Capítulo "Madame Cérès," (pp.338-339). A tradução, a seguir, é nossa:

"No que se refere à moral, aqueles preceitos que perderam sua razão de ser, aquelas obrigações as mais inúteis, as restrições que maiores impecilhos causam, aqueles preceitos que são por força de sua profunda antigüidade e misteriosa origem os mais cruéis, são também os menos contestados, os menos qüestionáveis, os menos examinados, os mais venerados, os mais respeitados. Transgredi-los implica as mais severas acusações. Toda moral que rege as relações entre os sexos fundamenta-se no princípio de que a mulher, uma vez adquirida, pertence ao homem; de que ela se torna um dos seus bens, como o são seu cavalo e suas armas. E isto, ao deixar de ser verdade, provoca disparates tais como o casamento.

A obrigação imposta à uma moça de oferecer sua virgindade a seu marido origina-se dos tempos quando as meninas eram casadas logo que chegavam à puberdade; é ridículo submeter a essa obrigação uma jovem que se case aos vinte e cinco ou trinta anos de idade.

Dirão vocês que se trata de um presente pelo qual o marido, caso ela afinal encontre um, se sentirá lisonjeado; no entanto, vemos a todo momento os homens procurarem mulheres casadas e parecerem bastante satisfeitos por tomá-las exatamente como as encontram".

[16] *A virilização da raça* (São Paulo, Companhia Melhoramentos de São Paulo, 1923). Mario Pinto Serva foi autor de vários livros nacionalistas como *O enigma brasileiro* (São Paulo, Editoral Paulista, 19--);*O voto secreto; ou, A organização de partidos nacionais* (São Paulo, Imprensa Metodistica, 1901 - ?); *A renovação mental do Brasil* (São Paulo, Companhia Melhoramentos de São Paulo, 192 - ?); *Pátria nova* (São Paulo, Companhia Melhoramentos de São Paulo, 1922); *A educação nacional* (Pelotas, Editora Echenique e Cia., 1924); *A lição da revolta* (Porto Alegre, Edição da Livraria do Globo, 1926); *Problemas Brasileiros* (São Paulo, Livraria Liberdade, 1929); *A reforma eleitoral* (São Paulo, Livraria Zenith, A. F. de Moraes, 1931); *Diretrizes constitucionais; estudos para a constituinte de 1933* (São Paulo, Empresa Gráfica a Capital, 1933); *Democracia e comunismo* (São Paulo, Livraria Liberdade, 1934 ?).

[17] Jean Marie Guyau, filósofo-francês (1854-1888), fez seus estudos clássicos sob a direção de Alfred Fouillée, companheiro de sua mãe após a separação dela do marido, Jean Guyau, em 1855. Com dezessete anos já havia sido premiado por *La morale utilitaire depuis Épictète jusqu'à l'École anglaise contemporaine*. Morreu aos trinta e três anos deixando uma obra filosófica

extensa. Para Guyau, a vida só toma sentido através do social, em detrimento do religioso, pois o homem e o universo estão diretamente associados. Em último análise, porém, Guyau não negou a religião; ele lhe deu, isto sim, uma base vitalista, evolutiva. Dentre as suas obras mais importantes encontram-se *Esquisse d'une morale sans obligation ni sanction*, 1885; *L'irréligion de l'avenir*, 1887; *Les problèmes de l'esthétique contemporaine*, 1884; e várias outras publicadas postumamente por A. Fouillée: *L'art au point de vue sociologique*, 1889; *Éducation et hérédité, étude sociologique*, 1889; *La genèse de l'idée du temps*, 1890; *Vers d'un philosophe*, 1881, obra de inspiração estóica da linha do pensamento de Leconte de Lisle, Jean Lahor e Mme. Ackerman.

[18] "prodigois" no orginal.

[19] A revista italiana, *Novissima (Albo annuale d'arti e lettere)*, foi publicada em Milano a partir de 1901. Arantes, advogado, político, homem de letras, foi autor de *Disse* (São Paulo, Monteiro Lobato, 1923), e mais tarde publicou uma coleção de discursos, *Passos do meu caminho* (Rio de Janeiro, J. Olympio, 1958). Eleito e reeleito deputado (1906-1911), foi presidente do estado de São Paulo de 1916 a 1920, presidente do Instituto Histórico e Geográfico de São Paulo e membro da Academia Paulista de Letras durante 14 anos. Arantes foi reconhecido pelo excepcional cuidado que usou nas questões de higiene pública e pelas excelentes medidas que tomou em prol da expansão do ensino primário, especialmente nas zonas rurais.

[20] Vale lembrar que Tartufo, personagem central da comédia homônima *Le Tartuffe* (1664) do dramaturgo francês Molière, (Jean-Baptiste Poquelin, 1622-1673), tornou-se sinônimo de hipócrita.

[21] Paul Broca (1824-1880), professor de cirurgia clínica na escola de medicina, fundou a Sociedade Antropológica de Paris em 1859. As teorias de Broca sobre craniometria embasavam-se na crença característica do século XIX segundo a qual a ciência operava independentemente de fatores culturais ou de classe social. Broca teorizou sobre a condição biológica da mulher a partir de dois postulados. Um estipulava o maior tamanho dos cérebros dos homens quando comparados aos das mulheres, enquanto que o segundo postulado propunha uma sempre crescente disparidade de tamanho entre os cérebros dos diferentes gêneros humanos. O famoso discípulo de Broca, Gustave Le Bon contribuiu significativamente para o desenvolvimento das teorias do mestre com o estudo intitulado *La psychologie des foules*, 1895. A oposição ferrenha desta escola às reformadoras norte-americanas que lutavam por garantir o acesso das mulheres a educação de nivel superior baseava-se na crença em que o cérebro da mulher aproximava-se em tamanho mais ao do gorila que ao do homem. Ver Stephen Jay Gould, *The Mismeasure of Man* (New York: W.W. Norton and Co., 1981); W. L. George, *The Intelligence of Women* (Boston: Little Brown & Co., 1916); ou Herbert Spencer, *The Principles of Sociology*, 3 ed. (New York, D. Appleton and Co., 1895) para maiores informações a respeito dos contextos socio-históricos e científicos em que ocorreu esse debate.

[22] As conclusões científicas do século XIX, provenientes da teoria de Charles Darwin *(Origin of the Species*, 1859, *The Descent of Man*, 1871) descrevem a forma do processo evolutivo: seleção natural, seleção sexual e transmissão genética de características adquiridas. Darwin teorizou que na área de seleção sexual uma característica, seja ela do macho ou da fêmea, que favoreça a capacidade de procriar será passada aos descendentes, mesmo que não sirva para outra coisa--por exemplo a coloração brilhante da plumagem nos pássaros.

[23] A teoria da evolução de Darwin, colocou em causa a tradição bíblica na qual a existência do homem deve-se ao ato especial da criação divina, e a mulher não passa de um ser derivado. Outrossim, tentou formular a base ideológica das tradicionais diferenças entre os sexos, concluindo que é próprio da mulher ser mais carinhosa, sacrificada, maternal e delicada, e do homem ser, além de mais forte fisicamente, mais inteligente, competitivo, corajoso e dinâmico.

[24] No original transcreve-se "anti-homano".

[25] Kerozene no texto original. O inglês grafa *kerosene* e o francês, *kérosène*.

[26] Um dos temas principais de Nogueira Cobra, que se repete no ensaio e no romance *Virgindade inútil*, é o direito da mulher escolher a maternidade como ato consciente e não como imposição social ou religiosa.

[27] No texto orginal grafa-se "mulhares".

[28] "hujo" no texto original.

[29] "rua" no texto original.

[30] É possível que a autora se refira a August Timoleon Wistrand (1807-1866) ou a Alfred Hilarion Wistrand, 1819-1874, co-autores de várias obras médicas na Suiça no século XIX, como, por exemplo, *Sveriges lakare-historia ifran Konung* (Stockholm, Norstedt, 1873-76).

[31] "É preciso atribuir o suicídio, o onanismo, a alienação mental, a loucura, os acessos de fúria, a imbecilidade, a histeria, os espasmos, etc., à necessidade sexual insatisfeita". A tradução é nossa.

[32] "Binet-Sangié" na edição original e na francesa. Binet-Sanglé (Charles Hippolyte Louis Jules Binet, 1868-1941) foi médico francês que preconizava o casamento eugênico, o infanticídio e a eutanasia. Foi autor de vários livros, entre os quais figuram *Le haras humain*, 1918; *L'art de mourir: défense et technique*, 1919; *Les ancêtres de l'homme,* 1931; *Les lois psychophysiologiques du développment,* 1907.

[33] Não foi possível identificar o sentido da palavra "injaussées", provável erro de impressão.

[34] "vilatés" no original; "vilatées" na edição francesa.

[35] "chevouchez" no original; "chevauchez" na edição francesa.

[36] Segue a nossa tradução:
"Quantas vezes não tentei arrancar a máscara de certas mulheres tidas como virtuosas e gritar-lhes: Você, Angèle, não tem amante mas toda noite, cada vez numa cadeira diferente, como assim o exige a sua fantasia, você dá a si mesma aquele prazer que é papel do amante dar.

Você, Julie das pupilas dilatadas e das pálpebras meio caídas, não tem amante mas até cinco vezes ao dia você cavalga sempre o mesmo braço de uma pequenina poltrona.

Você, Helena, não tem amante, mas um dia, conversando com a Senhora de X sobre aquela sua amiga Agnés--a do nome comprido--você disse rindo a seguinte frase: —Agnés tem uns lábios horrorosos, mas eles grudam tão bem!

Você, Jeannete, não tem amante, mas se os cães falassem, a lingua do nosso [cão] King Charles teria longas historia para contar sobre sua virtude.

Você, Elise, não tem amante, mas durante uma travessia uma senhora ao entrar no seu camarote levantou a tampa de um estojo e ficou estupefacta ao constatar que seus dezoito anos se comprazem com o uso de um falo artificial.

Elise, que não tem amante, não é portanto mais virgem. Mas você, Ivonne, que permanece intacta, você ainda assim tem um amante. Vocês dois se esgotaram mutuamente até se passarem a tuberculose. Ah, foi um bacilo, sim, que encontramos na saliva de vocês, Ivonne da boquinha tão pequena que se compara a seu olhos.

[37] No texto original transcreve-se "no intervalos", a edição francesa transcreve "no intervalo".

[38] Nogueira Cobra refere-se ao centro comercial de São Paulo, então conhecido como o "triângulo", que atendia a burguesia emergente. Numa época de plena expansão financeira e comercial, nesta área encontravam-se os bancos de maior estatura e as maiores lojas da cidade, tais como a Mappin e a Casa Alemã.

[39] Segue a nossa tradução:"O poder dos preconceitos morais penetrou profundamente no mundo mais intelectualizado, o mais aparentemente frio, o mais depurado de hipocrisia— e, como não podia deixar de ser, esta influência teve efeitos dos mais nocivos, posto que ela entravou e desnaturou". *Além do bem e do mal* foi publicado em 1886 e Nogueira Cobra provavelmente cita de uma tradução francesa que circulava no Rio de Janeiro na época. Note-se que os verbos "entravar" e "desnaturar" em francês, assim como em português, são verbos transitivos. A citação dos verbos sem objeto sugere uma possível omissão na transcrição do francês pela autora.

[40] Atribui-se a Artur Schopenhauer (1788-1860) a variante do provérbio turco ("As mulheres têm os cabelos compridos e a inteligencia curta"). "A mulher é um ente de idéias curtas e cabelos compridos".

[41] Em seu famoso ensaio sobre a mulher publicado no livro *Parerga und Paralipomena* de 1851, Schopenhauer postula a inferioridade tanto qualitativa como quantitativa da mulher baseado em supostas deficiências naturais: a falta da razão, de força física, da capacidade de amar e de uma faculdade estética que lhe possibilite apreciar a arte. A citação de Nogueira Cobra, cuja tradução será encontrada a seguir, é oriunda desse ensaio: "O número de mulheres casadas é bastante restrito, e existe um sem fim de solteironas. Nas classes altas estas últimas passam a vida vegetando tristemente--pobres criaturas que são, submetidas a duríssimas restrições; enquanto que nas

classes mais baixas da sociedade as infelizes ou se submetem a rudes e árduos lavores, ou se tornam miseráveis prostitutas. A força das circunstâncias as leva a formar uma classe pública e notória, cujo objetivo específico é o de manter protegidas dos perigos e das seduções aquelas mulheres mais felizes que, se ainda não encontraram marido, ainda não perderam as esperanças. Só na cidade de Londres há oitenta mil moças públicas: verdadeiras vítimas imoladas cruelmente no altar do casamento".

[42] Como presidente do Senado da Câmara, o desembargador José Clemente Pereira (1787-1854) foi o principal artífice do "fico", ao instar D. Pedro a resistir a pressão das Côrtes de Lisboa para que retornasse a Portugal. Apesar de seu prestígio como político, Clemente Pereira foi deportado para a França, acusado por José Bonifácio de conspirar contra as instituições brasileiras. Ao voltar do exílio, ocupou outros cargos políticos, inclusive o de Ministro da Guerra em 1844. Foi autor de sugestões para o Código Criminal (1827) e contribuiu para a redaação do Código Comercial (1850).

[43] Segundo Karen Armstrong em *A History of God* (New York, Ballantine Books, 1993), a poligamia já existia na sociedade pre-islâmica e as mulheres das elites gozavam de maior liberdade do que as das classes não privilegiadas. Contrariamente ao que parece pensar Nogueira Cobra, foi só sob a liderança de Maomé que a questão da emancipação da mulher ganhou foro de importância (pp. 157-58).

[44] A autora se refere ao episódio narrado no livro de João VIII, 2-11. O conceito de Nogueira Cobra sobre Cristo parece fundamentar-se no humanitarismo dele mais do que numa suposta crença na igualdade social da mulher. Segundo a interpretação de Elizabeth Cady Stanton em "The New Testament", *The Woman's Bible* (Boston, Northeastern University Press, 1993), a famosa frase de Cristo, em que ele incita os inocentes a atirarem a primeira pedra numa mulher adúltera, é a solução que ele encontra para escapar a uma armadilha política que lhe haviam estendido os fariseus: "Por causa das muitas doutrinas de Cristo, os fariseus concluiram que ele se acreditava autorizado a revogar os mandamentos de Moisés. Foi para comprometê-lo que eles buscaram a sua opinião a respeito do castigo mais apropriado para uma adúltera. Se Jesus lhes tivesse ordenado que a executassem, os fariseus sem dúvida o teriam acusado perante as autoridades romanas de usurpar poderes judiciais; se Cristo tivesse mandado libertá-la, eles o teriam representado ao povo como inimigo da lei e patrono dos maus elementos. Finalmente tivesse Cristo os referido às autoridades romanas, os fariseus o teriam acusado junto ao povo como traidor da causa deste pela liberdade" (pp. 140-141).

[45] Falta pontuação no texto original.

[46] O texto original transcreve "injusta".

[47] *"Prostitueés"* quando citado no original. A autora refere-se aos romances de Victor Margueritte (1866-1942): *Prostituée* (Paris, E. Fasquelle, 1907); *La Garçonne* (Paris, E. Flammarion, 1922); *Le compagnon* (Paris, E. Flamma-

rion, 1923). Houve uma tradução portuguesa de *La Garçonne, A emancipada, romance de costumes* (Rio de Janeiro, Moura Barreto, 1923).

[48] Os romancistas franceses Gustave Flaubert (1821-1880) e Émile Zola (1840-1902) foram perseguidos por sua expressão desinibida de temas até então tidos como obscenos ou imorais. Flaubert foi processado na justiça por atentado à moral ao editar *Madame Bovary* enquanto que a obra de Zola foi freqüentemente denunciada como pornográfica por críticos conservadores da época. Em "O romance experimental", Zola propôs que o romancista, antes de escrever, desenvolvesse um trabalho científico de pesquisa, equivalente ao trabalho feito em laboratórios ou clínicas, para extrair valiosas informações práticas do espaço social sobre as fraquezas e vícios que causavam o crime e a pobreza. Já o romance de Flaubert, *L'education sentimentale*, foi tido como leitura indispensável a todo historiador interessado no período anterior ao golpe de estado de 1851 na França.

[49] O direito do voto feminino, embora aprovado na Câmara dos Deputados em 1919, só foi declarado em 1945.

[50] O advogado e político francês, François Pierre Marie Justin Godard (1871-1956), defensor dos direitos dos trabalhadores, das mulheres e das crianças, deixou uma extensa obra sobre as questões sociais incluindo: *Le travail à domicile*, 1898; *Les experiences sociales*, 1901; *La vie aux colonies. Préparation de la femme à la vie coloniale*, 1938; e "Les lois ouvrières et l'hygiène sociale" em *Traité d'hygiène de Martin et Brouardel*, 1930.

[51] Sempre que a autora cita Margueritte no original, o cita como "Marguerrite". Os irmãos Victor (1866-1942) e Paul (1860-1918) Magueritte escreveram sobre questões morais com temas históricos sendo Paul o mais prolífico. Em 1887 Paul foi um de cinco romancistas que assinou o *Manifeste des cinq* contra Émile Zola e suas doutrinas sobre o naturalismo. Entre 1897 e 1907 Victor e Paul escreveram alguns romances em colaboração que refletiam, estilisticamente, seu interesse na literatura russa contemporânea da época.

[52] "*Prostituées*" no texto orginal.

[53] "défilez" no texto original.

[54] Georges Clemenceau (1841-1929) foi estadista de suma importância durante a Terceira República na França. Como primeiro ministro, entre 1917-20, contribuiu para a vitória dos aliados sobre os alemães. Como ministro do interior em 1906, foi responsável pela implementação de uma lei promulgada em 1905 que visava estabelecer a separação entre o Estado e a Igreja. O referido discurso de Clemenceau no ensaio de Nogueira Cobra é citado na primeira página do romance *Prostituée*. A tradução portuguesa é nossa:

"Infelizmente acabo de me defrontar com a pior forma de degradação humana, com o mais abominável resquício do selvagem bestial, com o assustador problema que faz recuar espavoridos aos próprios teóricos socialistas. Estou-me referindo à prostituição.

O Ministro do Interior está encarregado de levar a cabo a implacável, a imoral regulamentação de um inconfessável estado de coisas. Porque quem expia os vícios dos homens são as mulheres. Se vocês pudessem imaginar o chamado Tribunal Administrativo da Chefatura de Polícia, se pudessem ver a medonha procissão dessas criaturas de todas as idades--dos quinze aos sessenta ou mais anos--criaturas que em si mesmas resumem todo o excesso da infelicidade humana, talvez aí concordariam vocês comigo em que para a moral pública não basta mantê-las encarceradas só porque elas não observaram uns regulamentos que nós não temos o direito de proclamar, cultivando assim, ao Deus dará, o aviltamento diario delas.

Teoricamente, dão-me a incumbência de velar pela saúde pública ameaçada por esta temerária legião. Devo dizer que minha administração cumpre esta responsabilidade com total ineficácia, e isso por meio de práticas contrárias às leis, contrárias mesmo aos princípios de qualquer governo humano. Estou longe de negar que este mal seja aliviado pelo humanitarismo dos funcionários, mas ainda nisso há-de se fazer grandes reparos".

55 Nogueira Cobra transcreve "complaisaice".
56 A citação é do Prefácio de *Prostituée*:

"Este estudo, para onde leva necessariamente toda pesquisa aprofundada sobre a condição da mulher na sociedade atual, não visa, faço questão de dizê-lo, pôr individuos em causa. Graças à boa vontade da Chefatura de Polícia, o autor teve meios de surprender ao vivo o modo como funciona o regime moral. O retrato que se encontrará a seguir é transposto, porém fiel.

Não é fulano ou beltrano quem, por um ato fictício de detração, eu convoco a prestar contas. Intimo, sim, todo um sistema destestável, produto de costumes e de leis iníquas, cuja sobrevivência no século vinte será sem dúvida motivo de espanto para a consciência nacional (quando a ciência tiver completado sua gradual obra educadora). Eis, pois, o preço da saúde física e moral da raça.

Conseqüência fatal da guerrra, a corrupção da moral burguesa deteriorou-se ainda mais

Tal a virulência com que se propagou a sífilis, que ela já contaminou a população na proporção de cinqüenta por cento...

Tenhamos a ousadia de confrontar a peste à viva luz do dia. Um abscesso supurado já vai a meio caminho da cura.

A única enfermidade vergonhosa é aquela que uma sociedade hipócrita não procura sanar".

57 Ver "O misoginismo nas letras", em *Jardins de Salústio*, op. cit. p. 121.
58 Refere-se ao livro *A Isca, quatro novelas* (Rio de Janeiro, Leite Ribeiro, 1922).
59 *"Maître des Forges"*. Peça teatral de quatro atos de Georges Ohnet (1848-1918). Pierre Magnier: ator que se notabilizou por sua representação da personagem Cyrano de Bergerac no teatro Porte Saint Martin, na França.
60 O escritor francês, Alexandre Mercereau (1884-?) contribuiu à expansão do cubismo fora da França através de freqüentes viagens européias. Esteve na Russia em 1906 onde editou a seção francesa de *La Toison d'Or*. Foi na sua casa, durante 1909-1910, que se conheceram os membros da futura escola cubista -- Gleizes, Léger, Le Fauconnier, Métzinger, e Delaunay -- e foi Mercereau que apresentou as obras do grupo em Moscow em 1910 e 1911. Em 1913

organizou uma exposição de arte *avant-garde* em Budapeste e em 1914 organizou e escreveu o catálogo para a exposição da Sociedade Mánes em Praga. Em 1912, publicou *La Littérature et les idées nouvelles* (Paris, E. Figuière).

[61] A tradução, a seguir, é nossa:

"Gostaria que nenhuma jovem fosse ferozmente condenada a uma castidade má conselheira, malsã e cruel, geradora de muitos vícios asquerosos, desde a puberdade até freqüentemente uma idade bastante avançada, momento em que algum Senhor se compraz em consentir casar-se com ela, mas só depois de ter comerciado ao máximo com todos os tipos de mulheres menos encarniçadamente puras. Gostaria que a jovem, a mulher que, fora do casamento, obedeceu a imperiosa voz do coração e da carne fosse considerada de modo idêntico ao homem nas mesmas circunstâncias. Que o noivo atribua à sua virgindade a mesma importância que à da sua noiva, ou vice-versa. Que o marginalizado seja o individuo que abandona a mulher seduzida, com ou sem criança--não a vítima!

Finalmente, que a criança pseudo natural não fosse tratada desnaturadamente e lesada moral e materialmente em todos os seus direitos"!

[62] Dr. Edouard Gaston Dominique Toulouse publicou vários livros que tratavam da relação entre a sexualidade e a vida, entre eles: *La question sexuelle et la femme* (Paris, Bibliotheque-Charpentier, 1918); *Les conflits intersexuels et sociaux*, 1904; *Comment former un esprit*, 1908, traduzido ao português em 1910 sob o título *Como se deve educar o espirito*; *La Question sociale; la question sexuelle*, 1918; *Pour penser et agir; conseils pratiques*, 1919; *Au fils des préjugés*, 1923; *Biotypologie et aptitudes scolaires*, 1934.

[63] A tradução é nossa:

"Tanto rapazes como moças possuem certos temperamentos, umas curiosidades que derrubam um bom número dos obstáculos dispostos ao longo dos percursos mais tradicionais. Quando o instintos se manifestam então, os jovens freqüentemente se deparam com vontades já determinadas. E de um jeito ou de outro a pergunta se impõe ao espírito, depois de já ter emergido no coração: Por que é que a experiencia do amor é tão liberalmente concedida ao rapaz, e estritamente proibida à moça? O problema da desigualdade das convenções sexuais se apresenta para ela com toda a sua força. Conheci moças de boa educação que chegavam a reivindicar para si idêntica liberdade, o mesmo direito em questões sexuais que a moral contemporânea concede aos irmãos delas.

Penso que as moças estavam enganadas, que elas devíam, em vez disso, ter exigido para os rapazes as mesmas obrigações severas que delas são exigidas. Mas nessa área, não era realmente possivel dar-lhes razão definitiva e legitimar essa indignidade da equívoca moral mundana, que permite a uns tudo que recusa aos outros. Não só foi a religião incapaz de justificar essa disparidade, como tampouco pôde impedí-la.

Uma sólida convenção antigamente ocultava esta desigualdade, impedindo que fosse debatida.

Presente na consciência das moças hoje em dia, ela é de fato discutida. Todos os nossos desejos, todos os interesses que temos como homens não podem mais impedir que o problema seja apresentado, e como ele vai ser resolvido ninguém sabe.

A mulher está se perguntando por quê o que vale para o homem não vale para ela".

[64] Menotti del Picchia (1892-1988) poeta *(Juca Mulato)*, romancista *(A mulher que pecou)* e jornalista *(Correio Paulistano)*, foi arauto e participante da semana de arte moderna de 1922. Pronunciou, nesta ocasião, conferência em que no referente à mulher propôs banir-se "da gaiola das rimas o fetiche 'fêmina'" *(A "semana" revolucionária)*. Na citação a seguir, Del Picchia atribuiu à mulher a dupla função social de mãe e trabalhadora fora do lar, dotada de espírito crítico:

"E a mulher? Fora a mulher-fetiche, a mulher-cocaína, a mulher-monomania, *l'eternelle Madame!*

Queremos uma Eva ativa, bela, prática, útil no lar e na rua, dançando o tango e datilografando uma conta corrente; aplaudindo uma noitada futurista e vaiando os tremelicantes e ridículos poetaços, inçados de termos raros como o porco-espinho de cerdas.

Morra a mulher tuberculosa lírica! No acampamento da nossa civilização pragmatista, a mulher é a colaboradora inteligente e solerte da batalha diuturna e voa no aeroplano, que reafirma a vitória brasileira de Santos Dumont, e cria o mecânico de amanhã, que descobrirá o aparelho destinado à conquista dos astros!" *(A "semana" revolucionária*, Org. Jácomo Mandatto, Campinas, Pontes Editores, 1992, p. 21).

[65] Segundo a figura de Zarathustra, o valor da mulher era reproduzir uma raça de superhomens cuja mentalidade se caracterizaria pela coragem, a capacidade de legislar seu próprio valor, e sua visão criativa. Porém, a muher era vista como um ser inferior, com mentalidade igual a do escravo, incluindo uma visão limitada de valorizar a segurança e a estabilidade a cima de tudo.

[66] Ver nota 52, *Virgindade inútil.*

[67] "fazer" na versão original.

[68] Expressão latina do final da ceremônia de casamento pronunciada ao dar-se a benção aos recém-casados que, traduzido livremente, lê-se: "Deus confirme este compromisso que manifestastes perante a Igreja e derrame sobre vós as suas bênçãos. O que Deus uniu o homem não separe".

[69] "Marestau" na versão original. Jean Marestan (1874 - ?) era médico e autor de *L'education sexuelle* (Marseille, Edition de l'auteur, 1911) que teve no mínimo sete edições, inclusive uma tradução portuguesa, *A éducação sexual*, com Prefácio e notas do Prof. J. P. Porto Carrero, publicada no Rio de Janeiro em 1930. Escreveu também *L'Emancipation sexuelle en U.R.S.S.: impressions de voyage et documents* (Paris, G. Mignole & Storz, 1936).

[70] Segue-se nossa tradução para o português:

"São as moças virgens e as viúvas que suprem o mais significativo contingente de histéricas. O mesmo é verdade para a alienação mental.

Em la Salpetrière contaram 1.276 jovens alienadas de um total de 1.726. Entre as mulheres da India que sabiamente se reunem ao adivir a menstruação, a histeria é quase desconhecida. Por outro lado, para cada cem mulheres casadas que falecem, morrem outras cento trinta e uma celibatárias".

[71] É possível que a autora se refira a Emile Goy, *De l'absence congenitale du vagin, considérée surtout au point de vue de sa pathogenie et de son traitement,* Paris, 1880.

[72] Segue-se nossa tradução para o português: "A mulher, por motivo de sua grande sensibilidade, pode, conforme o caso, ser sujeita a impulsos sexuais ainda mais imperiosos do que o homem".

[73] "Baurgas" no texto original e na edição francesa. Michel Bourgas, *Le droit à l'amour pour la femme* (Paris, Vigot, 1903).

[74] É possível que a autora se refira a Erich Erb (1879 - ?), autor de *Ueber Aplasie der Genitalien,* Greifswald (J. Abel, 1903); Paul Brose, *Die galvanische Behandlung der Fibromyome des Uterus* (Berlin, Fischer, 1892); O nome de Zanzoni não foi identificado mas o médico argentino Manuel E. Zamboni (1889 - ?) teve brilhante carreira como médico e professor de anatomia; Michel Étienne Descourtilz (grafa-se "Descourlitz" no texto original e na edição francesa) foi médico e naturalista francês (1775-1835 ou 1838?) que viveu em Santo Domingo/Haiti onde foi cirurgião do libertador Toussaint Louverture. Entre as obras de Descourtilz, as que parecem mais importantes para o estudo de Nogueira Cobra são: a tese de doutorado de 1814, *Propositions sur l'anaphrodisie distinguée de l'agénésie et considérée comme impuissance en amour; Guide sanitaire des voyageurs aux colonies* de 1816; *De l'impuissance et de la stérilité,* 2 vols., de 1831.

[75] Dra. Helene Stocker (1869-1943), autora de *Die Liebe und die Frauen. Minden in Westf* (J.C.C., Brusn 1908), trata-se da condição e a história da mulher; *Die Frau und die Heiligkeit des Lebens* (Leipzig, Neuer Geist Verlag, 1900), sobre a mulher e a paz; *Lieben oder Hassen* (Berlin, Oesterheld, 1915) trata a relação entre a maternidade e o bem-estar dos menores na Alemanha entre 1914-1918; e *Erotik und Altruismus* (Berlin Verlag der Neuen Generation, 1926) trata-se do amor e do altruismo.

[76] A edição francesa transcreve "Um".

[77] Paris, Charpentier, 1903.

[78] A edição francesa transcreve "sete a oito anos".

[79] O texto original grafa "deucação".

[80] O texto original grafa "cuidade".

[81] Em português: "pobre grilozinho escondido no capinzal florido".

Capa da primeira edição
Ilustração de Gilberto Trompowsky

ADALZIRA BITTENCOURT

ESCREVEU

SUA EXCIA. A PRESIDENTE

DA

REPUBLICA NO ANNO

2.500

EM
SÃO PAULO
NO ANNO 1929

SCHMIDT

A JOÃO LUSO[2]

escritor notabilíssimo, glória
das literaturas portuguesa e
brasileira dos nossos dias.

AO BRASIL

DOS MEUS SONHOS

... cada leitor interprete este
livro como entender.
É romance? É fantasia? É crítica?
É obra de ficção, ou pedagógica?
Que sei eu...

> Que ele seja esquisito manjar
> e que cada leitor encontre nele
> um bocado a seu sabor...
>
> A.

1

Corria o ano de 2.500.
O feminismo vencera em toda a linha.
A presidência da República dos Estados Unidos do Brasil, estava confiada a uma mulher.
O exército brasileiro era o assombro do mundo.
O Brasil – o país mais forte, mais belo e o mais rico.
Para aqui convergiam povos de todos os recantos da terra, porém, pouca gente tinha a ventura de poder desembarcar nas centenas de portos da imensa costa brasileira.
A polícia marítima, a polícia de saúde, não consentiam no desembarque, senão dos privilegiados de Deus.
Mil vezes a Inglaterra e os Estados Unidos da América do Norte, tentaram enviar cientistas seus, para estudarem o fenômeno porque passara a raça e a política brasileira. Mil vezes foram esses homens barrados à entrada do porto.
Do pouco que podia transpirar lá fora, do motivo porque a nossa raça se agigantara, vagamente se sabia.
Diziam: descobriu-se no Brasil o elixir da longa vida. Um descendente de Santos Dumont inventou um aparelho que faz a gente crescer e engordar a olhos vistos. Descobriu-se, enfim, a pedra filosofal.[3] E outras coisas assim...

* * *

O comum dos homens do Brasil mede 2m, 40 centímetros de altura.
As mulheres, as menores, medem 1m, 80 centímetros.
Peso mínimo de um homem de 20 anos, 150 quilos; de uma mulher da mesma idade, 100 quilos.

* * *

A medicina se desprestigiara, porque raramente se ficava doente.
Os atestados de óbito eram dados somente por senilidade ou execução legal.
Durava-se comumente 130 a 180 anos.

* * *

Não foi só no físico que o brasileiro se agigantou.
O moral também.
O intelecto também.
Tudo na proporção do físico.

* * *

Era aqui que viviam os maiores cientistas; os inventores das coisas que assombravam o mundo; os financistas, os artistas, os literatos, os oradores, os jornalistas, os estadistas, os industriais de fama mundial.

* * *

Éramos os fornecedores da Europa, do Oriente, dos Estados Unidos e de todos os outros recantos do planeta.

O Rio de Janeiro, Recife, Santos, Fortaleza, Porto Alegre e os outros portos, o mercado que ao mundo fornecia tudo.

Para nós todas as riquezas, todo o ouro, todos os agrados e bajulações...

O Rio de Janeiro a cidade dos contos de fadas. Lindo!

São Paulo a *urbs* dos nababos.[4] Assombroso!

Tudo brasileiro.

Cinema falado – brasileiro. Companhias de estrada de ferro – brasileiras. Empresas de luz, de bondes, de telefones, de gás,[5] de televisão, de teleolfação de telegustação de teleaudição – brasileiras.[6] Companhias de transportes aéreos, de radiotelefonia ou radiofotografia – brasileiras. *Grillos*[7] – paulistas – brasileiros.

Tudo o que vestíamos, tudo o que usavamos, tudo o que comíamos, também brasileiro.

Abrasileirou-se tudo.

E o progresso veio com a nossa gente simples, porém, enérgica e forte.

* * *

Não há mais analfabetos.

No fundo do sertão de Goiás ou da Amazônia que há 560 anos era mata virgem, cheia de bugres antropófagos, se erguem agora as cidades e as vilas dos agricultores do interior. Nessas cidades há prédios de 80 andares; há teatros, bibliotecas, *magazines* de luxo,[8] restaurantes em carros aéreos, etc.

Civilização.

* * *

Durante a colheita do café, da borracha, do trigo, do babaçu, colheitas feitas mecanicamente, os rudes trabalhadores cantam trechos da última ópera lírica que assistiram ou recitam de cor, poemas, os mais lindos, dos últimos livros brasileiros, ou dos livros baratos que acabam de aparecer em Paris.

De volta da roça, em casas higiênicas e confortáveis, dentro de jardins, ou em seus apartamentos num 38.º ou 75.º andar, ouvem pelo rádio o que se canta no Rio, em Buenos Aires ou em Tóquio.[9]

* * *

Era esse o Brasil do ano 2.500, governado pela primeira vez por uma mulher.

2

Doutora Mariângela de Albuquerque. Presidente da República dos Estados Unidos do Brasil. 28 anos de idade. *Paulista*. Diplomada em

Medicina e em Direito. Esbelta. Olhos de veludo. Boca pequena e lindos dentes. Pele de cetim. Talento de escol. Cultura polimorfa. Boa. Sensata. Meiga. Tipo de beleza. Mulher perfeita.

* * *

Em 1929, no estado do Rio Grande do Norte, a brasileira obteve o direito do voto.[10]
Em 1933 conseguiu ela o direito de voto nacional. Votou. Não foi votada.

* * *

Em 1950 foi que a mulher no Brasil entrou de fronte erguida e passos firmes na senda da política.

* * *

Simultaneamente foram nomeadas duas engenheiras para os cargos de prefeitas do Distrito Federal e de São Paulo.

Sem auxílios de urbanistas franceses,[11] as duas senhoras começaram a transformar como que por encanto as duas mais belas cidades do Brasil.

* * *

Não há beleza numa casa de ricos, cheia de objetos de arte, de tapeçarias finas e móveis caros, sem que a mão da mulher ponha o seu encantamento: aqui uma almofada, uma flor. Ali uma fita, uma renda, um quebra-luz. Lá uma borla de seda, um laçarote...

* * *

O Rio de Janeiro era uma casa de ricos: fidalga, bonita, porém, enfeitada por criados sem asseio, incultos e sem gosto.[12]

* * *

Em 1990, nós brasileiros, éramos ainda como em 1930: Mirrados. Neurastênicos. Pequenos. Trigueiros. Doentes. Feios. Pobres. Analfabetos. Malcriados e estúpidos.

Homens de barbinha rala e fala fina, quase sempre tendo nas veias um pouco de sangue de negro e por isso mesmo, preguiçosos, indolentes... Cheios de taras e doenças.[13]

Mulheres raquíticas ou de excessiva gordura balofa, estéreis, sardentas, espinhentas, incultas, pretensiosas, cabotinas e feias.[14]

Nas grandes cidades é que o cabotinismo feminino campeava fortemente entre as mulheres nulas. No Rio de Janeiro, causava nojo o cabotinismo feminino.[15]

* * *

Pobre Brasil, com tal gente!

Vivíamos permanentemente em crise financeira. As nossas riquezas nada valiam lá fora. O câmbio baixava dia a dia. O nosso solo andava

vazio e inculto. A nossa gente analfabeta. O braço que trabalhava era estrangeiro, o qual juntava o seu dinheiro e lá ia empregá-lo na terra de origem. As grandes companhias que nos serviam eram estrangeiras, e também carregavam com todo o nosso ouro.
Um horror!
Chegamos a sentir o aproximar da bancarrota. Não possuíamos estadistas, nem financistas. Tínhamos uns glutões que só pensavam em usurpar os cofres públicos com a cumplicidade dos amigos.
Era o tempo do afilhadismo.

* * *

Qualquer indivíduo se arvorava do dia para a noite em estadista; galgava a administração. Roubava... roubava... e ajudava seu antecessor a empurrar o Brasil no desconceito estrangeiro.

* * *

Os políticos da situação eram uns autocratas. Uns lorpas. Os oposicionistas eram chatos e estúpidos. Queriam fazer oposição com perfídias e ciladas. Por ocasião das lutas eleitorais, ela era um horror. Um verdadeiro horror: apareciam as mazelas de lado a lado. Mortes. Injúrias. Os jornais andavam cheios de nomes feios; indignos de se lerem.
Um atraso em tudo. A ambição levava o Brasil de mal a pior.
E isso já durava séculos, sem melhorar nada, quando a política do país teve a colaboração feminina.

* * *

As primeiras mulheres que tomaram assento nas câmaras estaduais, foram vaiadas.
Vaiadas como as primeiras que falaram em reivindicações.
Deolinda Daltro[16] que no ano 2.500 tem a sua estátua numa praça pública, trabalhou, sofreu, desiludiu-se. Outras vieram e passaram.
Boa era a semente lançada em terra má.
Boas eram as mãos que semearam.
Custou anos de luta e espera. O feminismo venceu.

* * *

Os primeiros projetos dos legisladores do sexo frágil, não foram sancionados.
Projetos de visionárias...

* * *

O primeiro projeto convertido em lei, denominado "projeto louco", apresentado na Câmara Federal por uma mulher, foi de se acabar com os cemitérios.

Em cada cidade deveria ser inaugurado dentro de alguns meses, grandes fornos crematórios, e com os corpos queimar-se-iam os micróbios que neles pululavam.

* * *

Discutiu-se muito as vantagens e a desvantagens da lei a ser elaborada.
"– O que se havia de fazer das obras de arte dos cemitérios?
– As obras de arte perfeitas, serão colocadas nos logradouros públicos. Os mármores e os bronzes profanos serviriam para a ornamentação das ruas e praças. As imagens iriam para os templos.
Os recintos dos cemitérios, queimadas as ossadas, seriam tranformados em jardins, para que do pulmão-filtro das folhas se purificasse o ar há tanto tempo impregnado de micróbios.
– Isso é matar tradições.
– Isso é acabar de uma vez com focos de infecções perigosas.
– É menosprezar os mortos.
– É acabar com tudo o que representa podridão. Um cadáver pululante de vermes, escorrendo um líquido fétido e amarelo. As carnes moles caindo aos pedaços, empestando a atmosfera com um mau cheiro nauseabundo, causa nojo, repugnância e horror. Prefiro ser queimada.
– É extinguir os meios de homenagear os mortos queridos. É desprezá-los. Vai de encontro à religião, porque no dia do juízo final os corpos ressuscitarão. Assim ensina o *Credo*. E nós somos católicos.[17]
– A ciência ensina que "nada se perde e nada se cria na natureza". Queimados os corpos, os elementos químicos ficam intactos. No dia do juizo final basta que Deus ordene e esses elementos se ajuntarão e os corpos ressuscitarão para os que assim crêem. Para homenageá-los elevem preces; façam atos de caridade em memória deles. Publiquem livros com as suas histórias e biografias.
– E os que podem fazer túmulos ricos?
– Guardem-lhes as cinzas em relicários de ouro e pedras preciosas, e carreguem-nas sempre consigo. Uma caixinha do tamanho de uma cigarreira ou de uma fosforeira é de fácil transporte. Quem é visto é mais vezes lembrado...
– E o dia de finados, festejado com tanta pompa e em que devemos chorar os nossos mortos?
– Nada de chorar em dia certo. Nada de calendariar sentimentos".

* * *

As tribunas estremeceram...

* * *

Os jornais gritaram...

* * *

O projeto passou. Veio a lei. Cumpriu-se.
Ombreamo-nos enfim, com os países civilizados.

* * *

Um outro projeto de lei apresentado por mulher, custou-lhe a vida.
Foi chamado "o projeto da lei desumana".
Era médica a parlamentar e assassinaram-na no dia em que o projeto foi transformado em lei.
Cinco anos mais tarde, um filho da autora foi vítima da crueldade da lei em questão.
Nesse projeto, a legisladora depois de grandes estudos, de apresentações de estatísticas comparativas; de exposições científicas, mandava exterminar sumariamente todas as pessoas atacadas do mal de Hansen.[18]
Nada de paliativos. Nada de sanatórios. Nada de asilos. Uma injeção narcotizante faria dormir o leproso, sonhar por algumas horas coisas lindas, e acabar assim...
Morte feliz. Morte sem dor. Morte sem agonia.
Cremação em seguida.

* * *

Por essa época, sobre o tapete das discussões doutrinárias, andaram rolando as idéias sobre eutanásia. Enquetes pelos jornais. Respostas de médicos em desacordo com suas consciências.
Precisávamos de uma legislação especial sobre eutanásia.
Tivemo-la.

* * *

Um leproso, dos muitos que andavam pelas ruas, conseguiu inocular o verme da lepra num filho da elaboradora do "projeto de lei desumana".
O projeto foi convertido em lei.
Cumpriu-se.

* * *

O Brasil despovoou-se com essa lei.
Meio século mais tarde, porém, dentro das fronteiras deste país imenso, não existia um único doente desse mal.
Os sanatórios e leprosários haviam sido devorados pelas chamas, e em lugar deles, com o dinheiro dispendido para a manutenção desses focos, havia escolas-modelos.

* * *

O divórcio a vínculo, tivêmo-lo, "graças a Deus e graças a Mulher".

* * *

Um outro projeto de lei, elaborado por uma mulher foi a extinção da mendicância. O mendigo é o peso morto de uma nação. É uma chaga social. Deu-se trabalho aos que podiam trabalhar e os que eram doentes foram recolhidos aos hospitais e os outros a asilos, para irem morrendo por mercê de Deus. E essa chaga foi completamente curada. O Brasil precisa de energias fortes e não de sobrecarga. A mendicância que era uma indústria rendosa para o vagabundo, acabou-se.[19]

3

Por toda parte se erguiam Centros de Saúde e Higiene, onde as mães levavam *voluntariamente* os filhos recém-nascidos, para serem pesados, examinados e tratados cientificamente. Entanto, isso para a autora da "lei desumana" era pouco.

A ignorância das mães, fazia-as afastarem-se dos conselhos recebidos dos médicos, e as crianças eram criadas ao "Deus dará" se eram pobres; e se eram ricas, mãos mercenárias cuidavam delas, sem amor, e também cresciam ao "Deus dará".

Era preciso uma lei.
Uma lei severa.
Uma lei dura.
E lá aparecia a médica-legisladora com um novo projeto:[20]

"Art. 1.º – Toda parturiente deverá ser assistida por médico ou médica do governo.

Art. 2.º – Nos casos de urgência, em que não seja possível chamar-se a tempo a médica ou o médico do "Centro de Saúde e Higiene" para assistir o parto, dentro das 24 horas que o sigam, os pais do recém-nascido deverão avisar o "Centro" para que um médico ou médica do governo examine a criança e a mãe.

Art. 3.º – Haverá "Centros de Saúde e Higiene" em todas as cidades, povoações, vilas ou aldeias, com médicos de ambos os sexos para acudirem os chamados.

Art. 4.º – Se a criança não for examinada por culpa dos médicos ou da Diretoria do "Centro de Saúde e Higiene" do distrito, serão estes responsáveis, pagando uma multa de 20:000$000 (vinte contos de réis), perda do lugar que ocuparem, além da cassação do diploma.

Art. 5.º – Dentro das 48 horas que sigam o nascimento, a criança deverá ser registrada no Cartório competente, sendo o registro acompanhado do peso, retrato, e impressões datiloscópicas.

Art. 6.º – O médico chamado para examinar um recém-nascido deverá primeiramente constatar ser o mesmo fisicamente perfeito. Em seguida deverá pesá-lo, fotografá-lo e medi-lo.

§ 1.º – Se for fisicamente perfeito poderá entregá-lo aos cuidados dos pais.

§ 2.º – No caso de encontrar defeito físico incorrigível com os moderníssimos aparelhos ortopédicos, deverá levá-lo imediatamente para o "Centro de Saúde e Higiene" a fim de ser objeto de estudos, e dentro de 3 dias deverá ser exterminado.

Art. 7.º – Se a criança for fisicamente perfeita deverá ser visitada diariamente pelo médico pediatra, que examinará a vista, as fezes, a urina, os órgãos todos, o sangue, etc., e isso durante 30 dias.

Art. 8.º – Decorridos 30 dias e até 3 meses a criança deverá ser examinada 3 vezes por semana e pesada de 8 em 8 dias.

§ único – O resultado desses exames e desse peso deverá ser registrado em fichas, para observações comparativas.

Art. 9.º – Depois de 90 dias a criança deverá ser levada pela própria mãe, duas vezes ao mês ao "Centro de Saúde e Higiene", seguindo as prescrições médicas, sob pena de multa e perda do pátrio poder.

Art. 10.º – A criança que não tiver mãe, ou aquela cujos pais perderam os direitos sobre elas de acordo com o artigo antecedente, irão para a "Casa Nacional da Criança" onde serão criadas e tratadas cientificamente sob vistas médicas.[21]

Art. 11.º – Toda criança deverá durante oito meses ser alimentada somente com o leite materno. Só em caso de força maior, por prescrição do "Centro de Saúde e Higiene", poderá ter ama mercenária.

Art. 12.º – A mãe que ocultar um filho aleijado a fim de não ser legalmente exterminado, em benefício da eugenia da raça, ao ser descoberta será decapitada juntamente com o filho.

Art. 13.º – Os pais que não registrarem os filhos, na forma da lei, perderão o pátrio poder.

Art. 14.º – De 3 aos 15 anos a criança pertencerá ao Estado, e será internada na "Casa Nacional da Criança" a fim de fazer exercícios de ginástica nos ginásios oficiais, sob vistas médicas, e receber educação e instrução primária".

* * *

E por aí afora ia o projeto, obrigando as mães a serem mães.

Nesse tempo, isto é, desde 1920, estava em decadência a mais nobre, a mais bela e a mais digna missão da mulher: *Ser mãe*.

* * *

Discutiu-se o projeto. Modificou-se a redação de alguns artigos. Cortaram uns. Fizeram outros, e o projeto foi convertido em lei; os concursos eugênicos apareceram com concorrentes numerosos e premiados pelo governo.

* * *

Já a criançada brasileira era outra.
Crianças lindas. Fortes. Perfeitas. Sadias.
Os homens, aqueles mesmos carrancas que lutaram contra o feminismo, olhavam agora com simpatia às precursoras da idéia.

* * *

Os legisladores de outrora, só apresentavam projetos de leis tolos, com os quais o Brasil andava quase sempre em *marcha ré*.

As boas idéias nascidas outrora em cérebros masculinos, ficavam dormindo nos arquivos das Câmaras, onde morriam esquecidas com o correr dos tempos.

Diante da nova aurora que despontava então no Brasil-novo, os anti-feministas batiam três pancadinhas no peito penitenciando-se do tempo em que, se a mulher falava em reivindicação de direitos, em igualdade de direitos civis, em aquisição de direitos políticos, em direitos eleitorais, em voto, ouvia sempre a mesma cantilena:

"A mulher é o anjo do lar".
"Precisamos conservar as tradições dos nossos antepassados".
E vinha sempre a seguir uma frase do pintor Pedro Américo:[22]
"... parte serena e angélica do gênero humano..."
Era a chapa.
Sinônimo de "*Não pode* ".

* * *

E diziam:
"A mulher conseguindo o direito do voto vai desorganizar a família".
"Façamos guerra. Barremos a passagem".

* * *

Foi tudo inútil. Deu-se tempo ao tempo e a mulher conseguiu no Brasil o que outras já haviam conseguido em outros países do mundo.

* * *

Aquelas mulheres do tempo de Berta Lutz sabiam já que seriam as mulheres que deviam salvar o Brasil.[23]

* * *

Custou séculos de lutas, mas foi o que se deu.

* * *

Não adiantemos os acontecimentos e vamos lembrar ainda os tempos em que a mulher brasileira legislava tão somente.

4

Uma velha lei, daquelas que estavam destinadas a morrer asfixiadas na gaveta dos arquivos, porque era boa, útil, necessária, mereceu de uma mulher um estudo especial, e foi a seu execução obrigada a ser respeitada. A lei sobre "exames médicos pré-nupciais".

* * *

Nenhum par de namorados se casará sem que os médicos públicos, especialistas e de confiança, os examinem da maneira a mais minuciosa. O sangue era o que maiores atenções merecia. Sangue puro para os casais de puro-sangue.

O exame dos órgãos. Um por um.

Se um dos noivos tivesse um físico com predisposição para a tuberculose, o exame feito era seguido de observação hospitalar. Depois do tratamento, depois de se fortificar e obter alta, ainda assim o paciente sofria a operação da esterilização.

O que seria o filho de um tuberculoso? De um fraco?[24]

* * *

Brasileiro é que não seria.

* * *

Os noivos esterilizados não deixavam descendentes tarados.

* * *

Em outros tempos, (sempre que me reponto ao passado, focalizo o Brasil de 1920 a 1940, pois consulto documentos dessa época),[25] os governos estaduais e federal, pensaram em selecionar a raça dos irracionais.

Em São Paulo abriram-se exposições modelares; instituíram prêmios; gastaram rios de dinheiro.

Os outros estados, como de costume, procuraram imitar São Paulo. É natural. São Paulo foi e será sempre o vanguardeiro.

O governo federal também teve o seu interesse voltado para tão MAGNA questão. Os fazendeiros gastavam fortunas na aquisição de um touro que mandavam vir da Holanda ou da Inglaterra. E cavalos árabes. Gansos chineses. E ratos suíços para pesquisas médicas. E macacos das Indias que nos vinham via Hamburgo com o pomposo nome de *rhesus*, também para pesquisas médicas. E porcos, e galinhas, e pardais, e coelhos, tudo do mais puro sangue, vinham do estrangeiro.

169

E os criadores concediam alimentação especial.

E tratamento especial. E cuidados especiais para que quando fosse da exposição, pudessem aprender espécimes gigantes. Vacas que davam dezenas de litros de leite por dia, e de cujo exame químico se notava pureza; galinhas que punham 360 ovos por ano; cavalos de corrida avaliados em dezenas e centenas de contos de réis; e suínos que chegavam a pesar como um boi.

Os criadores, os avicultores, os apicultores, eram condecorados.

Os animais traziam o peito coberto de medalhas.

As galinhas nos terreiros andavam de pulseirinhas de ouro nos pés... conquistadas nas exposições!

* * *

Enquanto tanto se empenhavam na seleção dos animais, o homem, o brasileiro, o nativo legítimo, continuava analfabeto; carcomido de amarelão; trêmulo de maleita, carregado de sífilis; empesteado até a alma.[26]

Os políticos também.

* * *

No norte do Brasil, esse animal desgraçado, que é o caboclo brasileiro, andava morrendo de fome... e atropelado pelo banditismo!

Em São Paulo, comprava-se alimentação especial para o gado... [27]

* * *

E os governos aplaudiam dizendo:

"Não temos tempo senão para pensar na alimária e no café".

Lembravam somente do café, porque a mentalidade da época conhecia tão somente a monocultura.

* * *

Café. – Café. – Café.

* * *

E o solo brasileiro gozando de todos os climas, desde o tórrido da Amazônia equatorial ao frígido encanecido de neve do Rio Grande do Sul, tudo pode produzir. E há terra para cultivar tudo!

Podendo ser o celeiro do mundo, só se planta café.

Vem a superprodução. Baixam os preços. Crise. Pobreza. Incinerar café. Jogar café no mar...[28]

* * *

A cegueira é um fato e para ela não há cura quando o cego não quer ver.

* * *

O pepino não se amolda depois de velho.

* * *

Continuamos a marcar passo no mesmo lugar. O governo não quer saber disso. Quer apenas se apegar ao mando. Não por patriotismo. Não por ter anseio de trabalhar pelo Brasil, mas tão somente porque tem um estômago...

* * *

Possuindo o solo imenso do Brasil, terra fértil e boa, comprávamos milho à Inglaterra; batatas à Argentina; arroz ao Japão ou às ilhas Carolinas; frutas à Califórnia ou ao Canadá... porque era isso mais fácil do que plantarmos aqui para nosso consumo...

* * *

Um dia uma jovem sonhadora paulista, que tinha o dom de adivinhar, formou um *comitê* de senhoras do seu estado para pensarem na agricultura e na indústria.

Ficou combinado que todas as mães brasileiras (e elas de São Paulo partiram como os 12 apóstolos ou como os bandeirantes de outrora),[29] deveriam rezar diariamente no ouvido de seus filhinhos desde o dia do nascimento, uma frase sacramental:

"O Brasil é grande. O Brasil é nosso! É preciso que cada brasileiro plante durante a vida mil árvores, sendo uma diferente da outra, ou que fabrique um objeto, aperfeiçoando-o dia a dia, a fim de conseguir a suprema felicidade nesta e na outra vida".[30]

* * *

E tanto se interpretou a frase, tanto nela se falou, que a criança desde pequenina pensava nas suas mil árvores diferentes, ou naquilo que devia fabricar e aperfeiçoar. E ia crescendo e plantando, até que se conseguiu encher o solo do Brasil com todas as plantas úteis do mundo.

* * *

A primavera floriu todas as árvores. O outono transformou todas as flores em frutos, e quando veio o inverno os celeiros estavam cheios.

Como nos tempos bíblicos da vacas magras e gordas, de todos os recantos da terra os homens vinham se abastecer nos nossos mercados.

Lá se iam dos nossos portos, navios de laranjas, bananas, cocos, uvas, maçãs, pêssegos, cerejas, ao lado da sacaria de café, de farinha, carnes congeladas, tecidos, perfumes exóticos extraídos das plantas de nossa flora, tudo que outrora importávamos.

E para a delícia do paladar europeu ou asiático, lá se iam também as cobiçadas[31] frutas genuinamente nacionais.

Umas congeladas. Outras em conservas. Outras cristalizadas. Todas com o seu sabor ácido e seus nomes indígenas: bacuri, imbu, ingá, macaranduba, caju, pitomba, pitanga, sapoti, abricó, joá, gabiroba, jatobá, jataí, mangaba, cambuí, araçá, jambo, goiaba, cajá, abacate, genipapo, cambucá, mureci, guaparanga, guabiju, abacaxi, jaca, araticum, melancia, carambola, mamão, caqui,[32] jamelão, jabuticaba, abio, uvaia, maracujá, bacupari, guapeva, cambuci e tantas outras gostosuras brasileiras.

* * *

A indústria caminhou e progrediu com a agricultura. A frase sacramental também fez do brasileiro industrial perito.

* * *

E o Brasil, com as botas de sete léguas, caminhava para o seu destino de glórias!

5

Um fato interessante que devemos à mulher, além do de incrementar no homem o amor à agricultura e à indústria, foi o de amoldar as inteligências e formar-lhes o moral e o caráter.

Nos outros tempos havia no Brasil uma crise terrível de dignidade, de caráter, de brio, de vergonha!

Desde o proletariado até os mais altos governantes, eram todos, homens sem palavra. As exceções eram tão raras que passavam por *fenômenos*, por *anormalidades*...

O que mais alto falava dentro do homem, não era a razão ou a consciência. Não eram os sentimentos, o patriotismo, ou o coração. Era o estômago... sempre o estômago.

* * *

Se os médicos pediatras muito fizeram e muito fazem para conseguir um físico superior para o brasileiro, a mulher-mãe, educada superiormente, aperfeiçoou no filho a alma e o talento.

* * *

Numa reforma geral porque passara a instrução primária, uma velha professora aproveitou um método arcaico, estilizou-o e modernizou-o adaptando-o ao século e às últimas conquistas pedagógicas.

Obrigou a criança a decorar.

Não a decorar as lições para recitá-las como papagaio, pois que as lições eram ensinadas racionalmente, segundo o método da escola ativa, mas decoravam para fazer um exercício mental. Era a ginástica cerebral.

Primeiramente decoravam frases bonitas; versos; contos; depois poesias, poemas e por aí afora.

Todos os dias deveriam rezar de cor aquilo que a mestra dava a decorar na véspera; e de tal forma era o exercício mental que a criança fazia, e tão bem dosados eram os trechos a decorar, que sem a menor canseira a criança sabia mentalmente uma poesia de 50 versos, depois de lê-la uma ou duas vezes.

E foi por esse fato insignificante da reforma de uma velha professora, que no ano 2.500, fora de nossas fronteiras, era um assombro a memória do brasileiro.

* * *

Certa vez na Europa um compatriota nosso, viu-se sem recursos, sem ter no momento em que trabalhar; então lançou mão de sua memória privilegiada e se apresentou em um teatro para dizer de cor aquilo que os espectadores lhe dessem a ler uma só vez.

Foi um sucesso.

Foi obrigado a dar vários espetáculos em enchentes[33] formidáveis.

Endinheirou-se.

Foi glorificado pela imprensa e pela opinião pública, com um dom que no Brasil era comum, pois qualquer brasileiro faria o mesmo.

* * *

Desde os três anos de idade a criança começava a aprender a contar, a ler números, depois a somar mentalmente e mais tarde as outras operações. Assim ia o ensino de matemática em doses homeopáticas crescentes e contínuas, e de tal modo ia transformando a capacidade cerebral, que um brasileirinho de curso ginasial, passava lá fora por matemático consumado.

* * *

Era dessa forma que íamos fazendo os gênios! As inteligências que assombram!

* * *

E os testes iam medindo os talentos...

6

Para que se realizasse no Brasil um casamento, era necessário além dos papéis comuns, e do atestado do exame pré-nupcial, possuir a noiva um diploma da "Escola das Mães".[34]

* * *

A "Escola das Mães", fundada primeiramente por iniciativa particular, deu tão bons resultados que os poderes públicos voltaram a sua atenção para esse problema educacional, considerado o único meio capaz de levantar o moral e o caráter do brasileiro futuro.

* * *

Escusado será dizer, que tornou-se uma escola oficial e de freqüência obrigatória, graças à influência de uma jovem deputada paulista, que da tribuna da Câmara, verberava com ardor até ver que uma lei fora cumprida. (Obrigando todas as noivas a freqüentarem-na, se quisessem se casar.)

* * *

A escola consistia num curso de um ano apenas. Mas tão enérgicas eram as examinadoras que as alunas, as mais inteligentes, eram obrigadas a permanecer na escola dois e três anos. Outras mais avisadas, se inscreviam como ouvintes e quando ficavam noivas já tinham o curso feito, faltando tão somente se diplomarem.

Nesse curso a mulher aprendia a sua missão social; a sua missão no lar; a sua missão política, a sua missão de esposa e mãe.

* * *

A primeira coisa a aprender era o significado da palavra – MULHER.

* * *

Depois, da palavra – MÃE.

* * *

Mãe: Três letras apenas, contém em si vários mundos. Um mundo de responsabilidades. Um mundo de amor, de ternura e de afeto. Um mundo de obrigações. Um mundo de deveres... de renúncias e de sofrimentos...

* * *

A "Escola de Mães" contém cursos de puericultura, eugenia, eufrenia, higiene, elementos de terapêutica e direito de família;[35] a história da mulher; sua evolução através dos séculos. Biografia das mulheres notáveis do mundo, especialmente das brasileiras.

* * *

O curso de pedagogia filosófica e de psicologia infantil era o mais difícil. Era a modelação das almas.

* * *

É necessário modelar a alma da educanda para que ela se compenetre de como deverá fazer, quando for mãe, ao amoldar a alma do filho.

É necessário fazer com que a criança seja boa. Ensiná-la a amar as flores; as folhas, os insetos, os animais, as plantas.

Tudo tem vida.

E tudo o que tem vida é criação de Deus.

Tudo o que é criação de Deus deve ser tratado com amor, com carinho, com doçura.

* * *

É preciso aprender a respeitar e a temer essa figura grandiosa que é a do Criador.

* * *

A criança gosta de lendas. Aprecia as histórias encantadas. Contem-nas às crianças mas enxertem nessas lindas histórias um pouco de moral sadia, de conselhos sábios, fazendo-as acreditar na recompensa aos bons e no castigo aos maus. As histórias são parábolas. É preciso explicá-las às crianças. Dentro das histórias cabem preceitos de higiene: higiene do corpo e sobretudo, higiene do espírito.

* * *

No curso de puericultura, as alunas aprenderão a cuidar de um bebê. O banho, no qual se começarão as primeiras ginásticas. Nos primeiros banhos começaremos a amoldar o corpinho, a afilar o narizinho, a arredondar a cabeça, etc. Há tanta gente arcada, de peito comprimido, de pernas retorcidas.

São defeitos que as mães corrigirão no bebê pequenino, desde os primeiros dias de nascidos.

* * *

A mestra da "Escola das Mães" deve fazer renascer em suas jovens discípulas a tradição de que a mulher deve saber que a mais bela missão que tem sobre a terra é a de ser mãe.

Nada de pensar que ser mãe envelhece, estraga e enfeia. Isso é mentira. Ser mãe remoça, nobilita e alinda. Porém, é preciso saber ser mãe para conservar-se moça e bela. Ser mãe dentro dos moldes da natureza. Se em séculos remotíssimos uma mulher era capaz de conservar-se linda e moça amamentando e criando vinte filhos, por que há de envelhecer agora? Depois que caiu a moda dos vinte filhos e surgiu a moda de um, dois ou três no máximo, é que começaram a nascer as crianças mirradas, anêmicas e feias! As mães também envelhecem mais depressa. Por quê? É que tendo um só filho, geralmente amamentado por uma mercenária estrangeira ou não, de sangue diverso, de natureza diferente, a criança não se adapta ao leite, sente-se mal, passa a sofrer dos intestinos, chora, e a ama que o agüente se quiser. A mãe que não tem o que fazer senão enfeitar-se artificialmente, passa as noites em teatros e ceias, em bailes ou festas e na manhã seguinte, se levanta tarde, mal-humorada, não almoça em hora certa, sente a cabeça pesada, está pálida; tem olheiras, e precisa sair. Tem compromissos para um chá, ou

para um jantar com amigos; tem hora marcada no cabeleireiro e na manicure, quer ir ao cinema cuja fita *precisa* ver, e corre... corre...
Essa vida anormal é que envelhece e enfeia.
Ela quer ser a deusa dos salões elegantes, dos pontos chiques e da fina sociedade! E começa a se corromper... É preferível ser sacerdotisa do lar, mas sacerdotisa de verdade, a ser deusa de mentira.

* * *

O feminismo, o nosso verdadeiro feminismo, é esse. Feminismo brasileiro. Não feminismo importado. Feminismo latino. É colocar a mulher no seu lugar. Levar-lhe aí os seus direitos, pois que ela deve intervir positivamente nos assuntos políticos, nas finanças, nos negócios, a fim de garantir com mais eficiência o esteio forte da família e do lar. Ela deve saber ensinar aos filhos o caminho reto do dever, a aplicação de patrimônios, a honestidade e a justiça...[36]

7

A título de curiosidade, vou transcrever aqui alguns trechos avulsos das preleções feitas na "Escola das Mães", antes de entrarmos em nosso assunto principal.

* * *

A vida da mulher passou por grandes transformações desde a conflagração européia de 1914.

A mulher foi inopinadamente jogada à luta pela existência, sem experiência e sem prática, e assim mesmo venceu em toda linha.

A guerra como um Molok terrível engoliu os homens, e as mulheres executaram todos os trabalhos...

Isso na Europa, ou antes, nos países que enviaram soldados para combate. No Brasil o número de homens permanece integral em relação ao número de mulheres. No entanto o brasileiro que é inteligente viu como as mulheres sabem trabalhar. Viu que no estrangeiro elas desempenhavam todos os trabalhos, e disse lá consigo: "Estou perdendo em casa energias formidáveis!" E o ser forte, sentiu-se fraco e impotente para sozinho manter o lar. Arranjou desculpas: "A vida encareceu. Os dirigentes do Brasil, por inépcia, nos levaram à pobreza. É preciso imitar o que se faz na Europa".

Correu à casa, disse à esposa que parasse de ter filhos e que fosse ao escritório ou à oficina como ele. Mandou as filhas para as repartições públicas ou como datilógrafas de escritórios alheios, e aproveitou inteligentemente todas as energias.

Ele, como não tinha o que fazer, inventou uma nova profissão – inscreveu-se na lista dos SEM TRABALHO.
É contra isso que o feminismo se levanta. A mulher que trabalha não é a concorrente do homem. Ela trabalha porque precisa manter-se e às vezes sustentar toda a família. Voltem os homens para os seus lugares porquanto as mulheres dos seus não querem se afastar.
Não venham os homens dizer dogmaticamente que a mulher é o anjo do lar e por isso não tem direito de voto, não tem direitos políticos. Esses homens exploram em casa o trabalho da esposa, das filhas, da sogra e das cunhadas!
Isso é como uma velha dança chamada quadrilha. Depois de várias marcas, grita o marcante em francês estropiado: "Grand confution.[37] *Cada qual no seu lugar".*

* * *

Meninas: é preciso educar nossos filhos na escola dos nossos antepassados porque a dos maridos de hoje está em decadência proporcional à moral do século.
A culpa é só do homem.
É preciso que a mulher se desdobre em atividades para poder com os seus próprios recursos endireitar a sociedade corrompida pelo homem. A política corrompida pelo homem. Os governos corrompidos. A vida corrompida...

* * *

Nesse momento da preleção, uma aluna novata na aula pede licença para um aparte: "A nossa nobre professora prega com essa doutrina guerra aberta, ódio e desprezo aos homens. Nós somos noivas; vamos nos casar, e devemos ouvir e aprender a odiar aquele a quem vamos confiar a nossa vida e unir os nossos destinos? Aqui viemos aprender a amar ou aprender a odiar"?

* * *

A professora sorriu e continuou em resposta:

Aqui veio, não para aprender a amar, porque amar já devia saber quando aqui entrou. Já deve amar aquele a quem vai unir o seu destino. Já deve amá-lo com a maior cegueira. Cegueira necessária, porque só deve amar a esse e ficar completamente cega para todos os outros homens do mundo.
É preciso, entretanto, estar prevenida e não deixar que ele, como os demais, venha dizer-te que pare de ter filhos e que vá trabalhar nas repartições públicas, ou como datilógrafa de escritórios de estranhos... É preciso que demonstres que não vais cega para o

casamento, julgando que casar é ter uma criatura que te ame, que te beije e te traga doces e vestidos, encontrando depois nesse amigo, o teu senhor, o teu feitor, o teu explorador.

É preciso saber que casar é juntar duas criaturas de sexo diferente para que se completem, se amem, se auxiliem, se respeitem mutuamente.

A mulher deve ser a musa inspiradora, a conselheira, a companheira, a amiga, a enfermeira, a amante e confidente do marido.

Deve procurar mantê-lo no seu lugar de honra. Deve saber que o homem necessita na vida de afetos diferentes e como a esposa não os sabe fazer ele necessita de diversas mulheres...[38]

Houve um reboliço de espanto pela classe.

Não se assustem com isso, diz a professora, pois é da própria natureza do homem.

Embora já passado 50 anos, o homem sente uma saudade e uma nostalgia infinita das carícias de sua mãe. Se ainda a tem, é velha, e já se esqueceu como acariciar um filho que já tem anos.[39] *Se não a tem, fica mais triste porque pensa que se a tivesse, ouvia-a com voz de veludo, aconselhando-o, afagando-lhe os cabelos, dizendo-lhe: MEU FILHO...*

Mas o homem tem também em si, dentro de sua natureza, um pequeno demônio travesso que lhe desperta a necessidade de ouvir loucuras de uma mulher espeloteada, alegre e sensual que não lhe fala de carestia, nem lhe cansa os ouvidos com a lenga-lenga de criados. Uma mulher perfumada, uma mulher bem tratada, uma mulher divinamente bela e pecadoramente provocante, que com beijos quentes, olhar satânico e envenenado, às vezes é loira e outras vezes morena, que lhe fala de amor ora em português ou em castelhano, ora em francês ou em alemão; que sabe amar com requintes de inteligência; que sabe espiritualizar atos materiais, capaz de fazer o marido sonhar coisas paradisíacas... É preciso afagá-lo e acariciá-lo multiformemente, para sozinha satisfazer o demônio travesso que o homem tem lá dentro dele.

Há momentos na vida do homem, em que os seus negócios se perturbam. Ele sente falta de coragem, sente-se vencido, sem ânimo, sem saber o que fazer. Fica mal humorado. Zangado. Neurastênico. Nervoso. A comida, os mais finos manjares, sabem-lhe mal. O café quente, forte e bom, parece-lhe frio, fraco, ruim e requentado... Em casa chega com todo o seu mau humor. É o dia mais difícil da mulher que não está preparada para essa cena.

Imaginemos se ele chegasse assim em casa e encontrasse a esposa pronta para uma festa! Ou não a encontrasse em casa, por haver ido a um baile...

* * *

Quando ele está apreensivo, triste, preocupado, encorage-o. Sê a amiga, a confidente devotada. Sê boa. Sê sensata. Por mais grave que seja o assunto não te zangues. Não te exaltes. Poderás mais tarde, em hora mais oportuna, fazer observações, porém nunca nesse primeiro momento. Se o assunto se prende a finanças, torna-te desprendida de ambições, e com tal magia verás que ao tornar ao trabalho teu marido será bem outro: disposto, alegre, encorajado e feliz.

* * *

Evita sempre que teu marido tenha sócios. Evita conversares amistosamente com os amigos dele. Nunca o espies, nem mandes seguir os passos dele na rua. Não vás de surpresa ao seu escritório. Não andes a remexer-lhe os bolsos.
São bases da felicidade conjugal.

8

Nada há tão difícil e nada tão encantador como o estudo da psicologia infantil.
O escultor que trabalha o barro, tem a volúpia da beleza que amolda.
Assim aquele que deve amoldar a alma da criança. Erguer-lhe o caráter. Engrandecer-lhe o espírito.

* * *

E a mestra fala com uma simplicidade encantadora, sem rasgos de retórica, e sem gestos de dogmatizadora:

A criança deve ser a menina dos olhos da mãe. Estar sempre sob suas vistas. Seus gestos, suas tendências devem ser observados com carinho e com atenção. Se possível, registrados em fichas especiais. A criança, como ensina Garofalo,[40] é um pequeno selvagem. Gosta de ver sofrer. Gosta de contrariar os outros. É egoísta. Quer tudo para si e para isso a sua arma é o choro. Entre duas crianças de 2 e 7 anos, brincando com um jogo de bolas, se a maior ganhar todas as bolas, a outra imediatamente se opõe a entregá-las. A mãe quase sempre, para evitar manhas, manda que o menor fique com as bolas que perdeu à maior. É um erro. O sentimento de justiça

deve ser implantado na alma da criança, como o sentimento do amor, como o temor de Deus. Qualquer que seja a injustiça praticada pela criança, deverá ser reparada pelos pais, que procurarão eliminar do espírito infantil esse vício pernicioso, nunca com castigos corporais senão com boas palavras e sobretudo com o exemplo! O indivíduo injusto torna-se por vezes um trapaceiro, um artificioso... quase sempre um ladrão.
É o leproso moral.

* * *

Nunca deixar que a criança se aposse de um objeto alheio, qualquer que seja a idade da mesma. É preferível vê-la chorar, a fazê-la calar ensinando-lhe a apropriar-se indebitamente do que pertence a outrem. Nesse terreno a mãe deve ser rigorosa para que no espírito infantil não subsista a menor tentação às coisas alheias.

* * *

Há pais que para descobrir quem fez uma tal travessura, prometem não castigar o autor da mesma se este confessar a verdade. Feita a confissão, esquecem o compromisso assumido e castigam a criança que ousou confiar na promessa paterna.
Que péssimo exemplo, esse!
Que má impressão decalcam no espírito infantil com esse engano, esse ato vil, essa cilada que lhe prepararam. E a criança para outra vez mentirá, caluniará, mas não dirá a verdade.
É preciso ensinar a criança a dizer sempre a verdade. É um erro bater-se em um menor por quebrar um copo ou um prato; deve-se observá-lo quando for apanhado em uma mentira, e não por um descuido em que as pessoas grandes também podem incorrer.
A criança deve ser orientada para o culto da Verdade. Os criminalistas ensinam que a criança sem grandes tendências para a mitomania. Mente com facilidade. Inventa coisas absurdas. Narra bravatas que faz... na imaginação.
Devemos combater essa tendência do espírito infantil, ainda mesmo que seja com castigos.
A criança deve ser castigada.
Mas de tal modo é necessário despertar-lhe o brio, despertar-lhe o pudor, que uma simples repreensão valha mais que muitas chineladas.
É no berço que se talham almas. É no berço que se aprende o que devemos e necessitamos saber a vida inteira. É no berço que se educam e se iluminam os corações com a luz benéfica e salutar das virtudes.

* * *

E o berço tudo espera do coração das mães!

9

A gulodice é um dos piores vícios da criança. É o vício que ensina furtar e mentir. A criança deve comer sempre as horas certas. A observância do horário para a alimentação combate esse vício, tido como um dos sete pecados mortais, e é uma norma para a boa saúde.
A criança não deve andar comendo doces, frutas, pão, biscoitos, a qualquer hora sem necessidade.
Abaixo o pão com manteiga, os sorvetes e as balas que andam o dia todo nas mãos infantis!
Que péssimo costume, (muito dos hábitos brasileiros) são doces comprados na rua quando vão a passeio. Comprados no cinema, nas festas de rua, nos bondes! Sujam as mãos. Sujam a roupa de passear; perdem o apetite, e às vezes ficam doentes!
Hora de passeio e só para passeio, hora de tomar lanche ou comer gulodices deve ser aquela fixada e de preferência em casa.
Enfim...

10

Não se deve despertar o medo na criança. O medo não é arma educativa. Nada de querer que a criança fale a verdade senão a "caveira" aparece à noite. Devemos matar todos os papões, todas as cucas, todos os bichos feios que são o pavor da criança.
Não contar histórias pavorosas de coisas de outro mundo, defuntos ou demônios.
Não fazer assombração às crianças.
O medo enraiza n'alma, e nem os anos o tiram. O medo faz do homem forte, um fraco.
Deve-se encorajar a criança, fortalecer-lhe o ânimo, para que ela seja antes um ousado a ser um pusilânime. Devemos convencê-la de que é forte, que vale por si mesma, se queremos vê-la um dia um ser dinâmico que não receia pela vida afora, espantalho algum.

11

Nas grandes cidades, as mães mandam os filhos aos domingos, às matinées cinematográficas e esquecem de mandá-los ao catecismo. Mesmo que os pais não sejam religiosos praticantes, devem mandar os filhos às aulas de sua religião.

Os mandamentos da lei de Deus, são ensinamentos que todos devem saber e todos devem observar, porque do contrário se não temerem o castigo do céu, recebê-lo-ão da sociedade. Nesses mandamentos aprendemos a não cobiçar as coisas alheias, a não matar, a não furtar, e qualquer violação desses preceitos está sujeita a penalidades criminais...

É preferível aprender essas coisas em criança pensando no céu, do que aprender mais tarde mirando pelo pensamento as grades da cadeia. Deve ensinar-se religião à criança na escola, no lar, no templo, na rua, no passeio, onde quer que ela esteja com o espírito predisposto.[41]

* * *

As mães são responsáveis pelos homens de amanhã. Sairá de seu colo o político, o legislador, os governantes e estadistas, os médicos, os professores, os filósofos, como também o ladrão, o assassino, o caften e o bandido. Depende dos bons princípios, dos bons conselhos, dos bons exemplos, do bom meio e da boa educação. E tudo isso compete aos pais e principalmente às mães.

Pergunte a uma mulher que tenha nos braços um filhinho, se ela deseja que o mesmo ao crescer seja o Presidente da República ou se o prefere um assassino que terá de viver 20 ou 30 anos num cárcere. Ela responderá sem pestanejar: "Quero que ele seja o presidente". No entanto, dependerá dela e tão somente dela, fazer do filho o que quiser. Basta ser enérgica e não poupá-lo em pequenino.

A escola lombrosiana diz que há criminosos natos. No entanto pode-se assegurar que o ambiente amparará grandemente esses criminosos.[42]

Dois indivíduos nascidos no mesmo dia, sob o mesmo signo, com as mesmas taras, talhados ambos para delinqüentes, se um for criado num meio mau, em promiscuidade com gente de baixa espécie e o outro for criado no seio de uma família honesta que o eduque moralmente bem, o segundo terá muito menos probabilidades de delinqüir que o primeiro. O ambiente o protegerá; a educação recebida amparada numa moral sadia evitará a queda do segundo na senda do crime.

* * *

Sempre que a criança demonstre más tendências deve ser observada. Porém, saber observar uma criança é sempre difícil. É quase uma ciência. Deixar que o filho aprenda na escola do mundo é um erro. O mundo, a vida é de fato uma grande escola, porém, a *possibilidade de nela se aprender o que é bom e o que é necessário para se triunfar é algo difícil. É catar trigo onde ele é escasso entre muito joio. Pode dar certo. Há muita gente que aprendeu somente nessa escola e triunfou, porém a possibilidade é a mesma do pobre que gasta seu último mil réis na compra de um bilhete de loteria onde jogam 100.000 números. Há uma probabilidade de acertar contra 99.999 de perder.*

Os bons exemplos e os bons conselhos valem por todas as escolas. A lição enraiza e fica.

12

A criança precisa brincar. Precisa correr, saltar e até fazer as suas travessurinhas. Os jogos infantis são melhores que as ginásticas. A ginástica, só ginástica, enfastia. Os jogos, os brinquedos espontâneos distraem.

É preciso fazer ginástica e também deixar a criança livre para a plena expansão de suas vocações e tendências. Só assim poder-se-á comparar os seus gostos e evitar as más inclinações.

Nem todos os objetos fabricados para brinquedos de criança são bons e são úteis. Os pais escrupulosos devem evitar que os filhos tenham brinquedos perniciosos.

Canhões, carabinas, punhais são brinquedos nocivos. Avivam temperamentos bélicos. A criança deve ter no seio e no coração o espírito da paz e da fraternidade universal.

* * *

O baralho é o pior dos brinquedos. Nem mesmo para fazer castelos deve-se dá-los nas mãos de uma criança. Há na pureza do papel de que é fabricado, germes de uma peste calamitosa. Numa casa honesta onde há crianças, eis um objeto que não deve entrar.

* * *

A palavra jogo só se deve dizer referindo-se a jogos esportivos. Nunca àquele que como diversão possa despertar paixões que conduzem ao vício, que é o caminho do crime.

* * *

Não se deve dar dinheiro às crianças senão para elas guardarem em seus cofrezinhos, a fim de despertar-lhes tendências econômicas. Não deixar que elas comprem gulodices de vendedores de rua. Comprando um doce ou um sorvete, muitas vezes estão adquirindo um veneno, para a sua morte.

* * *

A criança rica ou pobre deve durante o dia passar algumas horas descalça.
De manhã é útil brincar ao sol com pouca roupa. A natureza é a vida. É a saúde. É a alegria.
A natureza é o sol; é o ar puro; é o corpo quase desnudo beijado pelo vento; o mar farfalhando suas saias de renda, o sol beijando voluptuosamente a areia branca das praias.

* * *

E a criança precisa de banhos de sol; precisa correr, saltar à vontade, brincando e brigando com o vento, com a brisa e com o ar. Disputando oxigênio com as plantas. Porque isso é a vida. É a saúde e é a alegria. A vida é a natureza estuante. O seminudismo (sem imoralidade) é a vida.

* * *

A alegria da criança, é o elemento primordial para torná-la quando grande, uma criatura boa. A criança que teve uma infância infeliz, terá um coração empedernido pela vida afora. O homem que foi martirizado em pequeno, será um mau, especialmente para os outros homens e raras vezes tem pena das crianças.[43]

* * *

A co-educação é necessária no século.[44] *As crianças de ambos os sexos devem brincar juntas. É preciso acabar de vez com as velharias de outrora. Nada de despertar malícia nas crianças. "Menina não brinca com menino", é uma frase morta. Devem brincar juntos com a mesma liberdade. A menina necessita de saltar, de pular, de correr e não há nenhum mal em brincar como menino ou com meninos. Amanhã essa menina vai estudar entre homens, vai trabalhar entre homens. Esses meninos vão trabalhar entre senhoras. Devem saber que nada de extraordinário há neste convívio. A mulher, dado os novos rumos da sociedade moderna, não pode mais levar vida sedentária. Precisa mover-se, tornar-se ágil, ligeira, dinâmica. E isso só conseguirá sendo criada com alguma liberdade em seus brinquedos, fazendo ginástica estética, dançando, nadando, enfim, aprendendo e praticando os esportes de sua preferência para conservar boa saúde e bom físico.*

* * *

Por instinto, a menina há de ter um momento em que preferirá a sua boneca, aos outros brincos. E isso é natural...

* * *

Algumas mães moças, tendo filhos grandes, não gostam que eles em público a chamem – "mamãe". Preferem passar por irmã mais velha, por uma amiga!
Que ignorância! Que pequenez! Que estreiteza de sentimentos! Deveria orgulhosa mostrar a toda gente os filhos já criados como as suas jóias preciosas, tal qual Cornélia aos Grachos .[45]
Ser mãe é a mais bela, a mais nobre e a mais grandiosa missão da mulher. Ser mãe é ser deusa. É ser rainha. Quantas mulheres não se julgariam imensamente felizes se ouvissem uma boquinha rósea chamar-lhe – "mamãe".
E dizer-se que há mulheres que se envergonham de ser mãe! Que proíbem as filhas de chamá-las em público de "mãe" temendo parecer velhas!
Contra essas mulheres as feministas deveriam se levantar. Essas sim, são anti-feministas embora se interessem por direitos políticos, pelo sufrágio feminino, embora façam "meetings" e escrevam para os jornais sobre emancipação feminina e outros assuntos sociais; são anti-feministas porque se envergonham do papel principal que lhes cabe no grande cenário do mundo.[46]

* * *

São também anti-feministas as mulheres que se masculinizam em seus trajes. As que clamam contra os enfeites e as vaidades tão da índole da mulher.
A mulher deve ser sempre mulher. Não deve deixar de se enfeitar, embora não deva ir ao ridículo.
O pó de arroz, o rouge, os batons, os cremes, os perfumes, as águas de toilette, os óleos, as brilhantinas, os preparados para o banho, para amaciar as mãos, para acetinar a pele, as flores, as fitas, as rendas, as plumas, tudo, constituem objetos necessários à mulher que é mulher.
Ser feminista não é banir essas '"futilidades". A mulher deve saber que é deusa, que é rainha, e que é para ela e por ela que o mundo vibra, que o comércio trabalha, que as fábricas se dinamizam! Tudo se inventa, tudo se cria para a mulher se enfeitar, e ela deve fazer jus ao trabalho do homem ou ao seu próprio, usando tudo que é feito para ela se alindar. Deve se enfeitar para ser agradável aos olhos do seu marido, do seu noivo, do seu namorado, dos homens todos, das outras mulheres e para o seu próprio encanto. A mulher deve ter o maior culto do Belo e a mais ampla noção da Estética. Deve ser bela. Porém, não basta ser bela, é

preciso mais: ser boa. E ainda mais: ser pura. E mais: ser honesta. A mulher deve ser bela, elegante em todos os seus atos e gestos. Não importa estar ou não sendo admirada ou observada. Só, no seu "boudoir", deve ter gestos elegantes e fidalgos. Deve vestir-se com decência e graça. Deve ter um carinho especial para com a sua roupa, seus vestidos, suas sandálias, seus pijamas. No banho deve ter atitudes lindas como a pureza das linhas das estátuas. E por quê? Se ninguém a vê? É para que seus gestos e atitudes se tornem hábitos, e permaneçam sempre elegantes e lindos. Só, ou diante de pessoas que a possam admirar, deve sempre ter as mesmas maneiras gentis, a mesma fidalguia, graça e distinção.

Não deve diante dos filhos fazer um gesto ou dizer uma palavra que possa ferir a vista ou o ouvido da criança. Não deve mesmo ter sequer um pensamento menos elegante ou menos digno diante de uma criança.

13

As mães devem ensinar os filhos e implantar-lhes no coração a virtude santa e boa que é a caridade.

A caridade deve ser uma virtude que a criança veja praticada pela mãe, com assiduidade. Não uma caridade humilhante que avilta, mas uma caridade meiga e fraternal que enobrece e dignifica. Deve ensinar a criança a amar o próximo como a si mesmo.

Há muitas fórmulas para a caridade pura.

A caridade é a mão que dá esmola; é a mão que afaga, a mão que protege e guia, e aponta um caminho melhor. Caridade é o coração que sente a dor e o infortúnio alheio. É o coração que palpita e ama os deserdados da sorte. É o coração que compreende, que compartilha e conforta os sofrimentos alheios. A caridade é a boca que beija a criança que é órfã de mãe, órfã de carinhos, orfã de afetos, de carícias e de beijos. É a boca que ensina o caminho do bem e do dever. É a boca que aconselha, a boca que consola e que conforta uma alma que sofre. A caridade é o coração que ora pelos infelizes, pelos tristes, pelos doentes, e pelos maus. A caridade não tem ostentação. Existe mais caridade num coração que partilha num sofrimento alheio, do que na mão que orgulhosamente derrama uma cascata de moedas... A caridade não é a esmola, mas a esmola é uma caridade. A caridade é a escada que nos conduz ao Paraíso; é a mensageira da alegria e da felicidade. Tão feliz é aquele que a pratica como o que a recebe, porque ela conforta ambos os corações. A *caridade é a estrela cintilante em noite de procela; é o riso encantador, a lágrima que oscila nuns olhos, e o "Deus lhe pague" de uns lábios agradecidos.*

* * *

E a professora da Escola das Mães, vai ensinando, nessa linguagem simples, a aluna a ser mãe, amoldando-lhe a alma, engrandecendo-lhe o espírito, desenvolvendo-lhe a inteligência e o moral ao mesmo tempo que procura aprimorar o físico do brasileiro de amanhã.

* * *

Aí está porque no ano 2.500, o Brasil era o país mais belo, mais forte, e mais rico do mundo.

14

Quando a oficial de gabinete veio anunciar à Presidente a visita de Miss MacDower, grande urbanista newyorkina, Mariângela lia pela vigésima vez aquela carta de Jorge, o maior pintor do mundo. Tinha ainda bailando nos olhos, fixa na retina, aquela exposição de pintura que atraíra ao Brasil cerca de cinco milhões de turistas, artistas, milionários, que aqui vieram adquirir quadros do artista brasileiro, disputados a peso de ouro.[47]

Foi preciso um decreto presidencial para que toda aquela obra de arte, toda a exposição composta de cerca de 15.000 trabalhos, não fosse embarcada para fora de nossas fronteiras. Mariângela adquirira várias telas. A de número 1 era um seu retrato. Fora adquirido pelo governo para figurar no salão nobre do Palácio Azul.

Era um primor.

A senhora MacDower estava maravilhada com o Rio de Janeiro. Nunca sonhara sequer com tanta beleza harmoniosa. Nem nos contos de fadas.

Todos os morros que guarnecem a cidade são jardins cheios de repuxos iluminados à cores, guarnecidos[48] de estátuas de mármore, de bronze, de mica ou de água. Há também monumentos inteiramente de cristal que à luz do sol faz revérberos fascinantes. Aqui e ali, na encosta do morro zigue-zagueia um regato dentro de canais de vidro esterilizadores da água, formando desenhos artísticos. Aos pés do Cristo Redentor do Corcovado desce um desses regatos com a forma de um grande laço de fita, cercado de luzes coloridas. De dia, parece um laço de fita lamê de prata nova. À noite parece um laço de fita de ouro com ourelas de rubis, safiras e esmeraldas.

* * *

A favela é um dos pontos mais lindos. Das pedras naturais do morro, o artista esculpiu grupos de estátuas, vasos, jarrões onde crescem palmeiras elegantes e onde florecem orquídeas raras; à noite há um novo jardim visto do mar ou visto da cidade, cheio de rosas, hortênsias ou outras mil variedades de flores formadas por agrupamento de lâmpadas de cores. Tudo ali foi desenhado a compasso por mãos de artista. O cimo da favela é coroado por uma grinalda de palmeiras, de uma espécie delicadíssima, dentro da qual há um repuxo cujas águas formam no ar uma linda mulher tangendo uma lira. Parece uma grande estátua de cristal. Uma jóia finíssima de Lalique.[49]

* * *

Os prédios da cidade todos de arquitetura modernista,[50] são claros, e as paredes são quase sempre de cristal, de amianto, de mica brasileira ou de alumínio. Há prédios cujo esqueleto são todo de metal niquelado e as paredes inteiramente de cristal. A Prefeitura obriga os proprietários a pintá-los, dourá-los, niquelá-los todos os anos. O centro comercial das grandes cidades brasileiras é coberto de vidro fosco numa altura de 300 a 700 metros sem prejuízo dos grandes arranha-céus. Nos centros de grande movimento em que há vias subterrâneas para os veículos, também a rua em cima é calçada a vidro, clareando assim a que fica no subsolo. Nos pontos onde não existem subterrâneos, o passeio tem em cada esquina um pequeno elevador que leva os pedestres para um primeiro andar estreito onde apenas podem passar duas pessoas juntas, e de onde podem alçar vôo com os pequenos aparelhos que todas as pessoas levam consigo como outrora levavam nas suas bolsas os níqueis para o bonde. Nesse primeiro andar que acompanha os passeios das ruas, as pessoas podem, à pé, cruzar todos os recantos da cidade, sem perigo de ser atropeladas pelos veículos. A arquitetura da época não deixa aparecer telhados. Os prédios são encimados por terraços para aterrissagem dos carros aéreos, mas quando um proprietário extravagante faz sua casa com telhados à mostra, as telhas são pintadas anualmente com um verniz brilhante com cores variadas e decorativas.

A cidade vista das ruas ou vista dos ares, tem a mesma beleza e a mesma alegria.

Quase não há automóveis de passeio. Os veículos são quase todos aéreos. Há os grandes carros para o transporte de muitos passageiros, como os pequenos carros para uma só pessoa. A população pobre usa um aparelho "voador" composto de um motorzinho e 2 asas, que se leva às costas. Alça o vôo de onde está e desce onde se quer, acionando apenas uma alavanca que fecha as asas. As pessoas de mais recursos têm no seu "voador" uma cadeirinha coberta e as mesmas asas, o mesmo motor e a mesma alavanca.[51]

Há também os aviões de luxo, como outrora havia automóveis de luxo.

Em balões fixos no ar, de espaço a espaço está alerta um inspetor de veículos, com os respectivos sinais elétricos para indicar a "mão" a seguir, evitando atropelos. Não há desastres. Em dez anos, houve um único, sem conseqüência alguma. Nem morte, nem feridos, nem avaria no aparelho. Estes são perfeitos. Há neles o máximo de segurança.

* * *

Há pela cidade grandes elevadores que têm no alto estações aéreas para embarque ou desembarque de passageiros. Essas estações tem 300, 1.000 e até 10.000 metros de altura.

* * *

O reclame feito pelos comerciantes, e industriais, obedece a novos processos, novas fórmulas. Grandes balões em forma de letras ou figuras e em proporções agigantadas, coloridos, cheios de um gás luminoso, agrupados, formam as palavras do anúncio ou reclame e levam em cada balão um aparelho para medir a altura e a latitude em que devem permanecer no ar. São atirados no espaço letra por letra na mesma altura e distanciadas umas das outras de acordo com o gosto artístico do anunciante, e ficam soltas no azul, muito acima da altura imposta para a navegação aérea e que é lido de todos os pontos da cidade de dia ou de noite. Duram essas letras 8 e 10 anos e podem ser substituídas com muita facilidade.

* * *

As estradas de ferro que recortam o Brasil inteiro, são todas eletrificadas. O leito onde repousam os trilhos, é recoberto de umas lâminas pequeníssimas e finas de um metal ora dourado, ora prateado, que o torna de uma beleza excepcional. O viajante tem prazer em alongar a vista pela estrada que a locomotiva deixa atrás de si ou que ela vai engulindo na sua carreira vertiginosa. Parece que o leito das estradas de ferro estão polvilhadas de ouro ou prata e que os trilhos são dois frisos niquelados e polidos, tal o brilho adquirido pelo contínuo perpassar das rodas.

Não mais se avistam túneis pretos de fumaça, nem fundos de casas pobres, sujas, escuras e tristes; nem varais com roupas a enxugar; nem estações enegrecidas pelo fumo. As plataformas são alegres e claras. Limpas. Arejadas. Cobertas de vidro fosco, ou trabalhados em vitrais artísticos. Os carros são verdadeiras casas confortáveis. Macios. Sem trepidações, sem pó, grandes, claros, cheios de flores que perfumam o ambiente. Faz gosto viajar.

* * *

Há ainda no Rio de Janeiro, São Paulo e outras cidades importantes, centenas de palácios, hotéis e hospitais aéreos, bem como palácios, hotéis, hospitais e colégios flutuantes.

* * *

A vida num hotel aéreo, onde as pessoas abastadas fazem suas estações em épocas certas, é um encanto. Além da vista maravilhosa, o palácio que é o hotel, pode ir de um lado para outro, mudando os cenários, os climas, as altitudes. Nesses hotéis há salões para baile, aparelhos de rádio, televisão e outros; salas para esportes; barbeiros, cabeleireiros, elevadores. Ótimas orquestras. Cozinha de primeira ordem, para as pessoas que queiram se banquetear, pois a alimentação comum é em comprimidos ou cápsulas onde o químico concretiza as matérias de que necessitamos para alimentar o corpo.

* * *

Muitas pessoas, especialmente gente de letras, artistas, jornalistas e mesmo algum burguês endinheirado, têm seu bangalô próprio, pequenino, aéreo, para veranear. Sobe e desce a qualquer hora, e geralmente são de formatos bizarros, pintados artísticamente. Um ninho de conforto.

* * *

Há hospitais aéreos para os doentes que necessitam de altitude. São arejados, amplos e, às vezes, com capacidade para 200 a 500 pessoas. Não descem senão às plataformas das estações aéreas para se abastecerem de víveres e para o embarque ou desembarque de alguém.

* * *

Também há palácios, hotéis, hospitais ou residências particulares flutuantes, balouçando nas águas mansas do oceano. São quase iguais aos grandes transatlânticos, com todo conforto e higiene. Nos hotéis ou hospitais há praias artificiais, assim é que em pleno oceano, os banhistas com a maior segurança exibem os mais lindos "maillôts", ou os mais elegantes pijamas, sentindo no corpo as carícias da brisa marítima, os beijos ardentes do sol ou os afagos das águas do mar.

* * *

As pessoas que moram em bairros distantes e trabalham em lugares diversos, resolveram o problema da habitação e do transporte, com as casas móveis. A senhora MacDower visitou a residência de um casalzinho de engenheiros e ficou encantada! Sobre o chassis do automóvel marca "Paulista" que suplantou todas as marcas estrangeiras e até o Ford que foi dos poucos que atingiram seis séculos de fabricação, construíram um bangalozinho, de dois andares. No primeiro andar há o salão de jantar que também o é de visitas, e a cozinha; no segundo andar é o dormitório e toilette. Cheio de janelinhas com cortinas de cassa e floreiras derramando gerânios de todas as cores. Passam o dia na cidade e à noite vão para as praias ou para o campo. Sobre a coberta da auto-casa, são colocados canteirinhos artificiais, em formas diferentes, tendo assim o jardinzinho suspenso, onde há mesinhas para o chá ou refresco e cadeiras de vime, e uma rede que é um sonho...

* * *

Há duas fontes de calor, para todos os misteres. A eletricidade ou o carbono e o oxigênio do ar. Este último é o menos usado depois de ter dominado vários séculos. Consistia numa pequena máquina de pressão por onde o ar entrava e era obrigado a passar por um tubo preparado para separar o carbono e o oxigênio do azoto e de outros corpos. Passava depois por uma vasilha cheia de uma substância que impelia o hélio, o carbono, combustívéis e o oxigénio como comburente para o tubo do fogão ou fogareiro, onde era aceso como era outrora o gás, com a vantagem de ser gratuito, bastando possuir o aparelho que é simples, pequeno e de custo barato. Foi, ao ser descoberto, o encanto das donas de casa. Depois, com a descoberta da captação da eletricidade do ar atmosférico e da transformação da força cinética do mar em eletricidade, foi banido, e hoje é somente usado nos lugares atrasados, onde a civilização chega sempre retardadamente.

Hoje, a eletricidade domina tudo, e é grátis como o ar que respiramos.

Todos os prédios, terrestres, aéreos ou flutuantes, móveis ou imóveis, têm um aparelho captador de eletricidade. Com ele tem-se combustíveis, tem-se o acionamento dos aparelhos de trabalho, tais como os gabinetes dentários, as oficinas, as fábricas, as usinas e até os serviços domésticos das casas de família.

* * *

Os fornos crematórios do lixo, são acionados à eletricidade. Desapareceram as nojentas carroças fétidas, que de manhã passeavam pela cidade, abarrotadas de esterqueira e moscas, distribuidoras de micróbios. Agora cada casa tem dentro de um recipiente invisível os pequenos fornos elétricos que transformaram todo lixo da casa em cinzas, usadas nos vasos de flores como o melhor adubo conhecido...

* * *

As casas são varridas, espanadas, lavadas, lustradas, desinfectadas e perfumadas à eletricidade. Não há mais também, as velhas vassouras, os velhos espanadores, nem o terrível pó que enchiam os pulmões de micróbios e os corpos de sujeira. Todas as casas têm nos compartimentos um pequeno orifício ao rés-do-chão, de 10 a 12 centímetros de diâmetro, com um ralo à boca. Acionando um botão elétrico, esse orifício aspirador chupa todo o pó e todo o lixo do compartimento. E com tal força que não se salva nem uma teia de aranha pelas paredes ou pelo teto. E também pequenos objetos leves e úteis! Para salvá-los é que há o ralo. Acionando um outro botão, o ralo se abre e lá se vai tudo para o forno crematório. A seguir faz-se acionar um novo botão elétrico que, ao contrário do primeiro, faz despejar no aposento por uma outra abertura menor, adredemente feita, ar puro que pode até passar por um recipiente com perfumes ou óleos cheirosos, enchendo o aposento de ondas de aroma agradabilíssimo, aniquilando e queimando com doses de ozone todos os micróbios do ar.

Em 1/2 minuto temos uma sala limpa, arejada, purificada e perfumada! A limpeza das ruas é feita pelo mesmo sistema. São lavadas com escovas elétricas diariamente. Por isso, ruas e passeios são polidos e brilhantes. Também o ar das ruas é quimicamente tratado, esterilizado e dosado com oxigênio e azoto, sendo dele eliminado todos os outros corpos nocivos à respiração humana.

* * *

A higiene pessoal também em parte é feita à eletricidade. Há escovas de dentes, acionadas à eletricidade; há duchas para os banhos, cuja água é eletrizada. Há aparelhos metódicos para ginástica. Ligado o aparelho, faz-se ginástica sem auxílio da vontade. E com que energia! Otimo para os indolentes. Deveria ter sido usado no Brasil de 1930 a 1940!

* * *

Fazem-se visitas amistosas ou de cerimônia às amigas, aos doentes, aos parentes que estão longe, aos que estão veraneando no espaço ou no mar, sem se afastar de casa. Depois de apurada a toilette, sem se esquecer os perfumes (há aparelhos de teleolfação), avisamos pelo rádio a pessoa que desejamos visitar. Esta, assim prevenida, abre o seu aparelho de televisão e nos avista em nossa sala onde temos o nosso aparelho em funcionamento. Vêem-se uma a outra, conversam, mostram objetos, tal como se estivessem juntas. Discutem o perfume que aspiram ou o sabor dos doces que estão expostos diante de telegustação e enquanto mastigam a borracha do aparelho, sentem o gosto da gulodice oferecida. Cantam, tocam piano, etc. Depois se despedem, só não podem tocar as mãos que na realidade estão muito distantes. Em compensação trocam beijos, que chegam com estalidos e sabor!

* * *

A justiçã e a vida forense também passaram por transformações. Não queremos nos alongar com descrições fastidiosas e citamos alguns fatos ligeiros:

Os testamentos só são válidos e são resolvidos os inventários em duas horas, quando o testador em vida faz tirar um filme falado em que ele aparece em pessoa e diz por seus próprios lábios o que deseja deixar a este ou aquele dos parentes, mostrando os documentos ou objetos. Na sala das audiências há uma tela e um lugar apropriado onde toda a família, os amigos, as testemunhas e os interessados vão ver e ouvir o finado em suas últimas vontades. O juiz que preside a sessão resolve sumariamente o caso de acordo com a vontade do morto.

Quando o testador não pode filmar, então grava em disco diante de testemunhas, a sua última vontade. Na audiência, as máquinas falantes reproduzem o desejo do morto. O caso não é tão rápido, mas é sumário também. Justiça rápida. Justiça barata.

Os contratos de compra e venda, os contratos matrimoniais, as doações, locações, contratos de enfiteuse, hipoteca, penhor, anticrese, fianças, condicílios, pagamentos de dívidas, promessas de atos legais, tudo enfim é filmado, sincronizado e gravado, facilitando assim a ação dos juízes e dificultando a fraude.[52]

* * *

A cinematografia brasileira derrubou todos os mercados de filmes, pois é a nossa especialidade industrial e de propaganda no estrangeiro. O cenário da nossa natureza, o talento da nossa gente, o aperfeiçoamento das nossas máquinas, a beleza física do nosso povo, fizeram progredir essa indústria. O cinema transmite as figuras movimentadas, coloridas, os sons, os perfumes e o sabor de iguarias deliciosas!

15

A urbanista newyorkina, Senhora MacDower, que viera dos Estados Unidos a convite das urbanistas brasileiras estudar o embelezamento das nossas cidades, a cada passo tinha uma expressão de espanto e entusiasmo por tudo o que via. A engenharia civil era quase que somente exercida por mulheres artistas, havendo nas escolas politécnicas a cadeira de urbanismo, em que cada aluno devia apresentar projetos interessantes, úteis, belos e originais. Daí o nosso Rio ser uma cidade lindíssima e São Paulo ser uma cidade maravilhosa; havia o embelezamento da parte natural, o embelezamento da cidade aérea e da cidade subterrânea. A senhora MacDower estranhou não encontrar fios trançados pelas cidades.[53] Onde estariam os fios telegráficos, telefônicos e condutores de luz? E as brasileiras explicavam gentilmente. A "Light" desapareceu a séculos. A captação da eletricidade atmosférica ou da energia do Atlântico era feita diretamente para as casas, veículos e combustores de iluminação. E era grátis. Grátis como o ar e como o sol.

* * *

Tendo visitado duzentas e tantas das principais cidades, não encontrou uma só em obras de descalçamento para consertos de esgotos, ou de trilhos. Qual a explicação? perguntava a Senhora MacDower! É que, respondíamos, as ruas têm sob elas túneis e galerias subterrâneas, largas, amplas, claras, ventiladas, limpas, arejadas, por onde passam a descoberto o encanamento de esgotos e outros, bem como os fios, dos poucos que ainda se necessita. Se há necessidade de reparos, descem os operários e engenheiros, examinam o serviço, executam-no sem os horríveis buracos e escavações de outrora. A cidade continua linda, alegre e dinâmica lá por cima.

* * *

Noto uma coisa, diz a Senhora Mac Dower. Diziam que os brasileiros se cruzavam com os negros de origem africana e que no Brasil havia mais pretos que brancos, no entanto não vejo nenhum preto, nem sequer uma carapinha, nem um mulato, nem um mestiço. Só criaturas claras e formosas. Que é?

– Fizemos uma grande justiça.

– Aliás a justiça é seriamente respeitada no Brasil de hoje...

– E demos as melhores provas, recambiando todos os pretos, até a 20ª geração, já branca, para a pátria de origem.

– A África?

– Sim. Devolvemos todos para a África. Foi um empréstimo que pagamos com juros altos. Recebemos selvagens e mandamos para lá pretos que eram poetas, jornalistas, militares, aviadores, professores, oradores, advogados, médicos, violinistas, musicistas, milionários, artistas de todo gênero, etc.

– Que acabarão por lá, trepados pelas árvores, comendo carne crua e dançando o jongo.

– Talvez sim e talvez não.

* * *

– E os portugueses?

– Muitos se abalaram também para a África.[54]

* * *

O calçamento das ruas e passeios é feito em mármore de cores diversas com desenhos artísticos, e é brilhante, polido e limpo.

* * *

Todos os repuxos dos jardins, por um jogo de máquinas que dão força à água, formam estátuas, monumentos, bustos ou figuras geométricas, coloridas por efeito de luzes e espelhos.

* * *

Os arbustos e arvoredos de todos os jardins do Rio e São Paulo, são podados e amoldados em desenhos originais, e até retratos! Há um busto de uma das nossas urbanistas, formado pela folhagem de *ficus*, que é um primor de perfeição e beleza.

* * *

As repartições públicas, outrora em pardieiros sujos, como em 1930 o Ministério da Justiça e em 1940 o Tesouro Nacional, a Prefeitura e o Ministério da Fazenda, cujos aspectos externos davam uma triste idéia de nossa situação financeira, são agora em prédios próprios, amplos, de beleza arquitetônica suntuária. Quase sempre de paredes de cristal para que o povo possa fiscalizar os funcionários. E essas instalações fidalgas dão a impressão de ser o Brasil de fato um país rico.

* * *

O palácio presidencial que substituiu o pavoroso "Catete",[55] é chamado o Palácio Azul, e constitui um pequeno paraíso. Uma jóia de arte!

* * *

Do Rio a Niterói, a engenharia fez um magnífico trabalho. De cada lado da baía se erguem dois gigantescos elevadores de mais de quinhentos metros de altura podendo suspender automóveis, caminhões, etc. Ligando o cimo dos elevadores, há uma linda ponte pênsil, de grades rendilhadas, ligando as duas cidades.[56] Sobre a ponte ergue-se uma estátua de metal dourado (a maior do mundo) representando a PAZ.[57] Com cerca de 1.500 metros de altura, e tendo nas mãos dois fachos que são dois faróis (também os maiores do mundo). Esses dois fachos de luz quase tocam o céu.

* * *

Os elevadores são dois esplêndidos fortes (para garantir a PAZ), cujas paredes externas são desenhadas artisticamente dissimulando bocas de canhões.

Ninguém ousará entrar à força na baía.

* * *

Sob a ponte passam todos os navios que entram e saem diariamente do nosso porto.

* * *

São Paulo que era tida em beleza como a segunda cidade do Brasil, para ser a primeira, precisava apenas dos encantos do mar. E o paulista que adora São Paulo acima de tudo, e que é regionalista e vaidoso de seu estado, e com razão, conseguiu transformar São Paulo na primeira cidade da América do Sul. Carregou o mar, serra acima, e São Paulo teve no coração da cidade, nos antigos bairros de Bela Vista, Bexiga, desde o Piques até o Trianon, um mar feito por pulsos de Gigantes: Canais gigantescos, enfiados por dentro da terra, por baixo das serras iam buscar as águas do oceano puxadas por bombas elétricas que vinham em requebros de saias de renda, bordar as praias de areia branca do coração da cidade bandeirante. E havia regatas e jogos e banhos, e gôndolas venezianas e namorados e poesia...

16

Nos primeiros anos de triunfo do feminismo, quando os projetos de leis elaborados por mulheres eram ousados e até perigosos porque não visavam outra coisa senão a conquista de um Brasil maior e de um Brasil melhor, ferindo em cheio os interesses de muita gente, muitas foram as vidas sacrificadas.

De vez em quando, ao ser sancionada uma lei para o bem do Brasil e da raça, os jornais-pasquins picavam a honra e a dignidade da legisladora, vendendo-as a retalho no mercado asqueroso da maledicência. E essas legisladoras não eram mais eleitas. Algumas foram assassinadas misteriosamente. Porém a sua sucessora vinha também oferecer o seu nome, a sua honra, e a própria vida para continuar a obra gigantesca empreendida pelas mulheres.

Uma dessas leis que tão caro custou à sua criadora foi a do fechamento de todos os conventilhos e de todas as casas de *rendez-vous*. As que eram exploradas por estrangeiros, seus exploradores foram expulsos do território nacional como indesejáveis e seus bens confiscados para a campanha do soerguimento moral das famílias. Se eram exploradas por brasileiros, o que raro acontecia, eram esses exploradores condenados a trabalho forçado e perpétuo.

Qual a finalidade dessas casas de encontro clandestino? Seriam para as cortesãs? Não, porque essas infelizes têm os seus lupanares de portas abertas. E então? São para conspurcar a honra das famílias. São para lançar ao vício e à miséria moral as filhas e as donzelas brasileiras; as jovens mães que devem ter a candura dos anjos, porque privam com anjos; as esposas que devem ser puras como os lírios.[58]

— É uma ousadia fechar essas milhares de casas, cada uma com meia dúzia de padrinhos e fregueses poderosos. Alguns são figuras de relevo da polícia. Outros vivem nos palácios entre os nossos governantes. Outros são políticos de prestígio, e a lei será sempre burlada...

Mas as legisladoras, verdadeiras heroínas, apelavam por todos os lados: "Governantes e poderosos por amor do Brasil, salvai as nossas filhas, as nossas irmãs, as vossas esposas. Pelo amor de Deus, salvemos o Brasil. Sacrificai a vossa luxúria, os vossos desejos pecaminosos, como nós sacrificamos as nossas vidas. Porque se fores hoje a uma dessas casas para te encontrares com uma jovem solteira, ingênua, filha ou órfã de um anônimo, ou te encontrares com a esposa de um amigo ou de um desconhecido, amanhã o teu amigo, o teu correligionário também irá a essa mesma casa, no mesmo aposento, testemunhado pelos mesmos móveis, se encontrar e conspurcar tua filha, tua irmã e a mãe dos teus filhinhos"!

* * *

Houve uma guerra civil. Sangue derramado. Mortes misteriosas.......
Valeu o sacrifício. Não mais existe, em todo o Brasil, uma só dessas casas-monturo.

* * *

Também a campanha contra tóxicos e entorpecentes foi violentíssima. Criou-se a cadeira elétrica para os vendedores da morte, vendedores da decadência de uma raça e envenenadores do povo, que se entitulavam vendedores de ilusão.

Os viciados eram condenados a trabalhos forçados. Foi tamanho o pavor que se infundiu, que esse comércio se extinguiu por completo.

* * *

O álcool era outro elemento que estragava o brasileiro que mereceu de uma senhora o estudo carinhoso e a solução verdadeira para a sua morte. Pensaram os nossos dirigentes em imitar os Estados Unidos, criando a lei seca.[59] Uma parlamentar votou contra essa lei. Não daria nenhum resultado e viria, como nos Estados Unidos, aumentar o número de beberrões. Pensaram em regulamentar o consumo do mesmo. Também não era o caminho a seguir. Não é honrado regulamentar um vício. Foi então que essa senhora teve a idéia de criar um imposto pesado para a sua venda. O produto desse imposto seria aplicado no ampliamento de escolas. O álcool passou então, pelo seu preço, a ser a bebida dos deuses. Só os milionários podiam beber vinhos e cervejas. Um chopp pagava 5$000 réis de selos e a casa que o vendia 100% a mais do imposto comum. Vinha pois um chopp a custar 20$000![60]

E o álcool gerador de crimes, conspurcador de honras, veiculador do suicídio e da loucura, que apaga o pudor e a consciência, que alimenta rancores e ódios, que leva para os lares onde ele entra, a tristeza, a miséria, a orfandade, a viuvez, a depravação moral e a desonra, desapareceu do Brasil como que por encanto.

* * *

O fumo também foi taxado pesadamente e os fumantes diminuíram de 80%.

* * *

E a raça ia se formando. Refinando, aperfeiçoando e embelezando. Florescia a indústria de vendas de objetos enfeitados com azas de borboletas, peles de pobres bichos, penas de pássaros, dentes de animais e outras coisas congêneres. Uma lei foi criada amparando a nossa fauna e proibindo tal comércio. A nossa flora tem tanto o que explorar, tanto o que vender, que era crime matarem beija-flores lindos por espírito de mercantilismo. As borboletas policrômicas, essas lindas flores aladas puderam respirar livremente, bem como todos os outros animais. Proibiu-se o engaiolamento de pássaros, bem como o fabrico de gaiolas. Porque é um crime fabricar cárceres para aprisionar os inocentes. E a humanidade andava tão má, que para conquistar dinheiro (sempre o vil metal) não trepidava matar, aprisionar, escravizar o mais fraco, e em triturá-lo numa volúpia sádica. Também a povoação verde, muda, abnegada, heróica, útil e amiga, que é a vegetação, sofria como as borboletas e os pássaros a ação vandálica do homem. A planta tudo nos dá e nada nos pede. Dá-nos o teto, os móveis, os frutos saborosos, as flores encantadoras, os perfumes, as tinturas, os tecidos, o alimento sadio, o remédio, a ornamentação da cidade, a purificação do ar, tudo enfim, do berço ao caixão mortuário. E tantas vezes o homem maltrata a planta tão somente pelo prazer de maltratar.

Fez-se então uma lei para a defesa da natureza, para a defesa da flora, para a defesa da flor.[61]

* * *

A imprensa brasileira foi completamente reformada e modernizada. Acabaram-se os jornais de grande formato, volumosos e incômodos. Adquiriram o formato pequeno de revista. As notícias de crimes e desastres, eram sintéticas. Em duas ou três linhas. Nada de escândalos e títulos garrafais.

Outrora, quando um sapateiro matava ou feria a noiva ou a mulher, lá vinha à baila toda a vida do sapateiro: o que ele comia, onde ele passeava, quantos cigarros fumava, quanto ganhava. Era um romance. Parte era verdade, e outra parte fantasia, que a ninguém interessando, só prejudicava. Só causava o mal.

Agora quando se dá um crime dessa natureza os jornais só podem publicar o seguinte: "O sapateiro fulano, residente à rua tal, assassinou hoje as tantas horas a sua noiva beltrana". E só. Nem retratos, nem espalhafatos. E os crimes diminuíram de 90%! Sobre o suicídio nada se diz. Pois o suicídio é moléstia contagiosa... "Morreu fulano, e o enterro é à tal hora, saindo do féretro da rua tal". Não há tempo para se ler notícias policiais.

Os jornais mais detalhados, são os jornais falados. Em todos os recantos da cidade os jornais falados comentam os casos políticos, o noticiário elegante, as crônicas sobre urbanismo, direito, medicina, vida forense, vida escolar, sociedades etc. Esses jornais falados no Rio, em São Paulo, ou em qualquer outro lugar, são transmitidos para o Brasil inteiro.

* * *

Um desses jornais comentando o motivo porque as mulheres conseguiram tanta coisa inconseguível pelo homem, frisou que o feminismo tinha que vencer assim brilhantemente desde os primeiros passos dados pela mulher, rompendo as suas peias. O maior entrave ao progresso feminino era a sua indumentária. A roupa da mulher desde 1830 até 1910 era terrível: um cabelo longo todo trabalhado em fofos e coques e pitoques pesados de grampos de ferro, travessas de tartaruga guarnecidas de pedrinhas falsas, passadores, grampões e fivelas. Era uma torre ou um castelo pesado e de difícil equilíbrio.

Custava horas para o seu preparo!

A mulher pensou bem no caso. Tomou de uma tesoura, cortou-o; jogou fora os grampinhos, os grampões, bem como as travessas, os enchimentos, as perucas, as fitas, os passadores, as fivelas e disse consigo mesma: destes pesos estou livre! e respirando aliviada pensou com desprezo em Schopenhauer,[62] e tratou de abolir o resto. Olhou os sapatos que usava: uns borzeguins altos com botões até os joelhos. Meteu a tesoura e deixou apenas uns sapatinhos rasos. As ligas de abotoar foram substituídas por argolas de elástico. Aboliu o espartilho, as sete saias engomadas, as camisas de manguinhas, os corpinhos com botões, os vestidos de colchetes, os chapéus com grampos, os enchimentos de peito, de cadeiras, etc.,[63] e deixou a indumentária assim: as meias, duas argolas de ligas, o sapatinho que mal o pé o toca e já se encontra calçado; umas calcinhas de elástico no cós, uma combinação e um vestido de enfiar pela cabeça, um feltrozinho ligeiro ou uma boina e só. Nem um só botão ou colchete. Assim pôde ter tempo para trabalhar, pelos seus direitos e pela grandeza do Brasil.

Mais tarde achou ainda que se vestia demais. Trocou as três peças que vestia, calça, combinação e vestido, por uma só. Um pijama largo e longo. Ficou decentemente trajada usando uma só peça de vestuário. Aboliu as meias e as ligas e tornou-se no ano 2.500 a dominadora.[64]

E o homem? O ser inteligente e único? Continuou pelos séculos afora com o mesmo costume e com os seus 80 botões a abotoar e a desabotoar diariamente! Fez um progresso. Um único. Substituiu as ceroulas compridas de amarrar nos tornozelos, por umas cuecas pelos joelhos sem o competente cadarcinho!... Conservou o borzeguim de 6 botões em cada pé, as ligas complicadas que prendem nas meias e a seguir contorna a perna para depois abotoar. A tal cueca com 3 botões no cós e mais 4 atrás para diminuir ou aumentar; a camiseta de lã com 5 botões; a camisa com mais 6 botões além de ter de abotoar o colarinho atrás num botão postiço e que por isso mesmo tem que abotoar duas vezes! E na frente, o pobre botão tem que entrar em duas casas de camisa e duas do colarinho! Esse herói vale por 4 botões! Depois os punhos em que a abotoadura tem que deitar o nariz em 4 ou 6 casas em cada manga! As calças com 10 botões além dos botões dos bolsos e o das velhas fivelinhas de metal; o colete de 6 botões além da antipática ilheta com a tal fivelinha que anda sempre desabotoada; e a gravata de nós ou de laço, com os seus alfinetes; e o casaco jaquetão, sem falar que usam uns suspensórios presos em 6 botões ou um cinto complicado...

Pobres homens! E dizer-se que o mundo andou tantos séculos nas mãos desses conservadores! Foi por isso que o mundo, até a entrada das mulheres na política, andava numa anarquia terrível: crises, revoluções, guerras e tantos outros males.

17

No ano 2.500 a escola é bem diferente do que foi no século XX. Era preciso difundir o ensino. Era preciso guerrear o analfabetismo. O rádio aí estava. O cinema também. E as escolas passaram a não ter professores. Apenas examinadores que mensalmente anotavam o progresso do estudante. As aulas prelecionadas no microfone corriam o Brasil inteiro de norte a sul. Era assim o ensino das ciências, das letras, das línguas, de filosofia, de história. De tudo enfim. Até música se ensinava pelo rádio. E todos aprendiam. As lições eram ensinadas continuamente. Assim, por exemplo, todas as segundas-feiras de 9 às 10 horas, dava-se lição de história do Brasil, falando-se nessa hora de janeiro a junho, no descobrimento, nas primeiras expedições e no gentio. Às quintas-feiras de 9 às 10 horas, falava-se de janeiro a junho nos primeiros governadores e nas invasões estrangeiras. Em outro dia da semana, no mesmo horário, tratava-se de outro trecho da história. De julho a dezembro dava-se o resto da história até a data presente. E assim todo o brasileiro conhecia a história linda da nossa linda terra.

O mesmo se fazia com as outras disciplinas.

O cinema foi outro fator do combate à ignorância.

Lições de geografia, de história, de botânica, de zoologia, de geometria, de medicina, de cirurgia, etc., eram por projeções coloridas. O aluno aprendia certamente. E as aulas eram mais atraentes, com cinema falado, sincronizado e musicado. Nos centros mais adiantados, as aulas eram dadas pela televisão e rádio. Assim uma aula prática de física e química, observando o mestre, e ao mesmo tempo ouvindo-o. Um mesmo professor dando uma aula era visto e ouvido em centenas e milhares de escolas.

E graças à cinematografia, à radiotelefonia e à televisão, no ano 2.500 todos os brasileiros de qualquer parte deste país imenso são ilustrados e cultos. Gostam de livros. Sabem ler o que é bom. Já separam o joio do trigo.

* * *

Desde o descobrimento do Brasil em 1.500 até quase o começo do século XXII éramos quase desconhecidos no resto do mundo. Quando se falava no Brasil, lá fora, no estrangeiro, diziam logo: "Desejo muito conhecer Buenos Aires, a Capital do Brasil".[65]

Outros queriam vir ao Brasil e "laçar onças e leões nas avenidas da nossa Capital Federal". Quando um dia a grande paulista Guiomar Novaes visitou pela primeira vez os Estados Unidos, perguntou-lhe um jornalista ao vê-la elegantemente trajada: "Então no Brasil se vestem assim? Não se anda de tanga por lá"?[66]

* * *

Trad Horn,[67] um rico americano, esteve vários anos numa exploração na África e fez cinematografar aquele continente com suas tribos de negros selvagens. A vida dos elefantes, dos hipopótamos, das girafas, dos macacos, das avestruzes e dos leões e de todos os animais africanos. Depois de Trad Horn centenas de empresas americanas e européias também filmaram os costumes do gentio, a música e a dança africana. Todo o mundo civilizado viu e aprendeu o que era a África selvagem com seus pigmeus de 1,20 de altura e seus gigantes que se devoram uns aos outros canibalescamente. O Brasil também viu. Viu e gostou.

E com ingenuidade santa, quis fazer um filme igual, com os nossos índios, as nossas sucuris, as nossas onças e os nossos jacarés! Quis e fez. Mas quando ia mandar para o estrangeiro numa propaganda indesejável, uma mulher ousada tomando-lhe das mãos a lata que continha o filme, disse, jogando-a ao mar, como café:

– Aproveitemos a cinematografia para a propaganda inteligente do Brasil no estrangeiro. Não isso, senão continuarão julgando que somos selvagens e antropófagos.[68] É preciso que os nossos governos se interessem pela propaganda do nosso país. É preciso filmar as nossas fábricas, e São Paulo as tem modelares, as nossas empresas, as nossas quedas d'água, as nossas minas em explorações, as nossas matas, os nossos cafezais, as nossas fazendas modelo, as nossas cidades, os nossos vasos de guerra, tudo enfim que representa valor, riqueza, civilização e cultura. É necessário que haja uma verba para a propaganda do Brasil.

* * *

E houve. Intelectuais de ambos os sexos, poliglotas, corriam o estrangeiro fazendo conferências ilustradas com projeções cinematográficas.

* * *

O Brasil ficou conhecido. Teve crédito. O seu dinheiro valorizou-se lá fora. Foi procurado para novos intercâmbios comerciais.
* * *
Uma aurora nova surgiu para nós.
* * *
No ano 2.001 a nossa raça já estava definida. A "Casa Nacional da Criança", já havia selecionado o tipo padrão dos brasileiros. Dentro de suas paredes as crianças eram separadas pelo número de pontos que atingiam, nesse grande trabalho do seu aperfeiçoamento físico. Devia ter *mil pontos* para ser o tipo perfeito. As que atingiam menos de 500 pontos eram esterilizadas e não podiam proliferar. As outras iam ser tratadas para atingir a meta dos 1.000 pontos.

Todas as crianças depois de três anos de idade são internadas, ali. É a maior instituição infantil existente no mundo.

É quase uma cidade. Uma grande cidade de crianças. Uma grande cidade educacional. Nos seus ginásios todas recebem educação física para o seu desenvolvimento e embelezamento. Nos seus auditórios todas aprendem a ler, a escrever, a contar. Todas recebem por conta do governo instrução primária completa. Todas recebem depois educação literária, educação doméstica e educação moral.

Outrora, lá pelos anos de 1930 a 1950, o Brasil era um país de cerca de 40.000.000 de habitantes com 33.000.000 de analfabetos. E os governos colocavam o problema da educação primária em planos secundários, quando não os relegavam para o último plano. No primeiro plano colocavam o estômago e a política. No segundo plano – guerra aos inimigos e agarrar-se ao mando, com unhas e dentes, depois vinham os problemas secundários e a criança não devia ser chamada onde os *grandes* discutem grandes coisas. Esqueciam pois a criança.

A verdade é que a criança é o principal fator da vida. A questão da higiene, a educação intelectual e moral da criança são os problemas máximos de todos os governos. A criança de hoje será o governo de amanhã. Será o cidadão de amanhã, será a mãe de amanhã. E a humanidade está precisando de uma grande profilaxia...

Daí porque no ano 2.001 a criança dos 3 aos 15 anos pertencia ao estado. O governo tem obrigação de difundir a instrução e a educação do seu povo. E nada melhor que fazê-lo de maneira homogênea; por isso criou a Casa Nacional da Criança.
* * *
Devido à contagem de pontos e à esterilização de grande número de indivíduos, centenas e centenas de casais que se uniam não podiam ter filhos. Alguns desses casais, possuindo larga fortuna se entristeciam

por não possuir um herdeiro que gozasse daquelas riquezas depois que eles morressem. Foi então criado por uma iniciativa ousada de mulheres inteligentes e superiores, que desejavam ter a quem oferecer o manancial inesgotável de seus carinhos maternais o "Palácio das Princesas do Brasil", onde elas iam adquirir um filho adotivo a peso de ouro.

* * *

Bem se poderá imaginar o quanto de oposição e de impecilhos encontraram essas sonhadoras para conseguir as princesas de sangue azul dentro da democracia de uma república liberal.

* * *

Quem eram as princesas do Brasil?
Onde o Palácio dessas nobres damas?

18

A questão da formação da raça, empolgava sobremaneira o brasileiro, cujo físico já se distinguia entre os naturais de todos os outros recantos da terra, já pela sua beleza, já pela sua destreza, já pela sua saúde, vivacidade e inteligência.

O cruzamento com estrangeiros que não possuíssem o físico de acordo com as exigências legais, fazia-se depois da esterilização dos noivos. O assunto continuava sempre preocupando os estudiosos. Daí o lançamento da idéia que se tornou uma realidade, apenas no ano 2.222. Se uma lei dessas fosse ventilada em plenário, no parlamento brasileiro nos anos de 1930 a 2030, a idealizadora seria tachada de comunista, por bater-se em pról do amor livre como eles chamavam, e a sua moral seria relegada ao plano ínfimo das meretrizes. Mas, ventilado como foi no ano 2111 para se tornar lei em século depois, era um assunto dentro do seu tempo.

Que idéia? O governo vai selecionar as suas esposas de sangue azul.

Toda a moça que possuísse os 1.000 pontos de perfeição física e que fosse de uma formosura extraordinária, seria escolhida para princesa. Gozava das regalias das nobres de tal título, filhas de reis de verdade. Recebia por conta do governo a mais bela e aprimorada educação e instrução. Viajava pelo estrangeiro para o complemento cultural. Vivia no Palácio das Princesas do Brasil – um palácio suntuoso onde ao lado do luxo e do conforto, tinha ela todas as diversões, todas as riquezas e esplendores de uma corte brilhante.

Cada princesa tinha o seu apartamento, suas criadas, suas damas, vivendo apenas em comum nas horas de divertimento, ouvindo da orquestra palaciana as suas músicas prediletas, lendo os seus autores favoritos, servindo-se das iguarias que o seu paladar preferisse e vestindo-se de acordo com o seu gosto e desejos.

Todos os pais brasileiros ambicionavam ter ao menos uma filha como princesa.

Era sonho de todas as meninas e de todas as moças no Brasil.

Num dia determinado de cada ano, havia uma festa nacional do Palácio das Princesas. Era um dia de glória. Rapazes escolhidos entre a mais fina sociedade; entre oficiais do exército ou da marinha, entre os jovens mais formosos da cidade, que possuíssem também, além dos 1.000 pontos demonstradores da sua perfeição física, uma formosura encantadora e uma moral irreprovável comprovada documentalmente, eram os convidados de honra da festa das princesas.

Nessa festa cheia de pompas e esplendores, cada princesa escolheria entre aqueles rapazes selecionados, aquele que mais lhe agradasse e a festa era então coroada por um casamento especial e temporário daqueles pares. Os homens recebiam, enquanto durassem os laços matrimoniais, o título de príncipes e conviviam com as princesas, cercando-as de cuidados e carinhos até o nascimento do filho. Nessa data ficava sem efeito o casamento. O príncipe perdia o seu título e voltava para a comunhão social de onde saíra. A criança era amamentada pela própria mãe até os 8 meses ou por uma ama escolhida e cujo leite e cujo sangue fossem quimicamente iguais ao da mãe-princesa e podia ser adquirida por um casal sem filhos que a adotasse, ou ia para a Casa Nacional da Criança onde teria um tratamento especial e seria pupilo do Brasil com título perpétuo de Príncipe ou Princesa da raça.

A jovem mãe refazia a sua saúde sob vistas médicas, e seria novamente um ano depois, se seu físico permitisse, candidata de honra à maternidade, escolhendo entre os príncipes da festa aquele que mais lhe agradasse, como esposo temporário de alguns meses.

Muitas vezes, desse convívio do casamento temporário nascia um grande amor. E ao nascer o filho, havendo por lei ficado nulo o casamento, voltavam os 2 ao juiz e se casavam *ad-perpetum*,[69] perdendo a mãe o direito e as regalias de princesa, mas ficando com a glória de ter um filho *príncipe* e com as alegrias de um amor sagrado.

No dia da festa princesas, as mães estéreis ou esterilizadas, ansiosas, festejavam em seus lares o dia abençoado da festa principesca porque por certo naquele dia lhes renascia a esperança de dentro de alguns meses, beijar e acariciar o filho que nesse dia seria concebido, num ambiente feliz, fidalgo e alegre, e que teria o sangue e veiazinha azul...

* * *

Foi na festa suntuosa do palácio encantado das princesas, no ano 2471 que Mariângela foi concebida. Ao nascer trazia toda a beleza física de sua mãe, a mais formosa princesa de então, e toda a energia moral, e a fortaleza de ânimo de seu pai, um jovem oficial do Exército Brasileiro. Fora criada por um casal cheio de sentimentos nobres que a adotaram e a princezinha paulista, pois que nascera em São Paulo, recebia educação aprimorada e crescia como uma flor que desabrocha ao sol; cada vez mais linda, mais encantadora. Quando se fez mocinha eram os acontecimentos políticos a sua maior preocupação.

Militou no jornal durante os anos em que cursou simultaneamente as Faculdades de Direito e Medicina, escrevendo sobre a política da época, com denodo, coragem e audácia.

Seu pai fora Presidente do Estado e Mariângela não apoiava a sua política, por encontrá-la eivada de erros. Fundou um jornal para combatê-lo e em casa acariciava-o respeitosamente aconselhando-o a mudar a sua orientação ou abandonar a política. Custou-lhe muito fazer-se entender pelo velho Albuquerque, e só depois que o mesmo deixou o governo é que Mariângela conseguiu a sua eleição a deputada estadual, e isso apoiada pela oposição. Daí em diante a sua carreira foi rápida, sendo no ano 2499, eleita Presidente da República para o período de 2500 a 2510.

* * *

O seu governo foi um governo inteligente, honrado, probo, laborioso e estava a contento geral do povo. Não havia dívidas externas; não havia crise; não havia os "sem trabalho". Éramos os banqueiros das outras nações. Era aqui o lugar preferido para o turista que diariamente desembarcava em nossos portos para conhecer as nossas riquezas, e as nossas belezas. Nesse ano 2505, o movimento de turismo excedera aos outros devido à grande exposição de arte do maior pintor do mundo.

A exposição patrocinada pelo governo, compunha-se de cerca de 15.000 trabalhos, muitos adquiridos para os museus e salões dos países cultos.[70] Mariângela que comparecera à inauguração da exposição, estava maravilhada. Nem sabia quais as telas de sua preferência. Naquela orgia de cores e de beleza, os seus olhos paravam em algumas telas onde havia auto-retratos do artista. Aquele rosto suave e viril, aquele olhar que refletia uma alma boa e uma inteligência rutilante impressionaram seriamente Sua Excia. Seu coração não ficou indiferente àquele encantamento de seus olhos e ao entusiasmo de sua admiração...

* * *

Aquele rosto formoso, de uma perfeição admirável ela já o havia visto. Não se lembrava onde. Embevecida a olhá-lo dizia intimamente: "Creio que o vi sempre nos meus sonhos. Essa imagem já andou passeando pelo meu coração..."

Saiu da exposição com a figura do artista no pensamento.

Não dormiu.

19

Jorge era um grande artista. Sobrava-lhe inspiração. A sua técnica era perfeita.

No entanto as suas figuras femininas, as suas madonas, as sua musas, tinham todas o mesmo rosto. O quadro nº 1, o maior e mais perfeito, era o de Mariângela no seu gabinete presidencial. O seu olhar iluminado e vivo. O seu seio arfante; os lábios úmidos e rosados, parecem falar, viver, respirar... Em outros quadros: uma mãe embalando um filho; uma noiva apaixonada; um anjo da guarda amparando uma criança... Era sempre o mesmo rosto. O rosto de Mariângela.

Jorge amava Mariângela.

Conhecia-a somente pelos milhares de retratos que os jornais bajuladores estampam dos políticos em evidência.

Mais tarde escrevera-lhe algumas cartas pedindo a sua proteção pessoal e seu prestígio para ampará-lo na sua primeira exposição de arte.

Tímido e modesto como todo verdadeiro artista, não ousava ir ao palácio em busca de uma audiência.

Sabia, entretanto, que Mariângela era a grande amiga dos literatos, dos poetas, dos artistas e dos estudiosos.

De fato, Mariângela concedeu tudo quanto Jorge pleiteou. Comprou-lhe muitos quadros, por algumas centenas de contos de réis. Fez enviar a todas as pinacotecas estaduais, como oferta do governo federal, telas magníficas. Obsequiou com elas, como oferta do Brasil, várias embaixadas estrangeiras. E tudo isso sem conhecer o pintor.

* * *

Alguns dias depois da inauguração da exposição, Mariângela folheando um revista, deparou com um retrato de Jorge. Ficou como que enamorada. Cortou cuidadosamente o retrato e guardou-o em sua pasta para tê-lo sempre diante dos olhos sem que ninguém o visse.

E a mulher-dinamismo, primeiro magistrado da Nação, fazia no ano 2505, o papel de uma provinciana de 15 anos que vivesse em 1830...

Estava apaixonada. Romanticamente apaixonada!

* * *

O amor será sempre o mesmo, em toda parte e em todos os tempos. Desarma o forte, infantiliza os velhos, e cega e enlouquece e mata.

* * *

Mariângela renunciaria tudo para nos braços de Jorge receber em seus olhos e em seus lábios um beijo quente, grande, louco, apaixonado e viril.

206

* * *

Trocaram algumas cartas cerimoniosas e protocolares. Um dia, porém, numa dessas cartas escapara uma frase. Era como uma réstia de luz, que entrasse por uma frincha de porta, num ambiente escuro.

E como duas cachoeiras fortes que vivessem esbarradas em rochas gigantes e se um dia lhes tirassem da frente o rochedo, despenhariam loucas, de um salto imenso, espumejantes, barulhentas e inabarráveis,[71] cantando a alegria da vitória... Assim aquelas duas almas, se abriram em epístolas de amor e ternura.

Foram centenas e centenas de cartas.

20

Fragmentos de algumas das cartas:

* * *

Mariângela:

Esta carta talvez não te desperte interesse, porque a águia nunca olha para o colibri pequenino, nem o Himalaia acaricia jamais o grânulo de areia dos pés do viajor. Entanto vai nas cartas que te escrevo um pouco dos fragmentos da alma perfumada de uma flor silvestre.

Sempre te admirei. Admirei em ti o sentimento, o caráter, a inteligência, a bondade, a nobreza de tua alma e calando esta admiração contemplava-te de longe como quem contempla no céu a trajetória de um astro.

Hoje eu te amo. Mas tu és para mim a deusa de um santuário distante. A intangível que se deve amar de longe, a quem o destino só nos concede a honra de enviar um beijo na pontinha dos dedos, ou nos permite pousar os lábios na fita sagrada que viesse de teus pés.

Minha santinha! Minha noiva espiritual. Sobre a tua cabeça peregrina derrama em jorro a ânfora do carinho, da ternura, do afeto, inundando a tua vida com a luz dourada de um sol misterioso.

Em tua alma a minha alma depõe um beijo ardente.

Jorge

* * *

"São Paulo,...

Meu amigo:

O frio como um véu de noiva envolve esta nossa cidade, o nosso São Paulo das garoas e do romantismo, não é capaz de esfriar nem de um grau o coração de quem ama ardentemente.

Fico absorta meditando o porquê desta ternura que a minha alma sente por você. Se nunca os meus olhos se cruzaram com os seus, nem você jamais ouviu a minha voz, nem nossas mãos se apertaram ainda e eu o amo tanto! O amor tem destes mistérios. É um mistério que me seduz, de amar alguém até o paroxismo, sem mesmo conhecê-lo de verdade. Saber que a minha voz grafada ou ouvida mecanicamente pelo rádio ou pelo fone, é para você como a voz de um anjo ouvida através de nuvens. E a minha voz encoraja, anima, desanuvia as mágoas que você sofre, anima-o porque você é um artista e por isso mesmo um lutador. A arte que você faz há de dominar o mundo, porque maior que ela só o meu amor por você. Você será o homem mais amado do mundo. O maior artista. Só o amor faz os gênios...

M.

* * *

"Minha santinha:
Encantado, simplesmente encantado com a tua carta de ontem, a qual me fez lembrar uma taça de capitoso vinho que a gente toma a pequeninos goles para que a mesma custe a esvasiar. Tua carta li aos bocadinhos. Encheste duas laudas de papel e todavia pareceu-me ela tão pequena; sem dúvida porque é por demais doce em alguns lábios a expressão de certos sentimentos. Eu passaria a noite inteira lendo o que acaso me escrevesses. Daí, achando curtíssima a tua carta, fiz com ela o que faria com uma taça de vinho. A ânfora dourada enche-la-ia várias vezes e beberia a pequeninos goles. Tua carta reli-a vezes sem conta. O meu espírito acabrunhado e triste torna-me incapaz de referir aqui uma a uma as impressões dulcíssimas que as tuas palavras me causaram. Um momento fiquei mesmo a pensar na alegria do meu coração, no dia em que te tivesse enfim ao meu lado e pudesse chamá-la minha. Minha mulher! Meu amor!"

Jorge.

* * *

E assim iam os namorados, numa ternura infinita, trocando carícias, promessas e juras.

* * *

O tempo passava e eles jamais se encontravam para a realização das promessas...

* * *

Mariângela cansava de pedir a Jorge que a procurasse. De pedir que se encontrasse com ela em festas, em reuniões íntimas e até em algum colóquio, em lugar ermo e distante.
Num palácio-hotel que ficava entre nuvens a 5.000 metros de altura.
Num castelo de cristal que o governo possuía para recreio de seus governantes e que estava no fundo do Atlântico a 500 milhas da Guanabara.

No Palácio Azul, onde ela passava os dias. No clube, onde o esperaria à noite.

* * *

Mariângela ia a toda parte. Jorge faltava sempre. Depois escrevia uma linda carta e a alegria voltava aos dois corações.

* * *

Quem enfeixa o poder nas mãos é sempre um autocrata, um déspota, um escravizador. Mariângela era uma exceção à regra. Boa. Boa. Boa.

* * *

Chegou, porém, o dia em que seu *amor-próprio* foi maior que o seu *amor-paixão*.

* * *

Jorge, como sempre, faltara à entrevista marcada por ela. Era demais. Um desaforo! Uma falta de cavalheirismo. Há três anos que lhe fazia isso. Não. Seria violenta e faria com que viesse a sua presença por bem ou por mal. Estava apaixonada por ele. Amava-o.
Inúteis as tentativas de fazê-lo vir por bem.
Viria então por mal.

* * *

Chamou o Chefe de Polícia e mandou que trouxessem o pintor à sua presença.

* * *

A polícia moveu-se em vão, durante três meses. E nesse lapso, 90 cartas vieram ter às mãos de Mariângela, enviadas pelo seu amado.

* * *

A polícia não conseguia deitar os olhos no pintor.

* * *

Uma vergonha! Parecia a polícia do passado! Novas ordens e novo reforço para executá-las.

* * *

Uma manhã Mariângela estava no seu gabinete quando o Chefe de Polícia apareceu com 2 decretos para Sua. Excia. a Presidente assinar.
Eram decretos com sentenças de morte. Uma pobre moça ocultara o filho que nascera sem mãos e o criara até 2 anos de idade. A polícia descobriu. A mãe devia ser decapitada juntamente com o filho.
Entanto a mãe amamentava outro filhinho de 8 meses. Este era belo e perfeito. Um romance triste.

* * *

Porém... *Dura lex sed lex...*[72]
* * *

Mariângela assinou. Sempre que isso lhe acontecia, ela passava o dia triste e amargurado. A carta de Jorge era o seu único lenitivo. Esquecia tudo para só se lembrar dele, o seu Amor, seu grande Amor!
* * *

Assim aconteceu nesse dia.

Às 15 horas ainda relia aquela carta querida quando o telefone tilintou. Era da Chefia de Polícia. Seria outro caso triste? Não. Jorge estava lá. Fora encontrado e estava preso.

O coração de Mariângela pôs-se a dançar dentro dela. Nem podia falar.

– Sim. Que o trouxessem. Ela o receberia às 16 horas.

Como seria longa aquela hora de espera se ela não fosse mulher! Um espelho. Uma criada. Um arsenal de perfumes...
* * *

Uma hora foi curta para que ela se preparasse. Se alindasse... E às 16 horas em ponto entrou em seu gabinete já então todo guarnecido de orquídeas azuis. Trajava amplo pijama de seda branca recamado de bordados e rendas caras. No colo alvíssimo trazia uma volta de pérolas. Nas mãos longas, alvas, perfeitas, apenas um custoso solitário. Estava encantadora.

Mal chegou, apertou a mola que fazia abrir mecanicamente as portas de seu gabinete.

A sua secretária particular participa-lhe a presença do preso.
* * *

– Podia entrar, disse Mariângela com um sorriso que mal escondia as alviçaras de sua alma, corando ligeiramente.
* * *

Depois empalideceu como morta para ruborizar-se novamente.
* * *

Acompanhado de um guarda, Jorge se apresentou.

Aquele rosto suave, belo, viril, sorriu para ela que lhe estendeu as duas mãos, trêmulas... brancas... frias...

– Quero cumprimentar o maior artista do Brasil e do mundo. – disse ela ao estender-lhe as mãos, que Jorge beijou respeitosamente.

Uma lágrima dos olhos dele, ficou a tremer nas mãos dela.

– Agradeço, Senhora, a felicidade que me empolga de ter tido a alegria e o prazer de apertar e beijar as suas lindas e generosas mãos.

Mariângela sorriu-lhe, e ele pôde ver que aquele sorriso ele jamais passara para a tela. Nem ele e nem outros artistas o fariam.

Ela era aos seus olhos um deslumbramento. Muito mais bela do que ele imaginara. Muito mais linda que todos os retratos que ele vira.

De fato, ela estava lindíssima. Um halo de dor mal disfarçada, a tornava de um beleza divina.

* * *

Olhava Jorge com bondade, com amor, e com uma grande mágoa...

* * *

Sentia o coração estrangular-se.

* * *

Jorge era lindo, muito lindo de rosto, porém não tinha mais que 90 centímetros de altura e trazia nas costas uma enorme corcunda.

* * *

Quando ele se despediu, mal transpusera os umbrais da porta, o Chefe de Polícia apresentava à Sra. Presidente dois novos decretos com sentenças de morte. O artista e sua mãe, uma pobre velhinha que vivia há trinta anos segregada com o filho, o seu grande pintor...

* * *

Mariângela olhou o Chefe de Polícia com altivez.

Recebeu dele os dois decretos. Assinou-os com mãos firmes. Era a Presidente.

* * *

O Chefe de Polícia retirou-se.

* * *

Mariângela apertou o botão elétrico que fechava automaticamente o seu gabinete.

* * *

Ficou só. Abriu a pasta onde guardava o retrato de Jorge. Olhou-o demorada e apaixonadamente.

* * *

Sentiu um nó na garganta. Bejou, beijou o retrato.

* * *

Jorge! Jorge! Meu Amor! Meu Amor!

* * *
Ocultou o rosto no côncavo das mãos e pôs-se a chorar.
* * *
Era mulher.

Algumas Apreciações sobre
"Sua Excia. a Presidente da República no Ano 2.500"[73]

... que maravilha não será, a avaliar pelo quadro rápido que você pinta! Que delícia viver no ano 2500!

Mas quanta audácia, menina! Onde descobriu você tais reservas de coragem para arrostar todos os preconceitos atuais e propugnar medidas maravilhosas... Parabéns. Você é muito maior do que eu supunha...

Monteiro Lobato

É um livro de amor e de fé, inspirados um e outra na ciência.

Pereira da Silva

... eu não conheço no Brasil, nada que valha tanto quanto este pequeno livro, como um programa de reformas políticas, morais e socias. E todas essas reformas urge que as realizemos...

Múcio Leão

... Li o volume de Adalzira Bittencourt, com prazer. Ela escreve com elegância, sem afetação. Além de qualidades literárias demostra possuir idéias próprias e vigorosas sobre os vários problemas socias. Muito mais idéia e muito mais cultura que muitos escritores.

Lemos Brito

Há nessas páginas, que percorri com o mais vivo prazer intelectual, a afirmação de uma bela cultura a serviço de uma fina e original sensibilidade literária.

Gustavo Capanema

Lê-se de um fôlego o seu trabalho, tão útil e atual ele é.

Padre Assis Memória

"Sua Excia. a Presidente da Rebública no ano 2.500" é curioso e interessante. Um lindo e luminoso sonho.

Leôncio Corrêa

Admirei sua fina cultura e imaginação poderosa, junto a um certo humorismo que muito nos recreia o espírito.

Mário Mattos

... revela nele idéias emancipadas, a par de muita graça de conceito e justiça na análise.

Gastão Penalva

... reconheci no seu livro, assunto muito do meu particular agrado.

Berilo Neves.

A leitura de seu belo livro encantou-me e instruiu-me, dando-me uma visão radiosa do Brasil de amanhã. É um livro cheio de grandes idéias.

Cristovão Camargo

... Livro cheio de inteligentes luzes.

Alfonso Reys

Em "Sua Excia. a Presidente da República no ano 2.500" há exagero. Não o nego. Mas, no exagero vive uma lição. Há estímulos. Há caminhos e rumos. Há um tema social. Há idéias a seguir...
... É um romance passado num outro clima cultural.

Aarão Rebello

A artista original verdadeira
Adalzira Bittencourt.
Se, depois de espichar o canelim.
Pudesse eu voltar de novo à terra
Veria realizado junto a mim,
O encanto excelso que seu livro encerra.
Deixando ao limbo a insipidez que enterra
Nosso viver no tédio mais chinfrim,
O feminismo, másculo, na berra,
Traria ao mundo progredir sem fim.
Muito grato lhe sou pelo presente
Do livro, que convida alacremente
A sonhar um porvir de glória infinda!
Posso afirmar que a sua profecia
Desmentirá o poeta dizia:
"Renascerei p'ra duvidar ainda?"

Raul Pederneiras

Le livre d'Adalzira Bittencourt, est un roman bizarre mélangé de livre à these et de critique politique et social.

Maria Sabina

SUA EXCIA. A PRESIDENTE DA REPUBLICA NO ANO 2.500

A Adalzira Bittencourt

Há livros de tal forma originais
Que muitos a todos enchem de surpresa,
Não só porque denotam a afouteza
Como porque são raros, inda mais.
Este agora que li, tenho a certeza
Que outros decerto não encontra iguais:
Defende da mulher os ideais
E ataca os homens com cruel fereza.
Longe ao Futuro vai, muito distante,
Quando do tempo, creio que restante
Nem a sombra do Mundo existirá.
– É bom, portanto, o livro, – não faz medo
Pois nos diz que a mulher não é tão cedo
Que a todos nós aqui, governará.

Teles de Meireles

NOTAS

[1] Conservamos a ortografia original das datas bem como a pontuação do texto original em suatotalidade. Bittencourt escreve 2.500, em outras ocasiões escreveria, sem ponto, 2100, 1930 ou 2500.
[2] Armando Erse de Figueiredo nasceu em Beira Alta, Portugal em 1874 e faleceu no Rio de Janeiro em 1950. Era cronista, jornalista, homem de letras. Escrevia sob vários pseudônimos: Jõao Luso, Clara Lúcia e Leopoldo Maia e foi eleito para a Academia Brasileira de Letras em 1932.
[3] É notável que no Brasil, ainda numa tradição medieval, continue-se buscando "a pedra filosofal". A feliz descoberta desta no Brasil futurístico de Bittencourt vai ao encontro do mito sebastianista que prometia uma nação portuguesa feliz e poderosa com o retorno do rei. Uma variante brasileira dessa lenda alegava que com a volta de Dom Sebastião, distribuir-se-iam riquezas imensas e cargos honoríficos, instaurando um paraíso terrestre em *Pindorama*.
[4] Observa-se nesta passagem que o centro do poder brasileiro desloca-se outra vez para São Paulo, estabelecendo um certo tropicentrismo que evoca uma ligação entre as atitudes oligárquicas prevalentes na época de Bittencourt e os eventos históricos do ciclo do café. É curioso que as transformações da sociedade bittencourtiana tragam apenas mudanças superficiais e mantenham a hierarquia estrutural vigente, apresentando uma visão limitada do processo de mudança.

[5] Fundada em 1899 como *Canadian Light*, esta companhia de eletricidade e gás entrou no Brasil meses depois sob o nome de *São Paulo Railway, Power and Light Company*. A partir de 1907, passou a fornecer energia para a cidade do Rio de Janeiro como a *Rio de Janeiro Power and Light Company*. Com mais de 16 empresas, a *São Paulo Light* e a *Rio Light* compunham o *Grupo Light*, sediado no Canadá. Em 1979, a *Eletrobrás* adquiriu o controle acionário que foi subdivido em 1981, marcando a nacionalização da indústria.

[6] Bittencourt antecipa e ressalta a funcionalidade de muitas invenções do século XX, visto que já havia protótipos de alguns dos aparelhos mencionados nesta passagem quando da publicação do livro.

[7] A definição precisa da palavra "Grilos" no contexto paulista dos anos 20 nesta passagem é problemática. O *Dicionário Aurélio* cita várias definições, incluindo "laços" ou "prisões" e, em São Paulo, "guarda de trânsito". Mesmo estendendo o sentido para "guarda noturno," o significado da palavra no contexto dessa passagem continua vago.

[8] *Magazines* de luxo eram publicações periódicas de caráter literário ornadas de gravuras. Por outro lado, dado o contexto, é possível que tenha havido confusão entre a palavra "magasin", que significa loja, e "magazine".

[9] Bittencourt cria uma utopia caracterizada pelo fácil acesso às informações. Paradoxalmente, no entanto, persiste a menção aos "rudes trabalhadores" que, apesar de desfrutarem das vantagens e das informações que circulam devido às transformações dessa utopia, ainda sofrem do estigma da sua classe social.

[10] Segundo Hahner, a potiguá votou em 1927, mas o direito ao voto feminino, adquirido em 1930 através de um acordo entre Getúlio Vargas e um grupo de sufragistas chefiado por Berta Lutz, só foi garantido na Constituição de 1932 (24 de fevereiro). Para um histórico abrangente sobre a luta sufragista brasileira, ver June Hahner, *Emancipating the Female Sex: The Struggle for Women's Rights in Brazil, 1850-1940*, pp. 150-175.

[11] Bittencourt refere-se às inovações na arquitetura brasileira que iniciaram-se com a fundação da Comissão Artística Francesa por Dom Pedro no século XIX. A função da Comissão era criar um padrão formalizado de arte no Brasil através da imposição de regras neoclássicas francesas. O arquiteto francês Grandjean de Montigny (1776-1850) veio ao Brasil em 1816 com a incumbência de projetar uma série de edifícios públicos e privados no Rio de Janeiro e o estilo neoclássico que empregou marcou a arquitetura brasileira do século XIX. Segundo a legislação nova da época, o planejamento urbano das cidades brasileiras teria que seguir o estilo neoclássico, substituindo assim a influência árabe que caraterizava a arquitetura brasileira antes do século XIX. A antiga residência de Grandjean na Gávea, que hoje se localiza no campus da PUC-RJ, e é um dos melhores exemplos da arquitetura do período (*Larousse Cultural Brasil A/Z*, p. 509).

[12] Essa referência ao Rio de Janeiro constitui mais um exemplo da superioridade de São Paulo no mundo utópico de Bittencourt. Veja a nota 4 acima.

[13] Tem-se a impressão que a autora se refere ao caboclo do interior.

[14] Na descrição do aspeto físico do povo brasileiro, Bittencourt subscreve-se ao racismo das idéias fascistas e nacionalistas européias da época.

[15] A conotação negativa da frase "cabotinismo feminino" demonstra o conservadorismo de Bittencourt perante a linha do feminismo liberal baseado nas idéias dos escritores ingleses Mary Wollstonecraft, John Locke e Harriet Mills (divulgados no Brasil através da obra de Teresa Margarida da Silva e Orta e Nísia Floresta Brasileira Augusta). Como vimos nas obras anteriores, o feminismo de Nogueira Cobra era mais radical do que a linha criticada por Bittencourt.

[16] Bittencourt refere-se a Leolinda de Figueiredo Daltro, eleita presidente do Partido Republicano Feminino (fundado em 1910) em 1932. Propôs Daltro a emancipação da mulher brasileira, o voto feminino e o direito da mulher trabalhar como funcionária pública. Ver: Hahner, *op. cit.*, pp. 129-30.

[17] Vê-se nesta passagem que a autora mantem os princípios básicos da religião oficial católica no Brasil de seus sonhos. No entanto, segundo a Constituição de 1988, já não há religião oficial no Brasil.

[18] A exterminação dos leprosos bem como a extinção da mendicância proposta a seguir indicam uma manifestação do movimento de higienização do espaço público associado a um discurso médico e científico para o controle da população pobre nas cidades que cresciam e se industrializavam. Estas idéias eram articuladas também nas plataformas fascistas e "super"nacionalistas da época.

[19] Bittencourt apresenta a mendicância nesta passagem como opção de vida em vez de necessidade para a sobrevivência. Esta revelação estabelece outro exemplo concreto de como o ser humano é conceituado na política nacionalista da época.

[20] A interferência do estado no que concerne à saúde pública relembra acontecimentos semelhantes em outros países autoritários como, por exemplo, a União Soviética, a Alemanha, etc. Também antecipa a política de Getúlio Vargas nos anos trinta.

[21] De fato, Bittencourt estabeleceu em 1930 uma casa para menores abandonados no Rio de Janeiro. As preocupações do discurso médico-científico aparente neste trecho antecipam algumas das atividades políticas de Bittencourt no governo de Getúlio Vargas. Ver também *Direito de curar*, "Homenagem aos Organizadores da 'Primeira Semana da Saúde da Raça' realizada na cidade do Rio de Janeiro de 12 a 17 de janeiro de 1942", (Rio de Janeiro, 1942).

[22] Pedro Américo de Figueiredo e Melo (1843-1905), bolsista da Comissão Artística Francesa, estudou na Academia de Belas Artes no Rio de Janeiro, na França e na Itália. Pintou o quadro *O grito do Príncipe* comemorando "O Grito do Ipiranga" quando o Príncipe Regente (depois Dom Pedro I) declarou a independência do Brasil com a famosa expressão "Independência ou morte"! A citação do pintor estabelece mais uma voz que reforça a submissão da mulher baseada na noção do "sexo frágil" que evoluiu através dos últimos dois séculos da tradição filosófica ocidental.

[23] Berta Maria Júlia Lutz (1894-1976), zoóloga, formada na França, trabalhava no Museu Nacional do Rio de Janeiro. Em 1920, fundou, com Maria Lacerda de Maura, a Liga para a Emancipação da Mulher e logo chefiou a Federação Brasileira pelo Progresso Feminino (Hahner *op. cit.* p. 136).

[24] Mais uma vez emerge a preocupação com a pureza do sangue associada à mentalidade de limpeza social e à medida autoritária de esterilização como meio de controle da natalidade cuja função é ligada à criação de uma raça superior.

[25] É curioso que nesta passagem Bittencourt refere-se ao período de 1920-1940 mas o romance foi publicado em 1929.

[26] Esta descrição física lembra a figura de Jeca Tatu criado por Monteiro Lobato que apareceu na coletânea de contos *Urupês* (1918) e depois em *As idéias de Jeca Tatu* (1919). O caboclo que Lobato desromantizou era um símbolo estereotipado do atraso, da preguiça e da ignorância do sertanejo em contraste com a visão idealizada dos românticos. Mais tarde, convencido da origem patológica dessas caraterísticas, Lobato reabilitou-o como vítima de verminose, da subnutrição e do analfabetismo. Ver o comentário de Monteiro Lobato no final do romance de Bittencourt.

[27] Observa-se o contraste entre o tratamento do gado no sul e a mísera condição de vida do caboclo nordestino, contraste que se nota até nossos dias.

[28] Este comentário ressalta o perigo de uma economia baseada na monocultura. A produção e a exportação do café começou a crescer depois de 1816 sendo o Brasil o maior exportador do produto nos anos 1840-70. O chamado "ciclo do café" durou de 1870-1930. Em 1906 os preços começaram a baixar pela primeira vez causando uma grande crise econômica. Numa reunião dos governadores estaduais de São Paulo, Minas Gerais e Rio de Janeiro, "O Convênio de Taubaté", comprometeram-se a comprar toda a produção e a proibir novos plantios para impedir a flutuação do preço no mercado mundial. O ciclo do café teve sérias repercussões sociais e econômicas para o Brasil: ampliou as vias férreas em São Paulo, modernizou os portos do Rio de Janeiro e Santos e trouxe imigrantes europeus, devido à necessidade de mão de obra após a abolição da escravatura. O café foi o primeiro produto controlado pelo Brasil que acumulou capitais no país e criou um mercado interno importante, o qual desenvolveu as atividades industriais, comerciais e financeiras, e consolidou a hegemonia política e econômica no Centro-Sul.

[29] Vale acrescentar que os bandeirantes, inicialmente em busca de mão de obra escrava indígena e depois de ouro, foram idealizados no período modernista como heróis da nação, como desbravadores independentes e livres.

[30] A referência de Bittencourt evoca o discurso de Júlia Lopes de Almeida que, em 1913, em *Correio da Roça*, expressou o mesmo sentimento nacionalista através de sua obra epistolar na qual estabeleceu um caminho "apropriado" para que a mulher, sem quebrar os laços tradicionais da família, encontrasse uma participação maior na evolução do país. Ver *Correio da Roça*, Introdução e notas de Sylvia Perlingueiro Paixão, (Rio de Janeiro, Presença, 1987).

[31] Na edição original grafa-se "cubiçadas".

[32] Lembremos que o caqui é de origem japonesa.
[33] A expressão "em enchentes", hoje rara, significa "em grande número".
[34] É interessante notar que, na visão parcial de Bittencourt, só haveria preparo das futuras mães e não de ambos os progenitores através de uma "Escola dos Pais".
[35] A intenção do ensino de saúde pública é relacionada com a idéia de melhoramento da raça e a necessidade de preparar a mulher profissionalmente para seu papel de esposa e mãe, sobre a qual Bittencourt tem uma produção literária e legal significante. Ver *Direito de curar* e *37 dias em Nova York*, por exemplo.
[36] Ver os comentários no capítulo introdutório a respeito dos princípios feministas apresentados nesse trecho por Bittencourt.
[37] Grafado assim no original.
[38] Nota-se como Bittencourt, ao amarrar-se a um sistema conservador de oposições binárias, cria uma situação desfavorável para a mulher. O resultado trágico da conclusão do romance representa a decorrência lógica dessa visão de mundo baseada numa ideologia que limita as possíveis transformações sociais às mais superficiais.
[39] Na edição original grafa-se "cans", provavelmente erro de impressão.
[40] Barone Raffale Garafalo (1851-1934), autor de *A criminologia,* publicado na Italia em 1904, defendia a tese naturalista de que uma certa proporção da população nasce com tendências criminosas.
[41] Observa-se nesta passagem outro exemplo do elo entre o estado e a igreja católica que Bittencourt endossa.
[42] A obra de Cesare Lombroso (1835-1909) era conhecida nos meios da antropologia e da criminologia em toda a América Latina. Se sua tese central sobre a predisposição inata ao crime foi amplamente aceita por esses meios, é, segundo Nancy Stepan, assunto ainda a ser estudado com profundidade (p. 51). Ver *The Hour of Eugenics* (Ithaca, Cornell University Press, 1991); Cesare Lombroso, *La donna delinquente; la prostituta e la donna normale* (Torino, Roux, 1893); *L'homme criminel* (Paris, F. Alcan, 1887); *Crime: Its Causes and Remedies* (Boston, Little Brown, 1911); Nancy A. Harrowitz, *Anti-Semitism, Misogyny and the Logic of Cultural Difference: Cesare Lombroso and Matilde Serao* (Lincoln, Nebraska: University of Nebraska Press, 1994).
[43] As idéias de Bittencourt a respeito da educação relacionam-se com o questionamento internacional sobre os métodos e o elitismo da tradicional escola católica que teve seu apogeu depois da Primeira Guerra Mundial. A Associação Brasileira pela Educação, fundada em 1924, difundiu as idéias da escola nova européia infuenciada pelas obras do norte-americano, John Dewey e do francês, Emile Durkheim que privilegiaram o desenvolvimento psicológico e a saúde física da criança através de suas teorias pedagógicas.
[44] Ver a nota anterior. No Brasil a co-educação foi implementada após a Revolução de 1930.
[45] *Cornélia (Tragédia),* peça teatral conhecida na época de Bittencourt, foi escrita em 1840 por Antônio Gonçalves Teixeira e Sousa (1812-1861).

[46] O ataque contra o sufrágio universal e o direito de trabalhar para o sexo feminino revela a tese bittencourtiana da importância para a sociedade da mulher manter o laço tradicional maternal e espiritual no lar.

[47] Observa-se uma contradição entre esta passagem e as informações do primeiro capítulo, onde Bittencourt afirma que convergiam no Brasil povos de todos os recantos da terra, porém poucos estrangeiros podiam desembarcar nos portos brasileiros. No entanto, no capítulo quatorze, a autora sugere que o país estava aberto para um grande número de turistas durante uma exposição de pintura.

[48] "Guarnecido" no texto original.

[49] Bittencourt refere-se ao trabalho de vidro e de jóias de René Lalique (1860-1945) cujos desenhos durante o movimento de *Art Nouveau* na virada do século na França chamaram muita atenção. Neste trecho encontra-se outro exemplo da utopia que se constrói através de uma inversão na estrutura de poder pois, ao eliminar a pobreza e as diferenças de raça, Bittencourt concebe a favela como um lugar agradável, limpo e tranquilo.

[50] Nos anos 20, Gregori Warchavchik, Flávio de Carvalho e Antônio Garcia Moya, entre outros, defendiam os princípios do aspecto funcional e expressionista da arquitetura moderna enquanto Le Corbusier (Charles-Édouard Jeanneret, 1887-1965) colocou-os em prática. No Brasil, o movimento visava a renovação dos valores artísticos, culturais, socias e políticos e a incorporação do conceito de pluralidade na cultura brasileira. É difícil imaginar a homogeneização de uma sociedade tão diversificada como a brasileira segundo a visão de Bittencourt.

[51] Observemos mais uma vez a distinção baseada na divisão tradicional de classes sociais.

[52] Nota-se nesta passagem as mesmas preocupações jurídicas de outros escritos da autora.

[53] Nota-se o uso da letra minúscula com a palavra "senhora". Bittencourt aparentemente não distinguia entre maiúscula e minúscula quando escrevia o nome de Senhora (Miss) MacDower. Conservamos a ortografia da edição original.

[54] Quer-se erradicar não só o africano, como também o que parece, fisicamente, com o africano. Portanto, o português, de sangue mouro, classificar-se-ia como elemento indesejável na utopia bittencourtiana.

[55] O Palácio do Catete no Rio de Janerio, construído pelo arquiteto Gustavo Weschheldt entre 1860 e 1864 para o primeiro Barão de Novo Friburgo, foi desapropriado em 1896 e transformado em sede do Executivo Federal. Desde 1960 é conhecido como O Museu da República.

[56] O projeto da ponte que Bittencourt descreve aparece desenhado na capa da primeira edição do romance. A atual ponte Presidente Costa e Silva ligando Rio de Janeiro e Niterói só foi constituída em 1974.

[57] A estátua que aparece nesta passagem e na capa da primeira edição do livro assemelha-se com outras edificadas na época como a Estátua da Liberdade em Nova York ou o Cristo Redentor no Rio de Janeiro.

[58] Observa-se neste comentário a idéia tradicional de que a prostituição protege a família mais do que a degrada. A prostituição existe para satisfazer os homens e manter as moças casadoiras intactas, garantindo assim um produto novo inviolado cujo valor de troca é mais alto. Ver os estudos de Margareth Rago, *Os prazeres da noite: Prostituição e códigos da sexualidade feminina em São Paulo (1890-1930)* (São Paulo, Paz e Terra, 1991) e de Marta de Abreu Esteves, *Meninas perdidas: Os populares e o cotidiano do amor no Rio de Janeiro da Belle Époque* (Rio de Janeiro, Paz e Terra, 1989).

[59] A lei seca, provisão do governo federal nos EUA, durou de 1914 até 1933. Foi elaborada em decorrência de um movimento religioso da igreja protestante do início deste século que visara à modernização e/ou proibição do uso de drogas e bebidas alcóolicas. No final do século XIX o movimento contra o uso do álcool criou uma força internacional através de órgãos oficiais e populares e em 1874 foi criado nos EUA a "Women's Christian Temperance Union" com o apoio de sufragistas famosas como Susan B. Anthony, Frances Elizabeth Willard e Carrie Nation.

[60] O financiamento da ampliação do número de escolas baseado nas taxas cobradas na compra do álcool representa outro possível exemplo da inversão do poder na utopia bittencourtiana. Se fosse só o rico que pudesse comprar o álcool, o acesso às novas escolas seria privilégio também dos filhos dos "rudes trabalhadores"?

[61] Pode-se comparar a defesa da natureza com a defesa da "raça pura" e, ao mesmo tempo, a defesa da "flor" como metáfora da pureza da mulher através da virgindade.

[62] Bittencourt refere-se às idéias de Arthur Schopenhauer a respeito da inferioridade da mulher que aparecem na obra *Parerga und Paralipomena* (1851). Para um histórico a respeito de como os maiores filósofos do mundo ocidendal conceberam a mulher ver Rosemary Agonito, *History of Ideas on Woman: A Source Book* (New York, Perigee Books, 1977).

[63] Grafa-se na edição original "e,tc,".

[64] A associação entre liberdade na indumentária e a liberdade para trabalhar e defender seus direitos tem fortes raizes no Positivismo e na reforma escolar citada alhures. Ver *Opúsculo humanitário* de Nísia Floresta para uma perspectiva feminina a respeito da necessidade de reformular a educação brasileira.

[65] Lembremos o incidente histórico recente do presidente norte-americano que, ao chegar em Brasília, agradeceu a oportunidade de visitar a Bolívia, bem como as referências comuns na televisão norte-americana a Buenos Aires como capital do Brasil, e àlíngua espanhola falada no Brasil!

[66] Guiomar Novaes (1896-1979), pianista brasileira apresentada à sociedade carioca em 1908. Em 1909 conquistou em Paris o primeiro lugar no concurso de admissão para o Conservatório Francês. Foi examinada por Claude Debussy e outros pianistas famosos, fez inúmeras tournês pelas Américas e Europa e gravou vários discos.

[67] O inglês Alfred Aloysius Horn (1861-1931) cujo nome de nascimento foi Alfred Aloysius Smith escreveu sob o pseudônimo de Trader Horn. Trabalhou durante muitos anos na costa oeste da África como comerciante de borracha e marfim para a firma inglesa *Hatton and Cookson*. Anos depois, em Johannesburg, conheceu a escritora inglesa Ethelreda Lewis que era sua vizinha. Lewis convenceu o amigo a publicar suas aventuras, as quais ela editou e publicou no livro *Trader Horn: Being the Life and Works of Alfred Aloysius Horn* (New York, Simon and Schuster, 1927). O livro vendeu mais de 170,000 exemplares mesmo sendo considerado obra medíocre pelos críticos: "Jumble of jungle adventure" received favorable if occasional amused notice from the critics." (Stanley J. Kunitz, Ed. and Howard Haycraft, Eds. *Twentieth Century Authors: A Biographical Dictionary of Modern Literature* (New York, H.W. Wilson, 1942, pp. 665-666). Horn publicou duas seqüelas ao romance que não tiveram o mesmo sucesso: *Herald the Webbed: or, the young Vykings* (1928) e *The Waters of Africa* (1929). O filme "Trader Horn", à qual Bittencourt se refere, foi conhecido pela apresentação viva de animais selvagens e costumes africanos. Houve também duas seqüelas cinematogáficas que, como o romance, não tiveram muito sucesso. Ver também Tim Couzens, *Tramp Royal: The True Story of Trader Horn with such of his philosophy as is the gift of the age and experience learned in his quest...* (Johannesburg, South Africa, Ravan Press; Witwatersrand University Press, 1992).

[68] A menção do antropofagismo nesta passagem refere-se ao debate modernista entre o antropofagismo, refletido na obra de Oswald de Andrade e os direitos e a responsabilidade da nação que se refletem no movimento Verde Amarelo. Ver Hélgio Trindade, *Integralismo: o fascismo brasileiro na década de 30*, 2ª ed. (São Paulo, Rio de Janeiro: DIFEL, 1979).

[69] Visto o elo que Bittencourt endossa entre o estado e a igreja católica, suponha-se que o casamento *ad-perpetum* ao qual se refere nesta passagem seja uma ligação eterna, sem a possibilidade de ser interrompido através do divórcio.

[70] Considera-se nesta passagem a importância do conceito de desenvolvimento que forma a base da visão utópica da autora. Em trechos anteriores Bittencourt havia-se referido à Inglaterra e aos EUA como nações desenvolvidas, estabelecendo o capitalismo como padrão econômico no seu mundo futurístico.

[71] A palavra "inabarráveis" não consta no *Dicionário Aurélio* mas parece significar "incontroláveis", algo que não se pode barrar.

[72] A tradução do latim é "A lei é dura, mas é lei", ou seja, mesmo à custa de sacrifícios, a lei deve ser observada (Glossário, *Dicionário Aurélio*).

[73] As apreciações foram publicadas em *Alegria, 2ª ed., 1948*.

Composição e
Editoração Eletrônica

VIDA

rua padre Elias Gorayeb, 15 sala 504
Tijuca – Rio de Janeiro – RJ
Telefax: (021) 571-0949
E-mail: vida@iis.com.br

CENTRO EDITORIAL E GRÁFICO
UNIVERSIDADE FEDERAL DE GOIÁS
Campus Samambaia - Caixa Postal 131
Fones: (062) 205-1616 e 205-1000 - R. 187
Fax (062) 205-1015
CEP 74001 970 - Goiânia - Goiás - Brasil
1996